Am 21. Februar 1920 reist der 22jährige Augsburger Bertolt Brecht zum ersten Mal nach Berlin, um für sich und seine Texte bei Theatern und Verlagen zu werben. Seine ersten Eindrücke: »Der Schwindel scheint hier größer als anderswo, und er wird mit mehr Ernst betrieben.« Oder: »Ich liebe Berlin, aber m.b.H.«

In den folgenden vier Jahren fährt er insgesamt neun Mal jeweils für längere Zeit in die deutsche Hauptstadt, bevor er sich ab September 1924 endgültig dort ansiedelt, zunächst in der Alsheimer Straße 4 in Steglitz, ab Mitte Februar 1925 in der Spichernstraße 16 in Wilmersdorf.

Vorgestellt werden seine Wohnungen und die seiner Freunde, die Lokale, in denen man sich getroffen hat, die Zeitungs-, Verlags- und Rundfunkadressen sowie die Theater, an denen seine Stücke gespielt worden sind (die erste Berliner Brecht-Premiere mit *Trommeln in der Nacht* hat am 20. Dezember 1922 stattgefunden).

Am 28. Februar 1933 – einen Tag nach dem Reichstagsbrand – verläßt Brecht Berlin, ohne zu ahnen, daß es über 15 Jahre dauern wird, bis er wieder dorthin zurückkehren kann.

Auch zu den Jahren 1948 bis 1956 gibt es zahlreiche Brechtsche Berlin-Adressen: sei es die Berliner Allee 185 in Weißensee oder die letzte Wohnung Chausseestraße 125 in Mitte, der Schiffbauerdamm, die Stalinallee u.a.m. bis hin zum Landsitz in Buckow oder dem Dorotheenstädtischen Friedhof.

Michael Bienert arbeitet als Publizist und Stadtführer in Berlin. Buchveröffentlichungen: *Die eingebildete Metropole* (1992), *Joseph Roth in Berlin* (1996).

insel taschenbuch 2169
Mit Brecht durch Berlin

Michael Bienert

Mit Brecht durch Berlin

**Ein literarischer Reiseführer
Mit zahlreichen Fotografien
Insel Verlag**

insel taschenbuch 2169
Erste Auflage 1998
© Insel Verlag Frankfurt am Main und Leipzig 1998
Alle Rechte vorbehalten
Hinweise zu dieser Ausgabe am Schluß des Bandes
Vertrieb durch den Suhrkamp Taschenbuch Verlag
Umschlag nach Entwürfen von Willy Fleckhaus
Satz: MZ-Verlagsdruckerei GmbH, Memmingen
Druck: Nomos Verlagsgesellschaft, Baden-Baden
Printed in Germany

2 3 4 5 6 − 03

Inhalt

»In die Städte kam ich zu der Zeit der Unordnung«
Brecht in Berlin **11**

I. Adressen der zwanziger Jahre **25**

»Beim Götzen Stakugemu« · Martin-Gropius-Bau **26**
»Wenn ich im Romanischen Café auftauche, werden sie an vielen Tischchen gell.« · Künstlerlokale im »Neuen Westen« **29**
»Ich wohne sehr gut, nur etwas kalt.« · Wohnungen im »Neuen Westen« **35**
»Wer im Sportpalast war, der weiß, daß das Publikum jung genug ist für ein scharfes und naives Theater.« · Boxen, Theater und Politik in der Potsdamer Straße **47**
»Hätten Sie die Zeitungen aufmerksam gelesen wie ich / Würden Sie ihre Hoffnungen begraben.« · Im Zeitungsviertel **51**
»Auffallend ist die pedantische Sauberkeit ...« · Dreharbeiten in Kuhle Wampe und anderswo **66**
»Wessen Straße ist die Straße?« · Ein Spaziergang durch das »rote« Berlin **71**

II. Theater 1920-1956 **97**

»Ich singe auf der ›Wilden Bühne‹ Soldatenballaden.« · Theater des Westens, Theater am Kurfürstendamm Gesellschaftshaus Moabit **99**
»Glänzend, dünn, humorlos« · Schauspiel- und Konzerthaus am Gendarmenmarkt **105**
»Natürlich ist die Volksbühne gegen Kunst und Revolution« · Die Volksbühne am Rosa-Luxemburg-Platz **110**
»Lieber Pis!« · Die Piscatorbühne am Nollendorfplatz **119**
»Und begründeten einen neuen Brauch« · Die Neuköllner Karl-Marx-Schule **126**

»Am deutschen Theater haben die Künstler enorme Privilegien, was die Verköstigung betrifft.« · Deutsches Theater, Kammerspiele, Junge Bühne **129**
»Theater des neuen Zeitalters« · Großes Schauspielhaus und Theater am Schiffbauerdamm / Berliner Ensemble **140**
»Ins Nichts mit ihm!« · ›Lukullus‹ im Admiralspalast **151**

III. Vier Spaziergänge durch die »Trümmerstadt« **163**
»Weiland Straße der Ministerien« · Spaziergang vom Reichstag zum Preußischen Landtag **164**
»Und kein Führer führt aus dem Salat« · Kleiner Lindenbummel vom Pariser Platz zum Lustgarten **186**
»Durch die Trümmer der Luisenstraße« · Im Charitéviertel, zwischen Bertolt-Brecht-Platz und Brecht-Haus **201**
»Deine Allee hat noch keine Bäume...« · Die Frankfurter / Stalin- / Karl-Marx-Allee **215**

IV. Letzte Orte **235**
»Eingezogen in ein schönes Haus« · Berlin-Weißensee, Berliner Allee 185 **235**
»Am See, tief zwischen Tann und Silberpappel« · Buckow / Märkische Schweiz, Bertolt-Brecht-Straße 29 **237**
»Sehr hübsch, ziemlich ärmlich, für kleine Leute gebaut« · Berlin-Mitte, Chausseestraße 125 **240**
»Ich benötige keinen Grabstein...« · Der Dorotheenstädtische Friedhof **246**
»Wer noch lebt, sage nicht: Niemals!« · Das Denkmal am Bertolt-Brecht-Platz **253**

Danksagung und Literaturhinweise **259**
Abbildungsnachweise **261**
Register **262**

»*Hier ist die Karte*, da ist die Straße
Sieh hier die Biegung, sieh da das Gefäll!«
»Gib mir die Karte, da will ich gehen.
Nach der Karte
Geht es sich schnell.«

»IN DIE STÄDTE KAM ICH ZU DER ZEIT DER UNORDNUNG«

Brecht in Berlin

Die große Stadt ist ein großes Thema Brechts. Sie trägt viele Namen: London und Sezuan, Mahagonny und Babylon. Oft ist sie namenlos, ein anonymer Schauplatz des modernen Lebens, gezeichnet von Entfremdung, Ausbeutung und Klassenkämpfen. Selten fällt der Name Berlin.
Der junge Brecht nannte Berlin »das kalte Chicago« (*Journale*, 30. Oktober 1921). Das echte Chicago kannte er nur aus Romanen und Illustrierten. Amerikanische Städte hat er erst betreten, nachdem ihn die Nationalsozialisten zur Flucht aus Berlin gezwungen hatten. Bis zur Vertreibung waren fast alle Großstadterfahrungen Brechts Berlinerfahrungen.
In den zwanziger Jahren rühmte sich Berlin, die ›amerikanischste‹ Stadt Deutschlands zu sein. Im 19. Jahrhundert explosionsartig gewachsen, zeichnete sie sich durch geringe Traditionsbindung und selbstbewußte Modernität vor anderen deutschen Städten aus. Nicht nur die weltoffene Atmosphäre wirkte anziehend auf viele Künstler, sondern auch die beherrschende Stellung Berlins auf den Märkten der Künste: als Verlags- und Zeitungsstadt, Theater- und Filmmetropole.
Wer Berlin eroberte, der eroberte Deutschland und vielleicht die Welt. Triumphe in der Provinz zählten nicht viel, wenn kein Ruf in die Metropole folgte. Der junge Brecht, in Augsburg aufgewachsen und in der Münchener Künstlerszene zu Hause, wollte darauf nicht warten. Frühzeitig versuchte er, sich auf eigene Faust in der Hauptstadt einen Namen zu machen.
Im Februar 1920, wenige Tage nach seinem 22. Geburtstag, reist er zum ersten Mal nach Berlin, um mit Verlagen und Theatern zu verhandeln. Die Zeit dafür ist nicht günstig. In

der instabilen wirtschaftlichen und politischen Situation nach dem verlorenen Ersten Weltkrieg scheuen potentielle Geschäftspartner das Risiko. Zudem wimmelt es in Berlin von mehr oder minder vielversprechenden Talenten. Wer über Macht, Einfluß, Geld verfügt, denkt nicht daran, seine Position für einen blutjungen Neuling zu räumen. Die Erfahrung, überall als »das fünfte Rad« angesehen zu werden und die Spielregeln des Großstadtlebens nicht zu beherrschen, hat Brecht später im *Lesebuch für Städtebewohner* (1926/30) verarbeitet:

Die Esser sind vollzählig
Was hier gebraucht wird, ist Hackfleisch.

Aber das soll euch
Nicht entmutigen!

Fasziniert ist er von dem »ungeheuren Häuserhaufen, dem Tohuwabohu der Autos«, von U-Bahnen und Warenhäusern. An den Freund Caspar Neher schreibt er: »Alles ist schrecklich überfüllt von Geschmacklosigkeiten, aber in was für einem Format, Kind!« (Februar 1920.) An einen Bekannten: »Ich liebe Berlin, aber m. b. H.« (An Jakob Geis, 29. Februar 1920.)

Im März 1920 flieht er vor einem rechten Umsturzversuch, dem Kapp-Putsch, nach München. Im Winter 1921/22 kommt er zurück. Er schließt Verträge mit Verlagen und Bühnen, wird auf Gesellschaften herumgereicht, lernt berühmte Schauspieler kennen, verausgabt sich im Berliner »Betrieb«, bis er erschöpft im Krankenhaus landet. Ins Tagebuch schreibt er: »Es ist keine Luft in dieser Stadt, an diesem Ort kann man nicht leben.« (12. Dezember 1921.)

Der Versuch, Geld durch öffentliche Auftritte als Balladensänger zu verdienen, scheitert ebenso wie Brechts Debüt als Regisseur. Als er im April 1922 nach Süddeutschland zurückkehrt, hat er wenigstens die Zusage in der Tasche, den ersten Preis für ein Filmskript zu erhalten. Obwohl es ihm noch nicht gelungen ist, in Berlin richtig Fuß zu fassen, entwirft er sich zu diesem Zeitpunkt bereits neu: als Großstädter.

In der Asphaltstadt bin ich daheim. Seit vielen Jahren
Lebe ich dort als ein Mann, der die Städte kennt
Zwischen Zeitungen mit Tabak und Branntwein
Mißtrauisch und faul und zufrieden am End.
(aus: *Ich, Bertold Brecht*, 1922)

Es vergehen noch zwei Jahre, ehe sich Brecht wirklich in der »Asphaltstadt« niederlassen kann. Bis dahin reist er insgesamt neun Mal nach Berlin. Nach dem Ende der Inflation beginnt eine wirtschaftliche Scheinblüte, von der auch die Künste profitieren. Der befreundete Regisseur Erich Engel wird 1924 von München nach Berlin berufen und verschafft Brecht eine Anstellung am Deutschen Theater. Die Schauspielerin Helene Weigel, die er heiraten wird, stellt Brecht eine Wohnung zur Verfügung. So abgesichert, gelingt die Eroberung Berlins.
»Innere Urbanisierung« nennen Soziologen die Verstädterung der Psyche, die das Leben in den Metropolen mit sich bringt. Dieser Prozeß läßt sich an den Fassungen von Brechts berühmtem Selbstporträt *Vom armen B. B.* ablesen. Als das Gedicht 1927 in Berlin durch die Rotationsmaschinen im modernsten Druckhaus Europas saust, spielen die Erinnerungen an die »schwarzen Wälder« der Heimat für das lyrische Subjekt kaum noch eine Rolle. Es hat sich die »coolen« Verhaltensweisen der großstädtischen Boheme zu eigen gemacht. Diese Anpassung wird von Brecht propagiert und zugleich problematisiert:

Von diesen Städten wird bleiben: der durch sie
   hindurchging, der Wind!
Fröhlich machet das Haus den Esser: er leert es.

Wir wissen, daß wir Vorläufige sind
Und nach uns wird kommen: nichts Nennenswertes.

Bei den Erdbeben, die kommen werden, werde ich hoffentlich
Meine Virginia nicht ausgehen lassen durch Bitterkeit
Ich, Bertolt Brecht, in die Asphaltstädte verschlagen
Aus den schwarzen Wäldern in meiner Mutter in früher Zeit.

Mitte der zwanziger Jahre gehört Brecht zu den prominentesten Vertretern einer modernen Großstadtliteratur, die von konservativen und völkischen Kritikern als »Asphaltliteratur« bekämpft wird. Virtuos setzt er sich als Protagonist einer neuen Schriftstellergeneration und Theaterrevolutionär in Szene. Parallel zu dem gesellschaftlichen Erfolg jedoch, der mit der *Dreigroschenoper* (1928) seinen Höhepunkt erreicht, radikalisiert sich seine Gesellschaftskritik. In Berlin kommt er mit dem Marxismus in Berührung. Damit erhält seine Arbeit eine theoretische Basis und eine praktische Perspektive: Die Kunst sollte nun dazu beitragen, die Gesellschaft zu verändern und

Die wir verpesteten, die Städte
Bewohnbar zu machen.
   (*Adresse des sterbenden Dichters
   an die Jugend*, 1939)

Brecht beschäftigte sich mit Marx und Lenin nicht nur theoretisch. Anfang der dreißiger Jahre arbeitete er eng mit Kulturorganisationen der Berliner Arbeiterbewegung zusammen. Er stellte sich der Kritik politisch engagierter Arbeiter und versuchte seine Produktion auf deren Bedürfnisse umzustellen. Seine agitatorischen Lieder wurden, vertont von Hanns Eisler, auf Kundgebungen gesungen. Neue Stücke kamen in Versammlungshäusern und Schulen zur Aufführ-

Muster a **Polizeiliche Anmeldung.**

Am 15 ten Februar 19 25 ift (find)
von (Ort) Spichernstrasse 16 ſtraße – Platz – Nr. Kreis
nach (Ort) Babelsbergerstrasse 52 ſtraße – Platz – Nr. zugezogen.

1	2	3	4	5	6	7	8	9	10
Vor- und Zuname (bei Frauen auch Geburtsnamen und Namen früherer Ehen)	ob ledig, verheiratet, geschieden	Stand oder Gewerbe	Geburts- Tag / Monat / Jahr	Geburtsort und Kreis	Staatsangehörigkeit	Religion	Ob bereits früher in Groß-Berlin? wann? letzte Wohnung (Straße, Nr., bei wem?)	Wohnung bei der letzten Personen- haushalts- aufnahme (Ort, Straße, Nr.)	(details)
Helene Weigel und Kind Stefan Weigel	l	Schau-spielerin	12.5.1900 / 9.11.1924	Wien / Berlin	öst.	mos.	Spichern-strasse 16	Berlin	

Berlin, den 15ten Februar 1925

Muster A. **Polizeiliche Anmeldung.**

Am 2 ten November 19 28 ift (find)
von (Ort) Berlin Spichernstr. ſtraße – Platz Nr. 16 Kreis
nach (Ort) Berlin Hardenbergstr. ſtraße – Platz Nr. 1a zugezogen.

1	2	3	4	5	6	7	8	9	10
Vor- und Zuname	Ob ledig, verheiratet, verwittwet, geschieden	Stand oder Gewerbe	Geburts- Tag/Monat/Jahr	Geburtsort und Kreis	Staats- angehörigkeit	Religion	Ob bereits früher in Berlin? wann? letzte Wohnung	Wohnung bei der letzten Personen- haushalts- aufnahme	

Berlin, den 2 ten November 1928

rung. Brecht war am ersten proletarischen Tonfilm beteiligt, der von den Alltagsnöten einer Berliner Familie während der Weltwirtschaftskrise handelt. Er schrieb über die Straßenkämpfe zwischen Kommunisten und Nationalsozialisten und Fragen der politischen Taktik. Seine Sicht auf die Stadt wurde parteilich im Sinne der kommunistischen Partei.

Der Sieg der Nationalsozialisten über die gespaltene Linke zwang Brecht ins Exil. Das Sujet Berlin ging damit nicht verloren: Er schrieb Gedichte über die Kriegsvorbereitungen in der Stadt und bilanzierte in theatertheoretischen Texten die Erfahrungen der zwanziger Jahre. Genauer als früher benannte er Orte, Ereignisse und Personen. »Fern von der Stadt, die klug macht«, wie es in einem Gedicht aus dem Exil heißt.

Während viele Exilanten die Vertreibung so sehr verletzte, daß sie nie wieder einen Fuß nach Deutschland setzten, blieb Brechts Bindung an Berlin intakt. Auch die kulturelle Provinzialität, zu der die Nationalsozialisten Berlin verurteilten, und die ungeheuren Kriegszerstörungen konnten ihn nicht von der Rückkehr in die »Trümmerstadt« abhalten. Berlin schien der einzige vielversprechende Ort, um ein neues Theater zu begründen.

Als Brecht im Oktober 1948 in die Stadt zurückkehrte, war sie bereits in zwei feindliche Teile gespalten. Der Kalte Krieg der Besatzungsmächte drohte jederzeit in offene Gewalt umzuschlagen. Das Klima zwischen Ost und West war durch Haßpropaganda vergiftet. In dieser komplizierten Situation versuchte Brecht ein Ensemble aufzubauen, das die besten Schauspieler aus dem Exil und allen Besatzungszonen zusammenführen sollte. Es ging nicht nur darum, Modellaufführungen von Brecht-Stücken zu spielen. Das von Brecht geleitete Theaterkollektiv sollte in der Lage sein, zeitgemäße Aufführungen ganz unterschiedlicher Stücke mit verschiedenen Regisseuren zu erarbeiten. Vor allem sollte es durch seine Arbeit den Aufbau einer zivilen Gesellschaft in Deutschland unterstützen, wobei Brecht

von der Annahme ausging, dem sozialistischen Gesellschaftsmodell gehöre die Zukunft.
Diese Ansprüche mußte Brecht Anfang der fünfziger Jahre gegen stalinistische Kulturpolitiker verteidigen, die nahezu jede Abweichung von sowjetischen und klassischen Leitbildern als Verrat am Sozialismus abstraften. Brechts internationales Ansehen, sein österreichischer Paß und seine grundsätzliche Loyalität zur DDR-Staatsführung sicherten seinem Theater einen größeren ästhetischen Spielraum als anderen Häusern. Dennoch konnte er nicht verhindern, daß schon zu seinen Lebzeiten die Abwanderung wichtiger Mitarbeiter in Richtung Westen begann.
»Schwierigkeiten begeistern so gut wie Möglichkeiten«, schrieb er 1954 über *Neue Aufgaben des Theaters*. In diesem Satz liegt der Schlüssel für seine enge Bindung an Berlin. Die Stadt hat ihm die Möglichkeit gegeben, seine Produktivität auf den unterschiedlichsten Gebieten zu beweisen, sie hat ihm aber auch riesige Schwierigkeiten entgegengesetzt, die seine Kräfte herausforderten. Sie war der Kampfplatz, auf dem er siegen wollte: als Schriftsteller, als Theatermann, als Geschäftsmann, zuletzt auch als Kulturpolitiker.
Das Besondere an Berlin hat ihn kaum interessiert. Seine Haltung sei gekennzeichnet durch »Fühllosigkeit für den städtischen Dekor, verbunden mit äußerster Feinfühligkeit für die spezifischen Reaktionsweisen des Städters«, schrieb Walter Benjamin. Brecht hat seine Berlinerfahrungen verallgemeinert und verfremdet, um auf die ökonomischen und gesellschaftlichen Grundlagen hinzuweisen, die das Leben in einer verstädterten Welt bestimmen. Berlin zu kennen, das hieß für ihn, die Welt zu kennen, und nicht nur die zeitgenössische Welt:

Die Stadt Sodom und Gomorrha
Denkt ihr euch am besten ganz wie unsre Städte.
So wie unsre Stadt Berlin und unser London.

Weder prächtiger noch schmutziger, weder
Reicher noch auch ärmer, unbewohnbar
Und doch unverlaßbar, ganz wie London
Und Berlin war Sodom und Gomorrha.
    (aus: *Untergang der Städte Sodom und Gomorrha*, 1934)

Nach Brechts Tod im August 1956 und seiner Erhebung zum »sozialistischen Klassiker« ist viel unternommen worden, das Andenken an ihn wachzuhalten. Es gibt einen Platz mit seinem Namen, sein Grab, das Brecht-Archiv, zwei Brecht-Museen in Brecht-Häusern, jährliche Brechttage, zwei Brechtschulen, mehrere Denkmäler, die sich auf ihn oder seine Texte beziehen. Kein anderer Dichter des 20. Jahrhunderts ist derart im Stadtbild präsent.
In dem vorliegenden Stadtführer werden die bekannten Orte, an denen man ohnehin Informationen zu Brecht findet, vergleichsweise kurz abgehandelt. Der Akzent liegt auf dem Unbekannten, dem Verborgenen und Verschwindenden. Das Buch ist als Hilfsmittel für Menschen gedacht, die neugierig sind. Neugierig auf Brecht, neugierig auf die Geschichte und Kulturgeschichte Berlins in diesem Jahrhundert und auf die vielschichtigen Beziehungen zwischen der Stadt und ihrer Literatur.
Wer das heutige Berlin durchwandert, der spürt, was Brecht »die zermalmende Wucht der großen Städte« genannt hat. Sein Werk ist durchzogen von den Spuren der Gewalt, die in diesem Jahrhundert von dieser Stadt ausgegangen ist und die ihr zugefügt wurde. Mit einem einzigartigen Kraftakt versucht Berlin derzeit, die Wunden des Krieges und der Spaltung zum Verschwinden zu bringen, um sich so auf die künftige Rolle als Hauptstadt vorzubereiten. Brechts Werk hält die Erinnerung wach und fordert dazu auf, das Leben der Stadt tiefgreifender zu ändern als es derzeit geschieht:

Zuschauer, wisse, die Hauptstadt von Sezuan
In der man nicht zugleich gut sein und leben kann
Besteht nicht mehr. Sie mußte untergehn.
Doch gibt's noch viele, die ihr ähnlich sehn.
Tut einer Gutes dort, frißt ihn die nächste Maus
Die Untat aber zahlt sich dorten aus.
Zuschauer, wohnst du selber in solcher Stadt
Bau sie schnell um, ehe sie dich gefressen hat!
 (aus einem Epilog zu: *Der gute Mensch von Sezuan*, 1953)

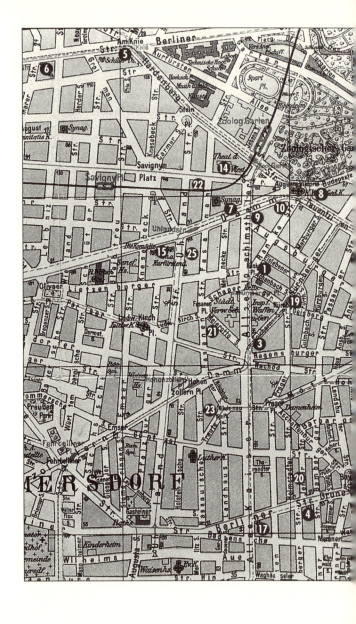

Berlin um 1925

Legende zur Karte »Berlin um 1925«

1. *Eislebener Straße 13 (bei Frank Warschauer) – erhalten*
2. *Wohnung Zietenstraße 6 – zerstört*
3. *Wohnung Spicherstraße 16 – Gedenktafel*
4. *Wohnung Babelsberger Straße 52 (Helene Weigel) – erhalten*
5. *Wohnung Hardenbergstraße 1 a – zerstört*
6. *Wohnung Leibnizstraße 108 – zerstört*
7. *Café des Westens, Kurfürstendamm 18/19 – zerstört*
8. *Romanisches Café an der Gedächtniskirche – zerstört*
9. *Maenz' Bierhaus, Augsburger Straße 36 – zerstört*
10. *Schwanneckes Weinstuben, Rankestraße 4 – zerstört*
11. *Restaurant Schlichter, Ansbacher Straße 46 – zerstört*
12. *Restaurant Schlichter, Martin-Luther-Straße 33*
13. *Café Alschafsky, Ansbacher Straße 41 – zerstört*
14. *Theater des Westens/Wilde Bühne, Kantstraße 12 – erhalten*
15. *Theater am Kurfürstendamm, Kurfürstendamm 209 – erhalten*
16. *Theater am Nollendorfplatz/Piscatorbühne – erhalten, Gedenktafel*
17. *Atrium-Kino, Kaiserallee 178 – zerstört*
18. *Sportpalast, Potsdamer Straße 170-172 – Gedenktafel*
19. *Wohnung Arnolt Bronnen, Nürnberger Platz 3 – zerstört*
20. *Wohnung Anna Seghers, Helmstedter Straße 24 – erhalten, Gedenktafel*
21. *Wohnung Heinrich Mann, Fasanenstraße 61 – erhalten, Gedenktafel*
22. *Redaktion der »Weltbühne«, Kantstraße 152, z. T. erhalten*
23. *Verlag Felix Bloch Erben, Nikolsburger Platz 3 – zerstört*
24. *Malik-Verlag, Passauer Straße 3 – zerstört*
    Rowohlt Verlag/Die literarische Welt, Passauer Straße 8-9
25. *Literaturhaus, Fasanenstraße 23*

I. ADRESSEN
DER ZWANZIGER JAHRE

»Ich bin jetzt in Berlin und es gefällt mir hier (wie fast überall). Der Schwindel scheint hier größer als anderswo und er wird mit mehr Ernst betrieben.« (An Hanns Johst, 21. Februar 1920)

»In dieser Stadt kommt man zu gar nichts, weil die Entfernungen so groß sind. Wenn man in ein Theater will, muß man in seiner Jugend aufbrechen, um im Silberhaar dort zu sein.« (An Paula Banholzer, Februar 1920)

»Ich laufe durch alle Warenhäuser, und Museen meide ich dafür. Aber was tust Du? Allmählich krieg ich immer mehr Sehnsucht nach Dir: Ich soll noch über eine Woche bleiben. Aber solang halt ich's bestimmt nicht aus. Niemand schreibt mir. Ich sitze wie auf einer Insel. Und mitten in dem ungeheuren Häuserhaufen, dem Tohuwabohu der Autos, Bahnen, Theater hab ich Dich sehr lieb und freue mich, daß es Dich gibt.« (An Paula Banholzer, Februar 1920)

»Es ist eine graue Stadt, eine gute Stadt, ich trolle mich so durch. Da ist die Kälte, friß sie!« (*Journale*, 12. November 1921)

»Es ist keine Luft in dieser Stadt, an diesem Ort kann man nicht leben. Es schnürt mir den Hals zu, ich stehe auf, fliehe in ein Restaurant, fliehe wieder aus dem Restaurant, trabe in der eisigen Mondnacht herum, krieche wieder herein, schreibe mit Unlust, muß wieder in die Klappe, kann nicht schlafen.« (*Journale*, 12. Dezember 1921)

»Es gibt einen Grund, warum man Berlin anderen Städten vorziehen kann. Weil es sich ständig verändert. Was heute schlecht ist, kann morgen gebessert werden. Meine Freunde und ich wünschen dieser großen und lebendigen Stadt, daß ihre Intelligenz, ihre Tapferkeit und ihr schlechtes Gedächtnis, also ihre revolutionärsten Eigenschaften, gesund bleiben.« (*Silvester 1928*)

Wir haben zu viel parat
Das sieht man einfach nicht
Wenn man nicht tausend Lampen hat
hat man zu wenig Licht
Berlin ist' ne ziemliche Stadt
Da genügt 'ne Sonne nicht
Wer da nicht Bogenlampen hat
Sieht nie Berlin im Licht
Das ist keine Wiese am Bache
Die schöne Blümchen hat
Das ist kein lauschiges Plätzchen
Das ist 'ne ziemliche Stadt
    (Entwurf für den *Berlin-im-Licht-Song*
    von Kurt Weill, Sommer 1928)

»BEIM GÖTZEN STAKUGEMU«

Martin-Gropius-Bau (Stresemannstraße 110)

»Und es geschah, daß ein Mann hinabging gen Babel, da sie ein Fest feierten zu Ehren des Götzen Stakugemu und tanzeten, und ein großer Lärm erhob sich um ihn, er fürchtete sich sehr: Siehe, da fiel sein Auge auf ein liebliches Mägdelein und ging hin zu ihr und tanzete mit ihr.« So beginnt ein Märchen Brechts für Dora Mannheim, geschrieben Mitte April 1920 aus Augsburg, einige Monate nach seinem ersten Berlin-Aufenthalt. Die Geschichte, die von Mißverständnissen zwischen einem vielbeschäftigten Mann und seiner fernen Angebeteten handelt, endet mit dem Satz: »Sage ihr auch, daß ich sie liebhabe!«

Babel, damit war Berlin gemeint. Aber wer war der Götze Stakugemu? Nichts Exotisches, sondern eine Chriffre für einen Ort in der Hauptstadt. Vermutlich haben Studenten der ehemaligen Berliner Kunstgewerbeschule in der Prinz-Albrecht-Straße das Kürzel erfunden (ihre Schule stand auf dem heute als **Gestapo-Gelände** bekannten Areal an der **Wilhelm-** und **Niederkirchnerstraße**). Stakugemu, das war eine Abkürzung für STAatliches KUnstGEwerbeMUseum. Ein Kunstgewerbemuseum gibt es heute noch in Berlin. Der Bau am Nachkriegs-Kulturforum, neben Scharouns Philharmonie, sieht aus wie eine zu groß geratene Trafostation. Sein 1881 eingeweihter Vorläufer stand gleich neben der Kunstgewerbeschule, wurde im Krieg stark zerstört und in den siebziger Jahren wieder aufgebaut. Stadtführer haben oft mit dem Gebäude zu tun und benutzen daher gern eine Abkürzung: MGB. Das heißt: **Martin-Gropius-Bau** (**Stresemannstraße 110**).

Das Gebäude – es trägt jetzt den Namen seines Architekten – bietet mehreren Wechselausstellungen jährlich Platz. Alle paar Monate findet aus Anlaß einer Ausstellungseröffnung ein Empfang statt, dann strömt die Berliner Kulturszene ins Haus, übt shakehands, nippt am Sekt und nascht ein Häppchen, lauscht einer Ansprache, begutachtet die teuren temporären Ausstellungsarchitekturen und verläuft sich wieder. In den zwanziger Jahren ging es wilder zu, ein bißchen so wie auf den Großstadtbildern jener Zeit, die bis vor kurzem in der Dauerausstellung der Berlinischen Galerie im Martin-Gropius-Bau hingen. Mehrere Künstler waren dort ausgestellt, mit denen Brecht befreundet war und zusammengearbeitet hat, wie Rudolf Schlichter, John Heartfield und George Grosz.

Zum ersten Mal nach dem Ersten Weltkrieg fand im Win-

ter 1920 in den Ausstellungssälen wieder ein Kostümfest statt: das »Fest des Stakugemu«. Dora Mannheim, eine Bekannte Brechts, die ein sehr freizügiges Eingeborenenkostüm angelegt hatte, schrieb Jahrzehnte später über diesen Abend:
»Alle Räume des Museums waren übervoll. Berühmt waren seine breiten Gänge, wohin sich die Pärchen verzogen, wenn sie vom Tanzen müde waren. Mein Kostüm löste Befremden aus. Als es Mitternacht geschlagen, beschloß ich heimzugehen, weil ich mich mehr langweilte als amüsierte. Ich kehrte nochmals zu einem kleinen Saal zurück, dessen bereits avantgardistische Dekorationen und seine besonders schmissige Tanzkapelle mir besonders gut gefielen. Da kam eine hagere Gestalt auf mich zu, mit einer braunen Mönchskutte gekleidet. Er fragte mich mit etwas rauher Stimme, ob ich mit ihm tanzen wolle. Es sei ein Wagnis, meinte er, er könne es nämlich nicht besonders gut. Wir tanzten. Nachdem er mir reichlich auf meinen nackten Füßen herumgetreten war, schlug ich ihm vor, ob wir uns nicht lieber setzen und miteinander plaudern wollten. Er sah mir nicht besonders zahlungskräftig aus, so daß das Niedersitzen an einem Tischchen, an dem man gezwungen war, etwas zu konsumieren, nicht in Frage kam. Wir strebten den Korridoren zu und entdeckten in der Tat noch eine unbesetzte Ecke. Bertolt Brecht – so stellte er sich vor – sagte, daß ihm mein Kostüm am besten gefiele, es sei so anders wie alles übliche, das seien doch nur lumpige Gewänder. Er begann mir Geschichten zu erzählen, eine nach der anderen. Es war wie eine Märchenstunde – an den Inhalt dieser Geschichten vermag ich mich nicht mehr zu erinnern. Mittlerweile war es morgen geworden, 5 Uhr, ich wollte nach Hause. ›Nehmen wir ein Taxi‹ schlug ich vor, mit der Absicht, es selbst zu bezahlen, denn der junge Mann sah mir nicht zahlungskräftig genug für ein Taxi aus. ›Gehen wir zu Fuß durch den Tiergarten‹ schlug er vor, ›am frühen Morgen hören wir die Vögel singen.‹ So machten wir

uns auf den Weg, der bis zu meiner Wohnung in der Uhlandstraße ziemlich weit war. An meiner Haustür angelangt, forderte ich ihn auf, mich am nächsten Nachmittag zu besuchen. Er erschien wirklich am nächsten Nachmittag.«

Brecht umwirbt die Frau, sie hält ihn auf Distanz. Sogar brieflich. »Es dringt eine solche Eiseskälte aus den Zeilen hervor, daß man Husten kriegt«, beschwert sich der Verliebte im März 1920. Er bleibt hartnäckig, sieht Dora Mannheim im Juli 1921 in München wieder und schlägt ihr vor, seine Sekretärin zu werden. Sie lehnt dankend ab, tippt aber aus Freundlichkeit einige Gedichte und Balladen für ihn. Im November 1924 macht sie den Dichter mit einer Bürokollegin bekannt, die selbst literarische Ambitionen hat und sich mit Übersetzungen aus dem Englischen und Amerikanischen ein Zubrot verdient: Elisabeth Hauptmann. So entwickelt sich aus der Zufallsbegegnung auf dem Kostümball doch noch eine der für Brecht so notwendigen Arbeitsbeziehungen, wenn auch – was tut's – mit einer anderen Frau. Elisabeth Hauptmann wird Brechts wichtigste Mitarbeiterin in literarischen Angelegenheiten, sie entdeckt Stoffe und übersetzt Stückvorlagen, deren Bearbeitung Brechts Namen berühmt macht. Nach seinem Tod gab sie in mehrjähriger Arbeit die erste umfassende Werkausgabe heraus.

»WENN ICH IM ROMANISCHEN CAFÉ AUFTAUCHE, WERDEN SIE AN VIELEN TISCHCHEN GELL«

Künstlerlokale im »Neuen Westen«

Das Berliner Nachtleben spielt in fast allen Erinnerungen an die Zwischenkriegszeit eine bedeutende Rolle. Nicht, weil es so durchweg aufregend und amüsant gewesen wäre, sondern weil es ein Nährboden für die Kunst und Literatur jener Jahre war. Die Lokale der Künstler, Literaten, Jour-

**Tischrunde (vermutlich) im Restaurant Schlichter.
Zeichnung von Rudolf Schlichter, 1927**

nalisten, Theater- und Filmleute waren nicht nur zum Vergnügen da. Sie waren Börsen, an denen Menschen und Ideen gehandelt wurden. Hier wurden die strategischen Allianzen geschmiedet, die für die Karriere jedes einzelnen Künstlers und Publizisten notwendig waren. Der junge Brecht hatte das schnell heraus und stellte seinen Tagesablauf darauf ein:

»Vormittags schrieb ich bis 10 einen Filmakt. Dann lief ich in die Universität, dann ins Deutsche Theater wegen der Proben, aß im Stehen rasch wo um 3 Uhr, traf Klabund im Café, der den Vertrag mit Reiß schiebt, schwatzte bis 6 über Verlagsgeschichten, dabei gingen wir durch 3 Likörstuben mit einem Jüngling, der Vorschuß bekommen hatte und Likörs bezahlte, dann fuhr ich Untergrund in die Scala, wo Matray und Katta Sterna tanzten, dann mit Warschauer, Matray und Katta Sterna im Auto zu Warschauer, blieb dort 2 Stunden, indem ich ›soupierte‹ und Weine trank, lief dann mit Matray ins Restaurant Maenz, wo mich Granach vielen Theaterleuten vorstellte, und gondelte um 2 Uhr mit einer Zigarre heim. Und alle diese Leute schieben einander, schreiben über einander, beneiden, verachten, verebbeln [!] einander!!! Und diese Mädchen, der Herr segne sie! Gestreichelnde, überspannte, verlebte Gänse, hurenhaft und verbildet und so dumm, so dumm!« (An Paula Banholzer, Dezember 1921)

Wer wie Brecht durch die Likörstuben und Cafés fegte, vertrödelte also keineswegs seine Zeit, sondern verband das Nützliche mit dem Angenehmen. Praktischerweise lagen alle einschlägigen Künstlerlokale so, daß man nur ein paar Schritte gehen mußte, um vom einen zum anderen zu gelangen. Die Adressen sind bekannt. Allerdings empfiehlt es sich, einen alten Stadtplan zur Hand zu nehmen und die eigene Phantasie spielen zu lassen, statt die Wege wirklich nachzugehen. Der Krieg und der Wiederaufbau der West-City rund um die Gedächtniskirche haben so gut wie keine Anhaltspunkte übriggelassen. Die kulturelle Topographie der zwanziger Jahre existiert nur noch in den Büchern der Erinnerung.

Zur Zeit von Brechts erstem Berlinbesuch war das **Café des Westens**, auch **Café Größenwahn** genannt, der unbestrittene Mittelpunkt des literarischen Lebens. Es lag an der heutigen **»Kranzler-Ecke«, Kurfürstendamm 18/19**. Seit der Jahrhundertwende war es Künstlertreffpunkt, hier verkehrten so unterschiedliche Gäste wie Frank Wedekind, Carl Sternheim, Paul Scheerbart, Else Lasker-Schüler, Erich Mühsam, Christian Morgenstern, Jakob van Hoddis, Johannes R. Becher, Gottfried Benn, Alfred Döblin, Walter Benjamin, Martin Buber, Oskar Kokoschka und George Grosz. Max Reinhardt gründete hier sein Kabarett *Schall und Rauch*. Aus dem Kreis der Besucher entstanden die expressionistischen Zeitschriften *Der Sturm* und *Die Aktion*, sowie Wieland Herzfeldes Malik-Verlag. Daß Brecht, wie andere Neuberliner mit literarischen Ambitionen, dieses Lokal sofort aufsuchte, ist wahrscheinlich. An Dora Mannheim schrieb er: »Wir kauften ein Billett im C. d. W., ich kannte mich nicht aus, stand wie ein Mammut im Weg, und Sie nahmen die Sache in die Hand, und ich fühlte mich aufgehoben.« C. d. W., die Abkürzung stand für das **Cabarett des Westens**, das die Diseuse Rosa Valetti im »Café Größenwahn« etabliert hatte. Rosa Valetti sollte später die Rolle der Miss Peachum in der ersten *Dreigroschenoper* übernehmen.

Als das Café des Westens am 3. Juli 1921 aus wirtschaftlichen Gründen geschlossen wurde, zogen die Stammgäste ins **Romanische Café** um. Von der Terrasse sah man auf den Verkehr, der damals noch um die unzerstörte **Kaiser-Wilhelm-Gedächtniskirche** kreiste. Bis 1933 tagte im Romanischen die »Nationalversammlung der deutschen Intelligenz« (Curt Moreck). Heute steht an der Stelle das **Europa-Center**, ein vom Mercedes-Stern gekröntes Dienstleistungscenter aus den Sechzigern.

In dem großen, unwirtlichen Saal des Romanischen saßen

viele Unbekannte herum, die vergeblich darauf warteten, von einer der hereinspazierenden Größen des Films oder Theaters entdeckt zu werden. Brecht war bald eine bekannte Erscheinung. »Wenn ich im Romanischen Café auftauche, werden sie an vielen Tischchen gell. Aber ich kann nicht leben. Ich fahr nicht Auto und besuch nicht Spielhöllen. Ich kann mit meinen Einnahmen meinen Lebensunterhalt nicht mehr bezahlen«, notierte er im Inflationsjahr 1923. Zu diesem Zeitpunkt war gar nicht daran zu denken, in **Schwanneckes Weinstuben** in der **Rankestraße 4** zu gehen, wo die Etablierten und Arrivierten unter sich blieben. Oder ins feine **Restaurant Schlichter** (**Ansbacher Straße 46**, ab 1929: **Martin-Luther-Straße 33**). Hier kochte der Bruder des Malers Rudolf Schlichter, der befreundete Künstler und Literaten mitbrachte. Schlichter hat 1926 das berühmte Porträt Brechts gemalt, das ihn zeigt, wie er sich damals gerne sah: lässig, in glänzender Lederjacke, mit Krawatte und einer dicken Zigarre in der mächtigen Hand. Der neusachliche Dichter als schillerndes Mischwesen, halb kühler Sprachkonstrukteur, halb erfolgreicher Unternehmer. Im Restaurant Schlichter lernte im Sommer 1928 Elias Canetti Brecht in dieser Rolle kennen und war sogleich abgestoßen von der »penetranten Avantgarde-Atmosphäre«, die seinerzeit um ihn herrschte. Sein Unbehagen hinderte Canetti aber nicht daran, Brechts Gedichte zu bewundern und seine eigenen als »Schutt und Staub« zu verwerfen.

In der Zeit von Brechts ersten Berliner Erfahrungen war an einen Besuch in noblen Etablissements wie Schwannecke oder Schlichter allerdings kaum zu denken, es sei denn, jemand hielt ihn aus. Aus den Briefen an Dora Mannheim und den Tagebüchern läßt sich unschwer herauslesen, daß Brecht mit der eigenen Unsicherheit zu kämpfen hatte. An den Treffpunkten der Intelligenz bekam er zu spüren, wie unbekannt er war. »Im Auto, mit der ganzen Bande zu Warschauer, wo soupiert wird. Es ist aber ekelhaft, ich werde als Luft serviert (das Gewäsch schnürt mit den Hals zu …), ich rauche nebenan und auf der Toilette und schlage mich bald seitwärts: Ich bin immer noch unterwegs auf dem Weg zur Sonne. Ich trabe zu Maenz. Dort treffe ich Granach, der nett ist, mir gleich Goldberg von der »Tribüne« vorstellt, Vorlesungen ausmacht. Ich laufe, etwas frierend, etwas fiebernd, heim, den Kopf voll, das Herz leer, und gänzlich unzufrieden, gänzlich unzufrieden«, heißt es im Tagebuch (2. Dezember 1921) über denselben Tag, den er seiner Freundin Paula Banholzer als so reich an Abenteuern geschildert hat.

Maenz' Bierhaus in der **Augsburger Straße 36**, Ecke Joachimsthaler Straße, war eine Kutscherkneipe, die von hungrigen Künstlern geschätzt wurde, weil man sich dort an dicken Schnitzeln und Beefsteaks sattessen konnte. Das Lokal war immer überfüllt und nicht ganz sauber, aber die Wirtin Aenne Maenz hatte ein Herz für die hungrigen Nachwuchskünstler. Zum Glück verkehrte dort der Schauspieler Alexander Granach, dem am Lessing-Theater gerade der Durchbruch in die erste Reihe der Schauspieler gelungen war. Granach hatte sich mühsam vom ostjüdischen Bäckerburschen zum Schauspielschüler bei Max Reinhardt emporgearbeitet, er hatte sich sogar die krummen Beine brechen und gerade wieder zusammenwachsen lassen, um die großen Hauptrollen spielen zu können. 1922 wirkte er mit, als Brechts *Trommeln in der Nacht* zum ersten Mal in Berlin aufgeführt wurde, und 1930 war er an der Uraufführung der *Maßnahme* beteiligt. Er spielte auch in dem Hollywoodstreifen *Hangman Also Die* (1942/43) von Fritz Lang mit, an dessen Drehbuch Brecht beteiligt war.

Im Hinterzimmer des **Café Alschafsky** in der **Ansbacher Straße 41** traf sich die »Gruppe 1925«, ein lockerer Zusammenschluß von Schriftstellern, »die Niveau haben, links gerichtet sind, aktiv sind und solidarisch fühlen, und nicht aus der Literatur eine Industrie machen« – so formulierte es Rudolf Leonhard in einem Rundbrief. Johannes R.

Becher, Alfred Döblin, Albert Ehrenstein, Willy Haas, Walter Hasenclever, Walter Mehring, Ernst Toller und Kurt Tucholsky zählten zu den Mitgliedern. Brecht schlug die Herausgabe einer Reihe literarischer Hefte vor, die auch unbekannte Autoren – sich selbst rechnete er dazu nicht mehr – bekannt machen sollten. Die Sache zerschlug sich, und schon Anfang 1927 löste sich die Gruppe wieder auf. Die politischen wie ästhetischen Meinungsverschiedenheiten erwiesen sich als stärker als der Wunsch, gemeinsame Interessen gemeinsam zu vertreten.

Wie viele hungrige Literaten nutzte der junge Brecht die Gelegenheit, sich in den Filialen der Schnellrestaurantkette **Aschinger** satt zu essen. Er hat diese Erfahrung später in seiner Erzählung *Eine kleine Versicherungsgeschichte* verarbeitet. Aschinger unterhielt mehr als zwanzig Filialen mit warmer Küche und Wurstverkauf, außerdem fünfzehn Konditoreien. Bei Aschinger stillte Brecht seinen Hunger mit »Löffelerbsen ohne Speck, jedoch mit sehr viel Brötchen« (Arnolt Bronnen). Die Brötchen waren umsonst, man durfte so viel davon essen, wie man konnte. Das hat vielen Künstlern das Leben gerettet und den Namen der Firma in der schönen Literatur unsterblich gemacht.

»ICH WOHNE SEHR GUT, NUR ETWAS KALT.«

Wohnungen im »Neuen Westen«

Zietenstraße 6 – Eislebener Straße 13 – Dahlmannstraße 2 – Alsheimer Straße 4 – Spichernstraße 16 – Babelsberger Straße 52 – Hardenbergstraße 1a – Leibnizstraße 108 – Wohnungen von Freunden und Kollegen

Sämtliche Wohnadressen Brechts aus den Jahren vor der Emigration liegen in Reichweite der Künstlerlokale rund um die Gedächtniskirche. Während seines ersten Besuches

Bei seinem ersten Berlinbesuch wohnte Brecht bei Frank Warschauer, Eislebener Straße 13. Rechts der Hauseingang.

in Berlin im Frühjahr 1920 war Brecht bei dem befreundeten Publizisten Frank Warschauer in der **Eislebener Straße 13** zu Gast. »Ich wohne sehr gut, nur etwas kalt«, schreibt er an die Freundin Bi. Ende 1921 hauste er in einem »dunklen Eiskeller« mit einem »wunderbaren Klavier« in der **Zietenstraße 6** (nah beim **Nollendorfplatz**) und lief von da jeden Mittag zu Warschauer zum Essen.

Beide Straßen lassen erkennen, daß Brecht nicht gezwungen war, in Armutsquartieren abzusteigen. Es sind gutbürgerliche Wohnstraßen, die ihren Charakter trotz einiger Kriegszerstörungen bewahrt haben. Die Jahreszahlen über dem Eingang zum Haus in der Eislebener Straße verraten, daß es 1943 beschädigt, aber 1954 wiederaufgebaut worden ist; in der Zietenstraße steht ein Neubau. Verschwunden ist auch die **Pension Ernst, Dahlmannstraße 2**, in der Brecht Ende 1922 unterkam.

Der Dramatiker Arnolt Bronnen, der Anfang der zwanziger Jahre als Kommis im Warenhaus Wertheim am Potsdamer Platz arbeitete, um seinen Lebensunterhalt zu bestreiten, bezog 1923 eine Wohnung am **Nürnberger Platz 3**. Brecht und Bronnen schlossen sich damals eng zusammen, um mit vereinten Kräften die Berliner Theaterwelt zu erobern. Brecht änderte der gemeinsamen Sache zuliebe sogar seinen Namen – aus Bertold wurde Bertolt, was Karl

Kraus veranlaßte, das Paar die beiden »Fasolte der deutschen Literatur« zu nennen. Brecht setzte sich damals für Bronnens Stücke ein, die wesentlich erfolgreicher waren als seine eigenen, und Bronnen sorgte dafür, daß 1922 der Kleistpreis von Herbert Ihering nicht wie vorgesehen an ihn, sondern an Brecht verliehen wurde. In seinen Erinnerungen erzählt Bronnen vom letzten Abend seiner engen Freundschaft mit Brecht: »Die Zimmerfenster blickten gegen Südwesten und ließen den warmen Abendhauch des Spätherbstes herein. Am Ende der Spichernstraße sah man gerade noch einen halbdürren Baum, der zu dem kleinen Park an der Kaiserallee gehörte. Die beiden jungen Männer lehnten dicht nebeneinander in dem schmalen Fensterrahmen, sprachen über ihre Pläne, Brecht glossierte zwischendurch schnell die Passanten, die über den Platz zu den halb, ganz oder gar nicht geschlossenen Läden tummelten. [...] Eine Schauspielerin müßte man haben, hatte Brecht gesagt. ›Dort wohnt Helene Weigel‹, sagte Bronnen, ›weißt, die früher in Frankfurt war, jetzt spielt sie bei Jessner‹. Brecht wußte, aber er kannte sie noch nicht. ›Ich glaube, sie wird sich freuen, wenn du zu ihr kommst‹. [...] Er ging hinaus, in das kahle, große Berliner Zimmer, wo der Telefonapparat an der Wand hing. Es dauerte etwas länger, weil gerade ein anderer Untermieter telefonierte. Als Bronnen in sein Zimmer zurückkehrte, war Brecht schon gegangen.«

Helene Weigel bewohnte ein Dachatelier im Haus **Spichernstraße 16**. Es ist heute nur schwer möglich, sich die von Bronnen geschilderte Szene an Ort und Stelle zu vergegenwärtigen. Die autogerechte Verbreiterung der Spichernstraße und der Kaiserallee, die heute Bundesallee heißt, hat alle Anhaltspunkte ausgelöscht. Beziehungslos hängt eine im Mai 1989 installierte Gedenktafel für Brecht und die Weigel an einem Neubau.

Als sich Brecht im Herbst 1924 die Chance bot, Dramaturg am Deutschen Theater zu werden, fand er – laut polizeilicher Anmeldung – zunächst eine Bleibe in der **Alsheimer**

Straße 4 in Steglitz (Nähe S-Bahnhof Lankwitz; Neubau). Er hat also offenbar nicht, wie oft kolportiert wurde, die Wohnung der Weigel rücksichtslos in Besitz genommen und sie genötigt, sich eine neue zu suchen. Im November 1924 kam der gemeinsame Sohn Stefan zur Welt, erst Mitte Februar 1925 meldete sich Brecht in die Spichernstraße 16 um. Fußläufig zu den Treffpunkten der Journalisten, Schriftsteller und Theaterleute gelegen, gab es für den Strategen im Literaturkampf keinen gelegeneren Ort. Helene Weigel suchte sich in nicht allzu großer Entfernung eine neue Wohnung (**Babelsberger Straße 52**/Ecke **Berliner Straße**). Dieses Haus steht noch. Gleich um die Ecke wohnten bis zur Emigration 1933 Anna Seghers (**Helmstedter Straße 24**, Altbau mit Gedenktafel) und Walter Benjamin (**Prinzregentenstraße 66**, die Gedenktafel hängt ähnlich verloren an einem Neubau wie die in der Spichernstraße).

Die Wohnatmosphäre in Helene Weigels Dachwohnung beschreibt Marieluise Fleißer in ihrer Erzählung *Avantgarde*:

»Da war soviel Raum, keine überflüssigen Dinge darin. Der Malerfreund malte einen übergroßen Städte-Mann an die Wand hinter einem Podest, vor dem Städte-Mann konnte man sitzen. Da war die Atmosphäre gleich da in dem Raum, wo der Text gelernt wurde. Zur Seite führte eine Treppe in den Speicher hinauf, da konnte man noch besser sitzen, in die Straßenschluchten hinuntersehn, unter dem Fenster liefen viele Straßen zusammen. Man konnte auch proben, wie man hinuntersteigt von Stufe zu Stufe [...].

Der Dichter wohnte einfacher auf seinem Dachboden, niemand hätte dort eine Wohnung vermutet, sie war nicht einmal gemeldet, und das ging ihm eine ganze Weile hinaus. ›Von mir hat noch kein Finanzamt eine Steuer verlangt.‹ Man stieg eine schmale Stiege zwischen Verschlägen wie eine Hühnerleiter hinauf, Brandgefahr war da immer. Da standen in der Dachschräge hinter einem eisernen Ofen

Brecht mit Freunden in der Spichernstraße 16. Am Klavier der Boxer Paul Samson Körner, an der Schreibmaschine Elisabeth Hauptmann.

Batterien von Flaschen gebaut mit dem trinkbaren Stoff. Dem Himmel war man hier nah.«
Die Behörden freilich schliefen nicht. Sie forderten Brecht 1927 wiederholt dazu auf, eine Steuererklärung abzugeben. Daraufhin schrieb er ans Finanzamt Wilmersdorf-Nord, Zimmer 801, einen Brief, in dem er erklärte, warum er sich für steuerfrei halte:
»Ich schreibe Theaterstücke und lebe, von einigen kleinen äußerst schlecht bezahlten Nebenarbeiten abgesehen, ausschließlich von Vorschüssen der Verlage, die in der Form von Darlehen an mich gegeben werden. Da ich mit den Stücken vorläufig beinahe nichts einnehme, bin ich bis über den Hals meinen Verlagen gegenüber in Schulden geraten. Ich wohne in einem kleinen Atelier in der Spichernstraße 16 und bitte Sie, wenn Sie Reichtümer bei mir vermuten, mich zu besuchen.«
Reichtümer sind auf den wenigen erhaltenen Fotos aus der Spichernstraße nicht zu erkennen, allenfalls das Klavier

Babelsberger Straße 52: Hier wohnte Helene Weigel von 1925 bis 1932.

hätte man pfänden können. Die Manuskripte und Materialsammlungen, die herumlagen, waren damals nicht das Papier wert, auf dem sie standen. An der Wand hing ein großes Bild von Helene Weigel, gemalt von Caspar Neher. Unter dem schrägen Atelierfenster mit Blick auf die gegenüberliegenden Häusergiebel stand der Arbeitstisch mit einer Schreibmaschine. Meist bediente sie Elisabeth Hauptmann. Nach Brechts Auszug Ende 1928 scheint sie die vertraute Wohnung vorübergehend übernommen zu haben, jedenfalls findet man ihren Namen im Adreßbuch von 1929 unter der Spichernstraße 16, eingetragener Beruf: »Übersetzerin«.

»Es ist dem Menschen nicht gestattet, vermittels Sonnensegeln und Bechsteinflügeln in den Himmel zu wachsen. Eine Wohnung ist dort, wo ein Mensch seinen alten Kragen in die Ecke geworfen hat«, heißt es in Brechts Erzählung *Nordseekrabben oder die moderne Bauhauswohnung* (1926), einer Satire auf neusachliche Interieurs und das Bedürfnis mancher Zeitgenossen, sich möglichst perfekt einzurichten. Möglicherweise wurde Brecht durch einen Besuch bei Erwin Piscator dazu angeregt. Piscator richtete sich zu dieser Zeit in einem Bauhausinterieur von eisiger Ungemütlichkeit neu ein. Brecht stand den Bauhäuslern in ihrer Ablehnung repräsentativer Dekors durchaus nah. Doch kam es ihm weniger darauf an, daß die Dinge, mit denen er sich umgab, funktional aussahen, sie mußten vor allem zweckmäßig sein. Die meisten Möbel in der Spichernstraße hatte er sich aus unlackiertem, nur gebeiztem Tannenholz von einem Tischler bauen lassen. Besonders schätzte Brecht alte Einrichtungsgegenstände, die ihre Funktionalität lange unter Beweis gestellt hatten und denen die Brauchbarkeit anzusehen war:

Von allen Werken die liebsten
Sind mir die gebrauchten.
Die Kupfergefäße mit den Beulen und den abgeplatteten
 Rändern
Die Messer und Gabeln, deren Holzgriffe
Abgegriffen sind von vielen Händen: solche Formen
Schienen mir die edelsten. So auch die Steinfliesen um alte
 Häuser
Welche niedergetreten sind von vielen Füßen,
 abgeschliffen
Und zwischen denen Grasbüschel wachsen, das
Sind glückliche Werke.
 (aus: *Von allen Werken*, 1932)

Brechts Berliner Wohnungen mußten vor allem zweckmäßig für seine Art zu arbeiten sein. Dazu mußten sie vor allem hell sein, bequem zu erreichen sein und Platz für größere Diskussionszirkel bieten. Zu Canetti sagte Brecht einmal, er »brauche Zeiten in der Welt und Zeiten außer ihr, in stärkstem Kontrast zueinander. Er habe das Telefon immer auf dem Tisch und könne nur schreiben, wenn es oft läute.«

In nächster Nachbarschaft wohnten in den zwanziger Jahren Ernst Toller (**Lietzenburger Straße 8** und **Spichernstraße 8/9**), Kurt Tucholsky (**Kaiserallee 79**, heute **Bundesallee**), Carl Zuckmayer (**Lietzenburger Straße 14**, seit 1926 **Fritz-Elsass-Straße 18**) und Erich Kästner (**Prager Straße 17**, seit 1931 **Roscherstraße 16**). Am **Nikols-**

burger Platz 3 hatte der Verlag Felix Bloch Erben seinen Sitz, mit dem Brecht und Weill im April 1928 einen Vertrag über die Bühnenrechte an der *Dreigroschenoper* schlossen. An der **Kaiserallee 178**, heute **Bundesallee**/Ecke **Berliner Straße** stand das 2000 Personen fassende »Atrium-Kino«, in dem sowohl die Verfilmung der *Dreigroschenoper* als auch *Kuhle Wampe* uraufgeführt wurden. Mit einer Eifersuchtsszene im Haus **Lietzenburger Straße 53** beginnt Brechts Erzählung *Barbara* von 1926, die Geschichte einer rasanten Autofahrt durch den Neuen Westen nach Halensee und weiter in den Grunewald, wo dem Auto der Sprit ausgeht.

In der **Schaperstraße 8** wohnte der Schriftsteller Bernard von Brentano. Der ehemalige Feuilletonkorrespondent der *Frankfurter Zeitung* suchte mit Brecht in den dreißiger Jahren die Nähe zum Proletariat. Im Haus **Nr. 2-3** wohnte 1931 Heinrich Mann, in der **Nr. 22** trafen sich im Februar 1933 Johannes R. Becher, Brecht, Hermann Kesten, Ernst Glaeser und Heinrich Mann, um über Strategien des Widerstands gegen Hitlers Regime zu beraten. Die Adresse gibt es nicht mehr, das Haus muß sich direkt am **Fasanenplatz** befunden haben. Wenige Schritte entfernt hängt am Haus **Fasanenstraße 61**, das an den Platz grenzt, eine Gedenktafel für Heinrich Mann – es war seine letzte Adresse vor der Emigration.

Im November 1928, nach dem Erfolg der *Dreigroschenoper*, zog Brecht ans »Knie«, den heutigen **Ernst-Reuter-Platz**. Er wohnte nun näher am **Luisenplatz**, wo die Musik zur *Dreigroschenoper* entstanden sein soll. Jedenfalls behauptet das eine Tafel am Haus **Nr. 3**, die dem von Brecht geschätzten Dramatiker Georg Kaiser und seinem Komponisten Kurt Weill gewidmet ist. Auch Alfred Döblin zog nach dem Erfolg von *Berlin Alexanderplatz* in den gutbürgerlichen Westen (**Kaiserdamm 28**).

Bis zur Emigration wohnte Brecht auf halbem Weg zwischen dem **Schillertheater** und dem **Renaissancetheater**

Vor Brechts Haustür, um 1930. Blick vom heutigen Ernst-Reuter-Platz in die Hardenbergstraße (rechts).

in der **Hardenbergstraße 1A**. Dort, wo das Haus gestanden haben muß, braust heute der Autoverkehr mehrspurig um den **Ernst-Reuter-Platz**. Brechts neue Arbeitswohnung lag im fünften Stock eines Seitenflügels (laut Mietvertrag, in der polizeilichen Anmeldung steht: Gartenhaus). Also wieder nah am Himmel und ruhig, zugleich aber mit U-Bahn-Anschluß vor dem Haus. Die Wohnung hatte zwei Zimmer, eine Kammer, Küche und Bad. Sie kostete 100 Mark im Monat, das war recht günstig für diese Lage. Über die Einrichtung notierte Brecht 1930:

»In meinem Schlafzimmer, das klein ist, habe ich zwei Tische stehen, einen großen und einen kleinen, ein hölzernes altes Bett, das nicht länger als ich, aber etwas breiter ist, wenngleich nicht so breit wie die meisten anderen Betten, zwei niedere normannische Stühle mit Strohsitzen, zwei chinesische Bettvorleger und einen großen Manuskriptschrank aus Holz mit Leinwandzügen. Darauf habe ich einen Filmvorführungsapparat, eine Projektionslampe und eine Heizsonne stehen sowie einen Gipsabguß meines Gesichtes. In zwei eingebauten Schränkchen sind meine Kleider, Wäsche und Schuhe. An Wäsche habe ich [Zahl fehlt] Hemden, Bettzeug um [Zahl fehlt] mal das Bett zu beziehen, sieben Anzüge, acht Paar Schuhe. An der Decke ist eine Lampe und auf dem Tisch am Bett eine zweite. Das Zimmer und die meisten dieser Dinge gefallen mir, aber des Ganzen schäme ich mich, weil es zuviel ist.«

Der Notizbucheintrag stammt aus der Zeit, in der Brecht bereits mit Organisationen der Arbeiterbewegung und der Kommunistischen Partei zusammenarbeitete. Seine eigene Wohnsituation unterschied sich stark vom Alltag in den Mietskasernen des Nordens und Ostens, wo die Arbeiter wohnten, für die er nun Stücke und Lieder schrieb. Das Gedicht *Die drei Soldaten und die Wohnungsnot* aus dem Kinderbuch *Die drei Soldaten* (1930) stammt aus dem selben Jahr wie die zitierte Notiz:

Viel mehr als jemals durch die Kanonen
Sterben Leute, die in schlechten Häusern wohnen.
Das sind Häuser, an denen sieht jedes Kind
Daß darinnen zu viele Wohnungen sind.
Und daß es darin soviel Wohnungen gibt
Ist, damit der Hausherr die Miete einschiebt.
Und in jedem Zimmer, finster und klein
Müssen recht viele Leute sein
Die ganz eng aufeinanderpappen
Und sich die wenige Luft wegschnappen
Aber so viele müssen es sein
Damit der Hausherr ihr Geld steckt ein.

Doch eines Tages im Monat Mai
Kommen die drei Soldaten vorbei
Die sehen den großen Haufen voll Stein
Und sagen: »Da gehen wir hinein.«
Und traben hinauf die engen Stiegen

Die so laut schrein und sich gleich biegen
Und schauen hinein in die dunklen Löcher
Und sagen: »Hier wohnen, scheint's, lauter Verbrecher.«
Und sehen viele Leute drin: Mann, Frau und Kind
Und daß wieder so viele in einem Zimmer sind.
Und werden gleich ganz wutentbrannt
Und stellen gleich die Leute an die Wand
Und schießen schrecklich auf sie ein
Und schießen alles tot und schrein:
»Wer so wo wohnt, groß oder klein
Der will anscheinend erschossen sein.«

Wer in ein solches Haus hineingeraten
Den erschießen eben die drei Soldaten.
Sie schießen ihn nämlich in seine Lungen
Und so wird er von ihnen gezwungen
Daß er wieder heraus muß aus dem Haus
Und wenn auch mit seinen Füßen voraus.

Daß aber die Drei das wirklich machen
Das beweisen die Tatsachen:
In solchen Häusern weit und breit
Herrscht eine große Sterblichkeit.

Am 6. Oktober 1932 unterschrieben Brecht und Weigel einen weiteren Mietvertrag für eine 4-Zimmer-Wohnung in der **Leibnizstraße 108** (Nähe Otto-Suhr-Allee). Vermieterin war die Stadtgemeinde Berlin, entsprechend günstig die Miete: 100 Mark im Monat. Der Vertrag zeigt Spuren der heftigen politischen Auseinandersetzungen, die sich mit dem Verlauf der Weltwirtschaftskrise zuspitzten. Eine Zusatzklausel verbot das Anbringen politischer Reklame am Haus: So sollte zumindest der Hausfrieden gewährleistet bleiben, während sich die gewalttätigen Zusammenstöße zwischen Nazis und Kommunisten auf den Straßen häuften.

**Brecht in der Hardenbergstraße 1A, Februar 1933:
»Die Kisten sind gepackt.«**

Das (heute durch einen Neubau ersetzte) Haus in der Leibnizstraße lag fußläufig zu Brechts damaliger Arbeitswohnung in der Hardenbergstraße. Offenbar hatte der Umzug den Zweck, das Brecht-Weigelsche Familienleben zu vereinfachen. Als Brecht von der Spichernstraße fortgezogen war, hatte sich der Abstand zu Frau und Kindern verdoppelt. Das belastete besonders die gemeinsame Hausangestellte Mari Hold, die zwischen beiden Wohnungen pendeln mußte. Über ihren Alltag gibt ein *Dankgedicht* (1934) Auskunft, das ihr Brecht schrieb, als Mari Hold heiratete und eine eigene Familie gründete:

Sie versahen die kleine Wohnung.
Sprechend die Sprache meiner Heimat, bairisch
Hielten Sie die Ordnung aufrecht, entschlossen, aber
Unmerklich. Immer

Wenn ich nachts heimkam, war der Arbeitsraum sauber
Wie eben eingerichtet, der verwüstete! Der Rauch
Hatte sich verzogen. Die Papiere
Lagen ordentlich geschichtet (in unveränderter
 Reihenfolge).
Niemals
Fehlte ein Zettel durch alle die Jahre. Keine Tasse
War am Abend noch schmutzig. Im Schrank
Lag kein Stück unreiner Wäsche.

Der Tag begann
Wenn sie die Zeitungen brachten in der Frühe
In das kleine Schlafzimmer, die Gardine hochziehend:
Auch war der Ofen schon geheizt; auch stand der Tee
 schon bereit
Wenn ich in den Arbeitsraum trat
Und auch die Haferflocken, die nur ihnen gelingen.

»WER IM SPORTPALAST WAR, DER WEISS, DASS DAS PUBLIKUM JUNG GENUG IST FÜR EIN SCHARFES UND NAIVES THEATER«

Boxen, Theater und Politik in der Potsdamer Straße

Der alte **Sportpalast** an der **Potsdamer Straße**, nahe der Kreuzung **Pallasstraße** gelegen, lebt noch in der Erinnerung der älteren Berliner als Austragungsort von Boxkämpfen und Sechstagerennen, als Eislaufbahn, aber auch als der Ort, an dem Hitlers Propagandaminister Goebbels vor jubelnden Nazianhängern den »totalen Krieg« ausrief. Anfang der siebziger Jahre mußte er einem großen Sozialwohnungskomplex (nach der heutigen Numerierung **Potsdamer Straße 170-172**) weichen. In der kärglichen

Grünanlage, die dazu gehört, steht eine große Bronzetafel zur Erinnerung an die Glanz- und Schattentage der abgerissenen Veranstaltungshalle. Als Graffito ist sie auch an der großen Hochhausscheibe vorhanden, die sich über die Pallasstraße und einen stehengebliebenen Schutzbunker hinwegstreckt (**Pallasstraße 28-30**, an dem Gang, der über die Straße führt).

Während es sich wenige von Brechts schreibenden Kollegen entgehen ließen, eine Reportage über die Radsportrennen im Sportpalast zu schreiben (die tagelang im Kreis herumrasenden Sportler boten sich als Sinnbild der modernen Zeit und des Großstadtlebens an), verfaßte Brecht Mitte der zwanziger Jahre Boxergeschichten. »Nach einem Großkampfabend im Sportpalast saßen einige Leute, mit mir im ganzen vier, immer noch in relativ blutrünstiger Stimmung, bei einem Glas Bier in einer Bierquelle Potsdamer Straße, Ecke Bülowstraße«, beginnt die Geschichte *Der Kinnhaken* (1926). Man kann die Straßenkreuzung vom ehemaligen Standort des Sportpalast aus sehen, sie befindet sich dort, wo die Hochbahn die Potsdamer Straße kreuzt, und tatsächlich gab es dort eine Filiale von **Aschinger** (vgl. S. 35). Brechts Erzählung handelt von einem Boxer, der im Sportpalast ausgeknockt wurde, weil er zuvor in der Bierquelle einen Kampf gegen sich selbst verloren hat: Sein Manager hatte ihm verboten, vor dem Kampf ein Bier zu trinken, er aber hatte sich darüber nicht hinweggesetzt. Die Moral der Geschichte: »Ein Mann soll immer das tun, wozu er Lust hat. Nach meiner Ansicht. Wissen Sie, Vorsicht ist die Mutter des k. o.« So, nach Boxerart, machte auch Brecht in der Theaterwelt der zwanziger Jahre Karriere.

Im *Berliner Börsen-Courier* provozierte er 1926 mit der These, die Berliner Theater sollten sich an den Boxabenden im Sportpalast ein Vorbild nehmen. »In den Sportpalästen wissen die Leute, wenn sie ihr Billett einkaufen, genau, was sich begeben wird; und genau das begibt sich dann, wenn

sie auf den Plätzen sitzen: nämlich, daß trainierte Leute mit feinstem Verantwortungsgefühl, aber doch so, daß man glauben muß, sie machten es hauptsächlich aus eigenem Spaß, in der ihnen angenehmsten Weise ihre besonderen Kräfte entfalten.« (*Mehr guten Sport*, 1926) Ob Brecht auf diesen Gedanken wirklich im Sportpalast gekommen ist, ist allerdings zweifelhaft. Er kolportierte in seinem Zeitungsartikel nahezu wortwörtlich Thesen von Alfred Flechtheim und Franz Blei, die kurz zuvor in Beiträgen des Berliner Zeitgeistmagazins *Der Querschnitt* zu lesen waren.
Beeindruckt von der Volksfeststimmung im Sportpalast

schlug Brecht vor, in den Berliner Theatern den Verzehr von Getränken und das Rauchen während der Vorstellungen zu erlauben: »Es ist dem Schauspieler nach meiner Meinung gänzlich unmöglich, dem rauchenden Mann im Parkett ein unnatürliches, krampfhaftes und veraltetes Theater vorzumachen.« Auf Brechts Anregung wurde der Einakter *Die Kleinbürgerhochzeit* 1926 am Frankfurter Schauspielhaus auf einer Bühne gespielt, die als Boxring hergerichtet war, und die Uraufführung der *Mahagonny*-Oper fand in einem ähnlichen Bühnenbild statt. Wahrscheinlich hätten ihn auch die »Theatersport«-Abende amüsiert, die sich Mitte der neunziger Jahre in Berlin etablierten: Aufführungen, bei denen das Publikum über die Aktionen der improvisierenden Schauspieler abstimmt und dadurch Einfluß auf den Gang der Handlung nimmt.

Nicht weniger beeindruckend als Boxkämpfe waren die großen politischen Versammlungen im Sportpalast. Linke wie rechte Parteien machten in den zwanziger Jahre von der Halle Gebrauch. Der Soziologe Fritz Sternberg schreibt in seinen Erinnerungen, eines Tages habe ihn Brecht angerufen und vorgeschlagen, zu einer Veranstaltung zu fahren, auf denen Vertreter der verfeindeten Arbeiterparteien KPD und SPD miteinander reden sollten. Fünfhundert Meter vor dem Sportpalast blieb Brechts Auto in den heranströmenden Menschenmassen stecken. Sternberg glaubt sich zu erinnern, daß nach amtlichen Meldungen eine halbe Million Menschen zu dieser parteiübergreifenden Großdemonstration zusammenkamen. Den ganzen Abend standen Menschen, die nicht in den Sportpalast hineingekommen waren, auf der Potsdamer Straße und diskutierten. Brecht war sehr beeindruckt und setzte große Hoffnungen auf eine Einheitsfront gegen die Nationalsozialisten, die dann wegen der Moskauhörigkeit der KPD und dem Mißtrauen der sozialdemokratischen Parteiführung nicht zustande kam.

Freunde Brechts, wie Ernst Busch und Hanns Eisler, sind

Anfang der 30er Jahre häufig auf Veranstaltungen kommunistischer Organisationen im Sportpalast aufgetreten. Am 14. Januar 1932 veranstaltete das Parteiorgan *Rote Fahne* eine Großkundgebung zur Eröffnung des Wahlkampfes von Ernst Thälmann um das Amt des Reichspräsidenten. Die lange Hauptrede Walter Ulbrichts, des damaligen Bezirksleiters der KPD Berlin, wurde von einem Beiprogramm umrahmt, in dem auch eine Szene aus Brechts *Die Mutter* mit Helene Weigel zu sehen war.

Noch heute gibt es kaum eine politische Großdemonstration, die nicht über diesen Abschnitt der Potsdamer Straße führt.

»HÄTTEN SIE DIE ZEITUNGEN AUFMERKSAM GELESEN WIE ICH / WÜRDEN SIE IHRE HOFFNUNGEN BEGRABEN.«

Im Zeitungsviertel

Im literarischen Leben der zwanziger Jahre gaben die Feuilletons der großen bürgerlichen Zeitungen den Ton an. Nicht die Zahl der Bücher eines Autors zählte, nicht Auflagenzahlen oder Literaturpreise, sondern die Präsenz in den Feuilletons: Wessen Gedichte dort zu lesen waren, wessen Romane vorabgedruckt wurden, wer Gegenstand publizistischer Meinungskämpfe war und bei Umfragen zu Zeitthemen um eine Stellungnahme gebeten wurde, der hatte wirklich Erfolg. Wer wie Brecht literarisch Karriere machen wollte, wer Einfluß gewinnen und vom Schreiben leben wollte, der mußte neben den Künstlerlokalen vor allem die Redaktionsstuben der meinungsbildenden Blätter erobern.

Im Jahr 1928 zählte man in Berlin 2633 Zeitungen und Zeitschriften, davon waren über 100 politische Tageszeitungen. Große Blätter des In- und Auslandes unterhielten

Korrespondentenbüros, meist in der Nachbarschaft des damaligen Regierungsviertels in der **Wilhelmstraße** und des **Reichstages** (siehe S. 164 ff.). Die ganze Stadt war mit einem dichten Netz von Redaktionsadressen überzogen, im wesentlichen jedoch wurde die öffentliche Meinung in wenigen Kreuzberger Straßenzügen gemacht. In der **Kochstraße, Zimmerstraße** und **Markgrafenstraße** richtete sich das Leben nach dem Rhythmus der Zeitungsproduktion in den drei maßgeblichen Verlagshäusern: **Mosse, Ullstein** und **Scherl**. Um 1880 gegründet, wuchsen sie mit der Reichshauptstadt Berlin zu modernen Medienkonzernen heran, die jeder eine breite Palette von unterschiedlichen Zeitungen und Zeitschriften auf den Markt warfen.

Eine weiteres Medienzentrum im Zeitungsviertel war das »**Vorwärts**«-**Haus** in der **Lindenstraße 3**, in dem neben der sozialdemokratischen Parteizeitung Satireblätter, Bücher und Flugschriften entstanden. Es lag in der Nähe des heutigen **Berlin-Museums** (**Lindenstraße 14**, der Standort des Verlagsgebäudes ist durch die Nachkriegsbebauung rund um den **Mehringplatz** kaum auffindbar). Als Anfang der neunziger Jahre der Umzug der Regierung von Bonn nach Berlin beschlossen wurde, zog es die Sozialdemokraten erneut in diese Gegend: Sie bauten ihre neue Parteizentrale an der **Wilhelmstraße 140** / Ecke **Stresemannstraße**. Im **Willy-Brandt-Haus**, das wie ein postmodernes Gegenstück zu Erich Mendelsohns Haus der Metallarbeitergewerkschaft (**Lindenstraße** / Ecke **Alte Jakobstraße**) wirkt, gibt es wieder einen »Vorwärts«-Verlag und eine »Vorwärts«-Redaktion: allerdings ist die ehemals bedeutende Tageszeitung der Sozialdemokratie auf das Format eines wenig beachteten Mitgliedermagazins geschrumpft.

In den ersten Monaten der Weimarer Republik kam es im Zeitungsviertel mehrmals zu bewaffneten Auseinandersetzungen. Während des Spartakusaufstandes im Januar 1919 wurden das alte »Vorwärts«-Gebäude und alle andern gro-

ßen Verlagshäuser von aufständischen Arbeitern und Soldaten, zumeist Anhängern der wenige Tage vorher gegründeten Kommunistischen Partei, besetzt. In den Straßen wurden Barrikaden aus den riesigen Papierrollen für den Zeitungsdruck errichtet. Diese Ereignis hat Brecht während des Exils in seinem unvollendeten *Tui*-Roman verarbeitet:
»In der Reichshauptstadt kam es zu blutigen Kämpfen. Das Volk besetzte das Haus, in dem das ›Volksblatt‹, die Zeitung der Partei des gleichberechtigten Volkes, gedruckt wurde, mit der Begründung, es müsse verhindert werden, daß Lügen hineingedruckt würden. Das Blatt konnte ein paar Tage nicht erscheinen, und die Regierung mußte sich in tiefer Scham an das Militär wenden, damit dieses ihre Redaktion räume.
Um die Meinungsfreiheit der Tuis vom ›Volksblatt‹ zu verteidigen, fuhr Artillerie auf, und der Donner der Kanonen brachte den Ruf ›Für eine bessere Zukunft!‹ auf den Lippen einiger hundert schlechtgekleideter Leute zum Schweigen.«
Bereits wenige Tage nach den Kämpfen begann Brecht mit der Arbeit an dem Stück *Trommeln in der Nacht*, das ursprünglich *Spartakus* heißen sollte. Über weite Strecken spielt es in einer Bar im ehemaligen **Haus Vaterland** am **Potsdamer Platz**, während draußen geschossen wird, und endet mit der Niederschlagung des Spartakusaufstandes:
»*Kragler* trommelt: Der Dudelsack pfeift, die armen Leute sterben im Zeitungsviertel, die Häuser fallen auf sie, der Morgen graut, sie liegen wie ersäufte Katzen im Asphalt, ich bin ein Schwein und das Schwein geht heim.«
Der Aufstand der radikalen Linken gegen die sozialdemokratisch geführte Übergangsregierung wurde zusammengeschossen, ihre Führer Karl Liebknecht und Rosa Luxemburg (ein geplantes Stück Brechts über ihr Leben kam nie zustande) von Regierungssoldaten ermordet. Die Verantwortung für das harte Vorgehen übernahm der SPD-Volks-

beauftragte Gustav Noske, den Brecht in seiner *Kriegsfibel* (1955) in eine Reihe mit Hitler, Göring und Goebbels stellte (»Ich war der Bluthund, Kumpels. Diesen Namen/ Gab ich mir selber, ich, des Volkes Sohn./ Sie anerkannten's: als die Nazis kamen/ Gewährten sie mir Wohnung und Pension.«) Brecht war nicht Augenzeuge der Schießereien im Zeitungsviertel, er kannte die Ereignisse nur aus den Münchner Zeitungen. Sie hatten aber weitreichende Folgen für seine Biographie. Die Entscheidung der sozialdemokratischen Führung, mit Hilfe kaisertreuer Truppen den kommunistischen Aufstand niederzuschlagen, belastete alle Versuche, während der Weimarer Republik eine Verständigung oder ein Aktionsbündnis zwischen Sozialdemokraten und Kommunisten zustande zu bringen. Die blutige Niederschlagung des Spartakusaufstandes gehört zur Vorgeschichte des Sieges der Nationalsozialisten über die politische Linke, insofern auch zur Vorgeschichte von Brechts Exil.

Neben dem verschwundenen »Vorwärts«-Haus wurde bei der Eroberung des Zeitungsviertels durch Regierungstruppen besonders das **Mosse-Haus** an der **Jerusalemer Straße 46-49**/Ecke **Schützenstraße 25** in Mitleidenschaft gezogen. Zwischen 1921 und 1923 erhielt die zerschossene Straßenecke nach Plänen des Architekten Erich Mendelsohn ein neues Gesicht. Die kühne Aufstockung des neobarocken Verlagshauses im Stil der »Neuen Sachlichkeit« wurde schnell ein architektonisches Wahrzeichen des republikanischen Berlin und seiner Zeitungsöffentlichkeit. Es bestand jedoch ein gewisser Gegensatz zwischen der so dynamisch wirkenden Außenhaut und dem Innenleben des Gebäudes. Walther Kiaulehn, damals Berlinredakteur des bei Mosse erscheinenden *Berliner Tageblatts*, schrieb: »Es sah sehr nach aufgeregtem Kapitalismus und Amerika aus, war aber nichts als eine romantische Spielerei. Innen drehten sich immer noch die Barocktreppen um den verschnörkelten Fahrstuhl. […] Die Mosseschen Redaktionen hatten Clubcharakter, und zwischen den Ressorts waren ewige Schachpartien im Gang. Theodor Wolff, der Chefredakteur, der seine jungen Jahre in Paris verbracht hatte, dem immer die Gaulois aus dem Mundwinkel hing und der fast nie ohne Knopflochnelke war, lehnte standhaft die Autos ab, die ihm sein Verleger schenkte, und ging zu Fuß von der Redaktion in seine Vierzimmerwohnung am Tiergarten, wo jede Woche noch, in drangvoller Enge, ein berlinischer Tee mit allen Berühmtheiten der Politik und Kunst zelebriert wurde.« Nach Theodor Wolff ist ein Park in der Nähe des Willy-Brandt-Hauses benannt (Friedrichstraße / Ecke Franz-Klühs-Straße).

Mitte der neunziger Jahre, nach dem Fall der Mauer, die mitten durch das alte Zeitungsviertel – entlang der **Zimmerstraße** – verlief, ist die Mendelssohn-Ecke des Mosse-Hauses rekonstruiert worden und an alter Stelle ein neues Medienzentrum entstanden. Mit Billigung der in Amerika lebenden Nachfahren des Verlagsgründers heißt der Neubau »Mosse-Medienzentrum«. Damit ist der Name der ins Exil vertriebenen jüdischen Familie Mosse nach Berlin zurückgekehrt und die Tradition des Viertels wieder ein wenig sichtbarer geworden. In der Nachbarschaft wird mit Blick auf den angekündigten Umzug von Parlament und Regierung weitergebaut. Zu den ersten Mietern in den Neubauten gehören Nachrichtenagenturen, Rundfunk- und Fernsehanstalten, die die Nähe zu den künftigen Entscheidungszentren der Politik suchen. Das »Mosse-Haus« sorgte kurz nach seiner Eröffnung erst einmal für negative Schlagzeilen, weil dort die Redaktion einer rechtsradikalen Zeitschrift unter einem Decknamen eingezogen war, ein Blatt, dessen weltanschauliche Orientierung mit dem liberalen »genius loci« kaum zu vereinbaren war. Anfang 1997 ist der Fachbereich Germanistik der Humboldt-Universität in das Haus eingezogen. Er veranstaltet »Mosse-Lectures«, öffentliche Vorlesungen über die Auswirkungen der heutigen Medienlandschaft auf Politik und Gesellschaft.

Mosses *Berliner Tageblatt* war bis 1933 das Flaggschiff unter den hauptstädtischen Zeitungen, ein liberales Blatt, das zur republikanischen Verfassung stand und wie die *Frankfurter Zeitung* in ganz Deutschland und im Ausland gelesen wurde. Für den jungen Brecht war es Pech und Glück zugleich, daß der berühmte Theaterkritiker der Zeitung ihn mit einem Sperrfeuer aus Verrissen und Plagiatsbeschuldigungen überzog. »Nur wer die Gähnsucht kennt,/ Weiß, was ich leide« stand als Motto über Alfred Kerrs Premierenkritik zu Brechts *Eduard*-Inszenierung im Schauspielhaus am Gendarmenmarkt am 5. Dezember 1924. Von Kerr verrissen zu werden, hatte den Vorteil, daß sich der Name des Opfers den Lesern nachhaltig einprägte. Kerr betrieb das Kritikenschreiben als Kunstübung, viele seiner Texte sind Kabinettstücke feuilletonistischer Sprachartistik und haben den Anlaß ihrer Entstehung überdauert. Seine Spitzen saßen, auch bei Brecht. Im Nachlaß finden sich mehrere Skizzen, in denen er Verteidigungsstrategien gegen Kerr entwarf. Er sprach dem Kritiker die Kompetenz ab, über sein Theater zu urteilen, und denunzierte ihn als Exponenten des bürgerlichen Spielbetriebs, den es umzukrempeln gelte:

»Ich bin überzeugt, Herr Kerrs Wirkung besteht darin, daß er den Geschmack seines Publikums hat und daß dieses Publikum vermittels der Möglichkeit, Billette zu kaufen, und der Möglichkeit, alle übrigen Leute zu hindern, Billette zu kaufen, die Theater okkupiert hält.« Unter dem Eindruck der Kerrschen Kritik formulierte Brecht einen *Aufruf an die Theater*, in dem er eine Revolution des Spielbetriebs forderte. Man müsse »unter Umständen das Theater selbst so weit ändern, daß der Name ›Theater‹ kaum noch darauf paßt. [...] Einwendungen, wir seien nicht maßgebend, unsere Art, uns zu unterhalten, sei privat und individuell, dürfen wir kein Gehör schenken; denn es ist unsere einzige Möglichkeit, uns unsern Zuschauer selber zu schaffen.«

Publizistische Unterstützung erhielt Brecht vom Theaterkritiker des *Berliner Börsen-Courier*, Herbert Ihering. Sein Redaktionsbüro lag zwei Straßen vom dem des Erzrivalen Kerr entfernt in der **Beuthstraße 8-11** (Baustelle). Es war Ihering, der Brecht für die Berliner Presse entdeckte. Nachdem Arnolt Bronnen den Kritiker 1922 mit Brecht bekannt gemacht und ihm nahegelegt hatte, Brecht den Kleistpreis zuzuerkennen, reiste Ihering eigens zur Uraufführung von *Trommeln in der Nacht* nach München. »Der vierundzwanzigjährige Dichter Bert Brecht hat über Nacht das dichterische Antlitz Deutschlands verändert«, schrieb er danach im *Berliner Börsen-Courier*. »Das Geniezeichen Brechts ist, daß mit seinen Dramen eine neue künstlerische Totalität da ist, mit eigenen Gesetzen, mit eigener Dramaturgie. Seine Dramen [...] sind neue dichterische Weltkörper.« Dieses Urteil eines anerkannten Kritikers lenkte die Aufmerksamkeit des Berliner Kulturbetriebs auf den jungen Augsburger. Es machte den Weg frei für Brechts steile Berliner Medienkarriere Mitte der zwanziger Jahre. Ihering blieb ein treuer Verbündeter Brechts, nahm ihn gegen Angriffe in Schutz und machte das Feuilleton seiner Zeitung zum Diskussionsforum für Brechts dramaturgische Ideen. Nach dem Zweiten Weltkrieg war er einer der ersten, die sich in Berlin für eine Wiederentdeckung von Brechts Werk einsetzten und den Flüchtling baten, in die Stadt zurückzukehren.

Mitte der zwanziger Jahre verdiente Brecht Geld mit dem Schreiben von Kurzgeschichten, die er vielen verschiedenen Zeitungen anbot. Ihre politische Ausrichtung störte ihn wenig, wenn sie nur ordentlich zahlten. So erschienen Beiträge in Blättern aus rechtskonservativen Verlagshäusern, wie *Scherls Magazin* oder den *Münchner Neuesten Nachrichten*. Das Ende der Geldsorgen war in Sicht, als der mächtige Ullstein-Konzern den jungen Autor im Juli 1925 unter Vertrag nahm und ihm regelmäßige Vorschüsse von 600 Mark pro Monat garantierte.

»Es ist ein großes Industriehaus, mit festen, strengen, ernsten kaufmännischen Grundsätzen, mit Erfahrungen, Statistiken und der Bürokratie, die auch dazu gehört. Aber das, was hergestellt wird, ist nicht Stiefelwichse, nicht Benzol, ist Unterhaltungsstoff für Millionen, zuweilen dauerhaft und schwer, dann wieder leicht flüchtig«, schrieb der Feuilletonist Sling 1928 zum fünfzigjährigen Bestehen des Hauses Ullstein. Diese Charakteristik trifft auch auf den Springerkonzern zu, der sich Ullstein (vielmehr das, was nach Arisierung, Krieg und Rückübertragung davon übrig war) 1959 einverleibt hat. Vor dem **Springer-Verlagshaus** in der **Kochstraße 50** steht eine aus Stein gemeißelte Eule, geborgen aus den Trümmern des im Krieg zerstörten Ullsteinhauses. Daneben hängen vier Nachbildungen von Reliefs, die an der alten Fassade zu sehen waren. Sie zeigen Szenen aus den vier Hauptabteilungen der Zeitungsproduktion: Redaktion, Schriftsetzerei, Druckerei und Expedition. Die Leuchtreklame auf dem Dach des Springerhochhauses nennt zwei Zeitungstitel, die bereits in den zwanziger Jahren zu Ullstein gehörten: »B.Z.« und »Berliner Morgenpost«. Gegenüber, am Hochhaus **Lindenstraße 76**, hängt eine weitere Eule. In modernisierter Form ist sie noch heute das Warenzeichen des umsatzstarken Ullstein-Buchverlags. Eine Unterabteilung dieses Verlags ist der Propyläen Verlag, bei dem Brecht unter Vertrag stand.

Einen Eindruck von der ökonomischen Potenz des Ullstein-Konzerns gibt das erhaltene ehemalige Druckhaus in Tempelhof (Mariendorfer Damm 5-21), in dem Brechts *Hauspostille* gedruckt wurde. Es wurde 1925/26 errichtet, da für die notwendigen Druckkapazitäten im Zeitungsviertel kein Platz mehr war. Wie andere Medienkonzerne lebte Ullstein davon, Boulevardjournalismus und Trivialliteratur in hohen Auflagen unters Volk zu bringen. Die Produktpalette reichte von Schnittmusterbögen über Unterhaltungsmagazine für alle Altersstufen bis hin zur ältesten Berliner Tageszeitung, der *Vossischen*. Nebenher leistete man

sich weniger ertragreiche Programmschienen, die gut waren fürs Prestige. Dazu gehörte eine Mitte der zwanziger Jahre bei Propyläen aufgebaute Reihe moderner Dichtung. Zu den Autoren zählten Carl Zuckmayer, Walter Hasenclever, Ernst Weiß, Jules Romains und Marcel Proust. Das dürfte Brecht weniger gereizt haben als der besondere Klang, den der Name Propyläen wegen seiner Klassikerausgaben besaß. Brecht war sich ja schon damals sicher, ein Klassiker nicht erst zu werden, sondern schon zu sein.
1927 kam Brechts *Hauspostille* bei Propyläen heraus. Drei Jahre später kehrte er zum Verlag Gustav Kiepenheuer zurück, dem das Haus Ullstein die Rechte abgekauft hatte. Bei Kiepenheuer erschien seit 1930 die Buchreihe *Versuche*. Sie dokumentierte Brechts Arbeitsprozeß und wäre in ihrem Werkstattcharakter bei Ullstein nicht denkbar gewesen. Auch die wachsende Politisierung seiner Texte paßte nicht zur Vermarktungsstrategie des Konzerns. Wie sie funktionierte, läßt sich anhand der Beiträge von und über Brecht nachvollziehen, die nach seinem Vertragsschluß mit Ullstein in Blättern des Konzerns erschienen.
Neue Gedichte Brechts erschienen damals in der *Vossischen Zeitung* und der Zeitschrift *Die Dame*, die sich an modebewußte Frauen richtete. Bei einem Preisausschreiben der *Berliner Illustrierten Zeitung* – ihre Auflage lag bei zwei Millionen – erhielt der Hausautor Brecht den ersten Preis und 3000 Mark für die Kurzgeschichte *Die Bestie*. Das Ullstein-Magazin *Uhu* behandelte Brecht als Star: 1927 schickte die Redaktion einen Fotografen in Brechts Wohnung in die Spichernstraße, um den Dichter bei der Arbeit abzulichten. Zwei Jahre später erschien die Fotoreportage *Ein lehrreicher Autounfall*, in der auf vier Seiten minutiös nachgestellt wurde, wie geschickt Brecht sein erstes Auto zu Schrott fuhr. Den Wagen soll er für sein Reklamegedicht *Singende Steyrwägen* (1927) erhalten haben. Allerdings existiert auch ein Brief vom April 1928, in dem Ullstein lediglich eine Bürgschaft für Brecht übernahm, der

sich verpflichtet hatte, bis Jahresende 750 Mark an die Steyrwerke zu zahlen. Gut möglich, daß er zum Dank für seine Mitarbeit bei der Fotoreportage über den Unfall einen neuen bekam. Die Firma Steyr war ein bedeutender Anzeigenkunde des Ullstein-Konzerns und unterstützte den *Uhu* bei der Rekonstruktion des Unfalls. Die vier Seiten über das Ereignis waren eine großartige Werbung für die Solidität ihrer Erzeugnisse, um so mehr, als die Reklame wie ein redaktioneller Beitrag aussah. Sie war mit einem Auto für Brecht nicht zu teuer bezahlt.

Ullstein-Autor zu sein hatte für Brecht also viele Vorteile: ein regelmäßiges Einkommen, eine positive Presse, Massenwirksamkeit und sogar die Erfüllung des Traums vom eigenen Auto. Er nutzte das eine Zeitlang aus, bis dem Verlag klar wurde, daß Brecht nicht die Absicht hatte, die in ihn gesetzten Erwartungen zu erfüllen. Brecht hätte reich damit werden können, den »Unterhaltungsstoff für Millionen« zu produzieren, mit dem der Ullsteinkonzern Geschäfte machte. Statt dessen ging er Ende der zwanziger Jahre zum bürgerlichen Literaturbetrieb auf Distanz (zu einem Zeitpunkt, als er alles erreicht hatte, was für ihn zu erreichen war) und erschloß sich in den Bildungs- und Kultureinrichtungen der Arbeiterbewegung ein neues Wirkungsfeld.

Weitere Verlagsadressen

Brecht stand immer mit mehreren Verlagen und Redaktionen gleichzeitig in enger Verbindung – das sicherte ihm die Unabhängigkeit in der Wahl der zu bearbeitenden Stoffe. Einige wichtige Verlags- und Redaktionsadressen außerhalb des Zeitungsviertels, die für ihn von besonderer Bedeutung waren, müssen wenigstens kurz erwähnt werden:

**Brecht in einer Karikatur von George Grosz, 1927.
Im Hintergrund die Propagandamaschine Ullsteinhaus.
Die Freunde in Brechts Jackentasche: Erwin Piscator
(Piss), Fritz Sternberg und Rudolf Schlichter**

Hedemannstraße 13 (zerstört) – Redaktion der Zeitschrift *Das Tagebuch*.
Ostern 1922 erfuhren Brecht und Arnolt Bronnen auf einem Fest des Publizisten Stefan Großmann in Geltow bei Potsdam von einem Preisausschreiben, das die Zeitschrift gemeinsam mit dem Filmproduzenten Richard Oswald veranstaltete. Für eine Filmgeschichte versprach Großmann den beiden Autoren im voraus den ersten Preis. Das Skript unter dem Titel *Robinsonade in Assuncion* kam tatsächlich zustande, doch war die ausgesetzte Preissumme von 100.000 Papiermark durch die Inflation zum Zeitpunkt der Preisverleihung bereits wertlos. Die Geschichte erschien in November 1922 im *Berliner Börsen-Courier*. Es wurde tatsächlich ein Film danach gedreht (*SOS. Insel der Tränen*, 1923), in dem jedoch Brechts Name nicht mehr auftauchte und der nur noch die »bis zur Unkenntlichkeit verstümmelten Leichenteile jener Filmidee« (Bronnen) enthielt. – 1926 polemisierte Brecht im *Tagebuch* gegen Thomas Mann, 1928 empfahl er den Lesern der Zeitschrift die Lektüre des *Ulysses* von Joyce, das er zu den besten Büchern des Jahres rechnete.

Potsdamer Straße 123b (alte Numerierung; zerstört) / **Passauer Straße 34** (zerstört) – Redaktion der Zeitschrift *Die literarische Welt*
Aus Anlaß ihres einjährigen Bestehens veranstaltete die Zeitschrift 1926 ein literarisches Preisausschreiben, bei dem Alfred Döblin die eingesandten Romane, Herbert Ihering die Dramatik und Brecht die Lyrik beurteilen sollten. Brecht entschied sich, keinem der 400 Einsender den ersten Preis zu erteilen. In seiner Begründung heißt es: »Was nützt es, aus Propagandagründen für uns, die Photographien großer Städte zu veröffentlichen, wenn sich in unserer Umgebung ein bourgeoiser Nachwuchs sehen läßt, der allein durch diese Photographien vollgültig widerlegt werden kann? Was nützt es, mehrere Generationen schädlicher älterer Leute

totzuschlagen, oder, was besser ist, totzuwünschen, wenn die jüngere Generation nichts ist als harmlos?«
Brecht vergab den Preis an Hannes Küpper für ein Gedicht über einen Sechstage-Rennfahrer. Die Entscheidung löste einen Sturm der Empörung in anderen Literaturzeitschriften aus.

Passauer Straße 8-9 (zerstört) – *Ernst Rowohlt Verlag*
Die *Literarische Welt* erschien im Ernst Rowohlt Verlag, zu dem Brecht durch die Bekanntschaft mit Walter Benjamin in nähere Verbindung kam. Brecht und Benjamin entwickelten 1930 das Konzept einer neuen marxistischen Zeitschrift, die sich an Intellektuelle bürgerlicher Herkunft richten und den Titel *Krisis und Kritik* tragen sollte. Rowohlt wollte das Blatt herausbringen. Die Beratungen über die politische Linie der Zeitschrift, in die auch Bernard von Brentano, Georg Lukács und Herbert Ihering einbezogen wurden, offenbarten jedoch so große Differenzen, daß das Projekt nicht zustande kam.

Altonaer Straße 4 (zerstört) – *Gustav Kiepenheuer Verlag*
Seine ersten Vertragsverhandlungen mit Kiepenheuer führte Brecht 1921/22 in Potsdam-Wildpark, Viktoriastraße 59, dem damaligen Verlagssitz. Bei Kiepenheuer kam wenig später die Buchausgabe des *Baal* heraus. Brecht hat den Verlag wahrscheinlich verlassen, weil es finanziell lukrativer war, und nicht, wie Elisabeth Hauptmann überliefert hat, weil Kiepenheuers konservative Geldgeber verlangten, die *Ballade vom toten Soldaten* nicht in die *Hauspostille* aufzunehmen. Ende der zwanziger Jahre zog der Verlag in die Hauptstadt. Ab 1930 erschienen hier Brechts *Versuche*.

Köthener Straße 38 (im Gebäude des Meistersaals, erhalten) und **Passauer Straße 3** – *Malik Verlag*
Wieland Herzfelde, den Malik-Verleger, lernte Brecht nach

dessen Erinnerung erst Anfang der dreißiger Jahre bei einem Empfang in der Sowjetischen Botschaft (**Unter den Linden 7/8**) kennen. Das ist erstaunlich, weil Brecht fast jeden im Literaturbetrieb kannte und mit Künstlern aus dem Umkreis des Verlags (wie George Grosz und Erwin Piscator) schon lange Kontakt hatte. Auch war er eng mit dem marxistischen Soziologen Fritz Sternberg befreundet, der zum Autorenkreis zählte. Die marxistische und sozialkritische Literatur und die Übersetzungen sowjetischer Autoren im Programm des Verlags hat Brechts sicher intensiv rezipiert. Bei Malik erschien die deutsche Übersetzung von Gorkis Roman *Die Mutter*, den Brecht und seine Mitarbeiter für die Bühne bearbeiteten. Herzfelde führte den Verlag nach 1933 im Exil weiter und begann mit einer Ausgabe von Brechts Gesammelten Werken. Zwei umfangreiche Bände erschienen, zwei weitere waren fast fertig, als sie den in Prag einmarschierenden deutschen Truppen in die Hände fielen und vernichtet wurden.

Kantstraße 152 (z. T. erhalten, Vorderfront umgebaut)-
Redaktion der *Weltbühne*
1927 zog die Weltbühnen-Redaktion von der **Lietzenburger Straße 60** in die Kantstraße. Ihr Verhältnis zu Brecht war gespalten: 1928 druckte sie einen Verriß der *Dreigroschenoper*. Wenige Monate vorher hatte Kurt Tucholsky Brecht in der Zeitschrift als eine der beiden bedeutendsten lyrischen Begabungen in Deutschland (neben Benn) gelobt. Für Brechts laxen Umgang in Fragen des geistigen Eigentums allerdings hatte Tucholsky kein Verständnis: »Wenn Bert Brecht die Pose des literarischen Diebs annimmt, so muß er sich gefallen lassen, daß man ihn danach bewertet und bei jedem seiner nächsten Verse fragt: ›Von wem ist das?‹ Es ist im tiefsten unehrlich, was er da treibt.« Von Brecht erschienen lediglich zwei Gedichte in der *Weltbühne*: *Vom ertrunkenen Mädchen* (1922) und in der letzten Nummer vor dem Verbot der Zeitschrift (Ausgabe vom

17. 1. 1933) *O Falladah, die du hangest* (s. S. 215 f.). Dem unerschrockenen Chefredakteur der Weltbühne, Carl von Ossietzky, widmete Brecht sein Exilgedicht *Auf den Tod eines Kämpfers für den Frieden* (1938).

Potsdamer Straße 4 – Vox-Haus (verschwunden; das Haus stand nahe am **Potsdamer Platz** vis-à-vis vom einzig erhaltenen Weinhaus Huth)
Masurenallee 8-11 – Haus des Rundfunks (erhalten)
Am 20. Oktober 1923 nahm im Vox-Haus der erste Rundfunksender Deutschlands den Betrieb auf. Es blieb Berliner Sendezentrale bis 1931, danach wurde aus dem neuen Haus des Rundfunks übertragen. Brecht setzte große Hoffnungen in das neue Medium. Er sah dort größere Chancen, seine Stücke in angemessener Form vorzustellen, als in den Theatern, die er dafür »unbrauchbar« befand (*Junges Drama und Rundfunk*, 1927). Im *Berliner-Börsen-Courier* schlug er den Intendanten der Rundfunkanstalten vor, wichtige Reichstagssitzungen, Prozesse und öffentliche Veranstaltungen zu übertragen, mehr Diskussionen, neue Musik und Hörspiele zu senden und ein Studio für Experimente einzurichten. 1927 sendete Radio Berlin eine Hörspielfassung von *Mann ist Mann*, zu der Brecht – wie damals üblich, live – eine Einführung sprach, sowie eine Bearbeitung von Shakespeares *Macbeth*. 1928 veranstaltete das Funkhaus ein Streitgespräch zwischen Brecht, Alfred Kerr und Richard Weichert über »Die Not des Theaters«. 1930 wurden der *Lindberghflug* und *Der Jasager* gesendet, 1931 eine *Hamlet*-Bearbeitung. Auch die einzige Aufführung von Brechts Stück *Die heilige Johanna* vor 1933 fand in der Berliner Funkstunde statt (am 11. April 1932 mit Carola Neher, Fritz Kortner, Helene Weigel und Peter Lorre als Sprechern).

»AUFFALLEND IST DIE PEDANTISCHE SAUBERKEIT...«

Dreharbeiten in Kuhle Wampe und anderswo

Kuhle Wampe ist auf vielen Stadtplänen gar nicht verzeichnet. Aber die Wochenendkolonie, deren Name durch den gleichnamigen Tonfilm von Slatan Dudow, Ernst Ottwalt und Brecht bekannt wurde, gibt es noch. Sie liegt am südöstlichen Stadtrand im Bezirk Köpenick. Die nächste Bushaltestelle ist Alt-Müggelheim, man kann aber auch mit dem Tram übers Adlergestell bis Zum Seeblick (kurz vor Alt-Schmöckwitz) fahren und dann mit der Fähre nach Krampenburg übersetzen. Schön ist auch eine längere Wanderung von Friedrichshagen um den Müggelsee und über die Müggelberge. Ein Ausflug nach Kuhle Wampe lohnt sich jedenfalls, nicht weil das Ziel so lockend wäre, sondern wegen der schönen Wege, die dahin führen. Besonders im Frühling.

Das Spiel der Geschlechter erneuert sich
Jedes Frühjahr. Die Liebenden
Finden sich zusammen. Schon die sacht umfassende Hand
Des Geliebten macht die Brust des Mädchens erschauern.
Ihr flüchtiger Blick verführt ihn.

In neuem Licht erscheint den Liebenden
Die Landschaft im Frühjahr.
Die Luft ist schon warm.
Die Tage werden hell und die Wiesen
Bleiben lang hell.

Maßlos ist das Wachstum der Bäume und Gräser
Im Frühjahr.
Ohne Unterlaß fruchtbar
Ist der Wald, sind die Wiesen, die Felder.
Und es gebiert die Erde das Neue
Ohne Vorsicht.

In dem Film *Kuhle Wampe oder wem gehört die Welt?* wird das Lied von Helene Weigel gesungen, während Anni und Fritz, die jungen Hauptfiguren des Films, im Wald verschwinden. Die Natur ist der einzige Ort, an dem die beiden ungestört sein dürfen. Dort sind sie auch vor dem soziologischen Blick der Kamera sicher. Anni und Fritz sehen zerzaust, aber nicht besonders glücklich aus, als sie aus dem wogenden Grün herauskommen.

Die vom Frühling stimulierte Fruchtbarkeit ist eine Bedrohung, das klingt im Liedtext an und wird durch die Musik und den Vortrag unterstrichen. Für Leute, die nicht einmal mehr ein festes Dach über dem Kopf haben, ist eine Schwangerschaft eine Katastrophe. Im Film sollte eine Lösung zumindest angedeutet werden, aber die entsprechende Einstellung fiel der Filmzensur zum Opfer. Im abschließenden Bescheid der Filmoberprüfstelle heißt es: »Das Erscheinen des Autos mit der Aufschrift ›Fromm's Act‹ hielt die Kammer für einen allzu billigen Hinweis darauf, wie die jungen Leute die aus ihrem Verhältnis erwachsenen Schwierigkeiten hätten vermeiden können. Aus dem gleichen Grunde der entsittlichenden Wirkung mußte nach dauernder Rechtsprechung die gesamte Nacktbadeszene entfallen.«

Der Film beginnt damit, daß er die Jagd nach Arbeit zeigt und den Selbstmord eines Arbeitslosen – Annis Bruder –, der monatelang keine Anstellung gefunden hat. In den Tod getrieben wird er nicht zuletzt durch das Verhalten der arbeitslosen Eltern, die in ihrem kleinbürgerlichen Wertebewußtsein gefangen sind (»Wer tüchtig ist, kommt immer vorwärts.«) Es wird auch nicht erschüttert, als die Familie Bönicke wegen aufgelaufener Mietrückstände ihre Wohnung räumen muß. Der Automechaniker Fritz nimmt Anni und ihre Eltern bei sich auf. Er wohnt draußen vor der Stadt in der Zeltkolonie Kuhle Wampe. Als die Eltern dort eintreffen, spielt ein Radio ununterbrochen Militärmärsche aus der Kaiserzeit. Eine Stimme gibt Auskunft:

Brecht (Mitte) bei Außenaufnahmen zu »Kuhle Wampe«

»Eine Autobusstunde von Groß-Berlin entfernt liegt an den einladenden Ufern des Müggelsees, zwischen Schilf und Wald eingebettet, die Zeltkolonie Kuhle Wampe, die älteste Wochenendsiedlung Deutschlands. Die Kolonie wurde 1913 mit zehn bis zwanzig Zelten gegründet. Nach dem Kriege dehnte sie sich so aus, daß sie heute dreiundneunzig Zelte umfaßt, in denen dreihundert Personen Unterkunft finden. Auffallend ist die pedantische Sauberkeit innerhalb der Kolonie und ihrer Umgebung.«

Der letzte Satz trifft auch heute noch zu.

Anni – eine junge Berlinerin, wie sie die Literaten der zwanziger Jahre rühmten: gradlinig, klug, selbstbewußt und entscheidungsfreudig – hält es in dem kleinbürgerlichen Mief von Kuhle Wampe nicht lange aus. Sie trennt sich von Fritz, der sie geschwängert hat, aber »seine Freiheit« behalten will. Nach einer gründlich mißlungenen Verlobungsfeier zieht sie zu einer Freundin. Sie kehrt zu ihren Freunden vom Arbeitersport zurück, denen Fritz sie abspenstig gemacht hat. Bei einem Arbeitersportfest taucht Fritz wieder

auf. Er ist inzwischen arbeitslos und will Anni nun doch heiraten: »Die verdient wenigstens noch.«
Diese Geschichte wurde von der staatlichen Filmprüfstelle (sie tagte am **Platz der Republik 6** in der Nachbarschaft des Reichstages) zweimal als »staatsgefährdend« eingestuft, der Film nur mit Schnitten, unter dem Druck öffentlicher Proteste freigegeben. Die Tendenz war zu deutlich: Der Selbstmord des Arbeitslosen ließ sich als Folge der Brüningschen Notverordnungen deuten, die unsympathische Zeichnung der Eltern als Kritik an der sozialdemokratischen Wählerschaft, die Verherrlichung des Arbeitersports als Aufruf zum Training für die Revolution.
Der Film kam unter größten Schwierigkeiten zustande, weil er von dem Regisseur, den Filmschreibern und dem Komponisten selbst produziert wurde. Sie setzten erstmalig »einen Vertrag durch, der uns, die Hersteller, zu den Urhebern im rechtlichen Sinne machte. Dies«, so Brecht, »kostete uns den Anspruch auf die übliche feste Bezahlung, verschaffte uns aber beim Arbeiten sonst unerlangbare Freiheiten.«
Wo die Dreharbeiten stattfanden, läßt sich anhand der Filmbilder nicht mehr nachvollziehen. Sorgfältig ist der gesamte Film von allen konventionellen Stadtansichten freigehalten. Die erste Einstellung des Films zeigt das **Brandenburger Tor**, aber nur die obere Hälfte, die repräsentative Platzarchitektur fehlt. Dann wird einiges angeschnitten, was als charakteristisch für die Großstadt galt: Industrie, Mietskasernen, Eisenbahn, Zeitungen.
Die Figuren bewegen sich vor einförmigen Mietshausfassaden, in Hinterhöfen und auf Straßen, die typisch für die Berliner Arbeiterquartiere sind, doch ohne Individualität. Das im Film gezeigte Berlin ist ein Gegenbild zu den geschönten Bildern in den Postkartenständern, Illustrierten und Reiseführern. *Kuhle Wampe* zeigt die Stadt so, wie sie Alfred Döblin 1928 im Vorwort zu einem Fotoband charakterisiert hat:

»Will man nun wissen, wie diese neue Stadt nun aussieht, so braucht man nur durch eine einzige östliche, nördliche oder südliche Straße zu gehen, man braucht nur eine einzige Straße zu photographieren, Berlin hat es dem Photographen bequem gemacht: 95 Prozent aller andern Straßen sehen ebenso aus. Es ist ein Haus wie das andere, die riesigen Straßenzüge entlang ein Nutzbau, eine Mietskaserne ohne Gesicht neben der andern ohne Gesicht.«

Döblin vergleicht Berlin mit einem Bienenstock. Die Stadt setze sich aus einer riesigen Menge von Zellen zusammen, die sich zum Verwechseln ähnlich sehen. Eine solche Zelle führt der Film *Kuhle Wampe* vor: eine Familie aus einem Berliner Arbeiterbezirk. Sie könnte im Wedding, in Neukölln, in Kreuzberg, in Prenzlauer Berg, in Friedrichshain zu Hause sein. Viele Straßenzüge in der typischen Mietskasernenarchitektur der Kaiserzeit sind dort im wesentlichen unverändert erhalten. Überall haben sich Geschichten wie die der Bönickes abgespielt, überall könnte für den Film gedreht worden sein.

Es erscheint eher wie ein Zufall, daß die Bönickes vor ihrer Exmittierung im Film tatsächlich eine richtige Adresse haben. Sie liegt in einem der genannten früheren Arbeiterbezirke, im Wedding. Die Adresse erscheint nur für einen kurzen Augenblick im Bild: in einer Überblendmontage, die Annis angstvolle Gedanken wegen ihrer Schwangerschaft zeigt, liest man auf ihrer Nachweiskarte vom Arbeitsamt: »Anna Bönicke, Geburtstag: 28. 6. 11, Geburtsort: Berlin, Wohnung: Berlin N, **Triftstr. 27**.«

»WESSEN STRASSE IST DIE STRASSE?«

Ein Spaziergang durch das »rote« Berlin

Wegstrecke: Schicklerstraße (U-Bahnhof Jannowitzbrücke) – ehemaliges Stadtgericht (Littenstraße 13-17) – Polizeipräsidium (Gedenktafel auf der Grunerstraße) – Alexanderplatz – Münzstraße – Max-Beer-Straße – Bülow-/ Horst Wessel-/ Rosa-Luxemburg-Platz mit Kino »Babylon«, Volksbühne (s. S. 110 ff.) und Karl-Liebknecht-Haus – Weinmeisterstraße – Rosenthaler Straße 38 – »Sophiensäle« (Sophienstraße 18)

Ein Spaziergang auf der Suche nach dem »roten Berlin« könnte durch viele Bezirke führen. Neukölln, Wedding, Moabit – seit dem Kaiserreich waren mit diesen Namen Bilder von Fabrikarbeit, Wohnungselend, Armut, Arbeitslosigkeit und Prostitution verknüpft. Die Zuordnung war eindeutig, man brauchte die Namen nur zitieren, so wie Brecht in manchen Gedichten:

In Moabit vor einer Fabrik
Standen drei Unsichtbare mit bösem Blick.
Sie standen nämlich in einer großen
Hungrigen Menge von Arbeitslosen.
    (aus: *Die drei Soldaten und die Medizin*, 1932).

In den wilden Nächten, an die sie glaubten
Von Moabit bis zum Goldenen Tor
Führen Fohsen ihnen den erlaubten
Unsäglich mühevollen Beischlaf vor.
    (aus: *Ballade von der Traurigkeit der Laster*, 1928).

Der nachfolgende Spaziergang führt durch keines der traditionellen Arbeiterquartiere, sondern durch den Bezirk Mitte. Dort ist vom alten Berlin insgesamt zwar recht we-

In der »MASCH«. Zeichnung von Lea Grundig, 1930

nig stehengeblieben. Doch hat die DDR-Führung nach 1945 dafür gesorgt, daß ihre Vorgeschichte – so wie sie sie verstand: aus der Geschichte der Arbeiterbewegung und des antifaschistischen Widerstands – im Zentrum ihrer Hauptstadt neuerlich sichtbar wurde.

Da die Geschichtsdenkmale der DDR dazu da waren, ein recht einseitiges Geschichtsbild zu vermitteln, sind viele nach der Auflösung des Staates vernichtet worden, und was geblieben ist, findet derzeit wenig Aufmerksamkeit. Zu Unrecht. Denn sie dokumentieren nicht nur ein problematisches Geschichtsbild, das nun selber historisch geworden ist, sondern bilden durchaus mögliche Anhaltspunkte für ein anders gerichtetes Erinnern.

Niemand zwingt den Spaziergänger, ein Denkmal so anzusehen, wie seine Auftraggeber es wollten. Auch muß er die Motive nicht teilen, deretwegen manche Orte in ihrer historischen Gestalt konserviert wurden. Denkmale und Orte sind vielfältig interpretierbar – Hauptsache, es gibt überhaupt noch einen materiellen Anhaltspunkt für Fragen, Irritationen, Interpretationen. Da die Geschichte der kommunistischen Bewegung eingebettet war in die politische Geschichte, die Sozialgeschichte, die Kulturgeschichte, die Stadtgeschichte, ja sogar die Literaturgeschichte dieses Jahrhunderts nachhaltig beeinflußt hat, eignen sich viele Denkmäler der kommunistischen Bewegung als Anhaltspunkte für ein Nachdenken, das nichts mit der ritualisierten Erinnerungskultur der DDR gemein hat.

Unser Spaziergang beginnt in der **Schicklerstraße** (auf die Straße mündet ein Ausgang des U-Bahnhofs **Jannowitzbrücke**). An einem 1910 errichteten Geschäftshaus (Nr. 5-7), das gerade zum modernen Bürogebäude ausgebaut und Schicklerhaus getauft worden ist, erinnerte bis Anfang der neunziger Jahre eine Gedenktafel an die **Marxistische Arbeiterschule** (MASCH) und ihren Gründer Hermann Duncker. Sie verschwand in einem Depot des **Märkischen Museums**, dessen roter Backsteinturm von der Schicklerstraße aus auf der anderen Spreeseite leicht auszumachen ist.

Die 1926 gegründete »Hochschule der Werktätigen« war keine reine Kaderschmiede der Kommunisten. Sie stand Lehrenden und Lernenden offen, die nicht in der kommunistischen Partei waren. Das Programm von 1928/29 sah einen breitgefächerten Unterricht vor:

»Die Schule behandelt alle Wissensgebiete. Ihr Lehrplan gliedert sich in folgende Lehrfächer: I. Marxismus. – II. Die Sowjetunion. – III. Geschichte der Arbeiterbewegung, Revolutionsgeschichte. – IV. Die kapitalistische Wirtschaft. – V. Imperialismus, Weltpolitik, Militarismus. – VI. Die kapitalistischen Staaten (außer Deutschland). – VII. Deutsche Wirtschaft und Politik. – VIII. Sozial- und Kommunalpolitik. – IX. Gewerkschafts- und Genossenschaftswesen. – X. Frauenfrage und Frauenbewegung. – XI. Jugendbewegung. – XII. Rechtsfragen. – XIII. Weltanschauungsfragen. – XIV. Schul- und Erziehungsfragen. – XV. Presse und

Reportage. – XVI. Literatur. – XVII. Theater und Film, Musik, Radio. – XVIII. Bildende Künste. – XIX. Naturwissenschaften und Geographie. – XX. Medizin, Hygiene, Sexualfragen. – XXI. Sport. – XXII. Sprach- und Rednerkurse.«

Die Orientierung am Marxismus ist unverkennbar, doch kamen an der MASCH auch Intellektuelle bürgerlicher Herkunft zu Wort. Die MASCH war mehr als eine Schule des Klassenhasses, sie war ein Forum für Gespräche über Klassen- und Milieugrenzen hinweg. Hier lehrten, neben Bekannten aus Brechts Freundeskreis (wie Hanns Eisler, Piscator, John Heartfield) etwa Wilhelm Reich, Alfons Goldschmidt, Bruno Taut oder Walter Gropius. Brecht hörte in der MASCH Vorträge von Albert Einstein und war stark beeindruckt.

Die Lehrveranstaltungen fanden überwiegend in städtischen Schulen statt, das Programm für 1928/29 nennt folgende Adressen: **Hedemannstraße 26**, Ecke **Wilhelmstraße** (Büro) – **Gartenstraße 25** (Mitte, Gymnasium) – **Badstraße 22** (Wedding, Realschule) – **Rüdersdorfer Straße 4-5** (Friedrichshain, Schule), **Belziger, Ecke Eisenacher Straße** (Schöneberg, Schule), **Rütlistraße 42-43** (Neukölln, Rütlischule). Als der MASCH 1931 vom Magistrat die Benutzung städtischer Schulräume untersagt wurde, stellten Brecht und die Weigel, ihre Freunde Feuchtwanger, Heartfield, Eisler, Weill und Bernard von Brentano ihre Wohnungen zur Verfügung und sammelten Geld.

In der MASCH vertiefte Brecht nicht nur seine Kenntnisse des Marxismus, er führte auch Diskussionen über sein Theater. Sie gehörten für den Malik-Verleger Wieland Herzfelde zu seinen stärksten Eindrücken von Brecht:
»Es kam ihm weniger darauf an, sich mit Schriftstellerkollegen, Kritikern und kunstbeflissenen Leuten aueinanderzusetzen, als von den Erfahrungen revolutionärer Arbeiter und von ihrer Reaktion auf ihre Dichtung zu lernen. Und es

war für mich ein neuartiges und ergreifendes Erlebnis, einem Schriftsteller zuzuhören, der mit der Ernsthaftigkeit, mit der ein Ärztekonzil über eine schwierige Diagnose sprechen mag, über Fragen des Theater, über Fragen der Verbindung der Theaterarbeit mit revolutionärer Arbeit diskutierte.«

Manchen Lehrern der Schule war Brecht suspekt, weil er sich allzu aufdringlich als Klassenkämpfer in Szene setzte. Manès Sperber, der an der MASCH neben Wilhelm Reich Kurse in SEXPOL (Sexualpolitik) leitete, schreibt in seinen Lebenserinnerungen: »Bert Brecht, damals etwa 32 Jahre alt, war ein schlanker Mann, der zuerst durch seine Verkleidung Aufmerksamkeit erregte. Er trug eine Schirmmütze, die an die Kopfbedeckungen erinnerte, welche Lenin in revolutionären Versammlungen wie ein Fähnchen schwang, wenn er besonders aggressiv wurde. Niemand, der das Gesicht des Dichters unter dieser Mütze erblickte, konnte glauben, daß es sich um einen Proletarier handelte, denn er sah eher wie ein relativ junger, fanatisch-unduldsamer, die Nächstenliebe selten und ungern praktizierender Mönch aus. Überdies trug Brecht eine Lederjacke – wie die Politkommisare der Roten Armee in den sowjetischen Filmen. Seine Hemden waren von jenem schlecht gefärbten oder entfärbten Werktagsblau, das Fabrikarbeiter aus praktischen Gründen bevorzugten. Es hieß, Brecht ließe sich seine proletarischen Hemden aus matter Seide nach Maß schneidern.«

Brecht und Sperber lernten sich bei Diskussionsabenden in Alfred Döblins Wohnung (vgl. S. 218) näher kennen. Brecht nahm den Psychologen aus der Schule Alfred Adlers mehrmals in seinem Auto zurück in den Neuen Westen. Dabei fragte Brecht ihn darüber aus, mit welchen Mitteln man dahin kommen könne, das Geschehen auf der Bühne zu einem Lehrbeispiel für die Zuschauer zu machen. Wahrscheinlich ist auch, daß er Sperber nach Wilhelm Reichs Theorien über Sexualpolitik im Kapitalismus und Sozialismus ausfragte – Anstreichungen in Büchern aus seiner Bibliothek belegen, daß er sich sehr dafür interessiert hat.

Vom Schicklerhaus führt die **Littenstraße** in Richtung Alexanderplatz. Sie streift einen kümmerlichen Rest von Alt-Berlin: links ein Stück Stadtmauer, die Parochialkirche, das Wirtshaus »Zur letzten Instanz« und die als Mahnung gegen den Krieg stehengelassene Ruine der Klosterkirche. Der Backsteintorso ist sozusagen der Nachfolger des Antikriegsmuseums, das Ernst Friedrich 1925 in der **Parochialstraße** eröffnete. Friedrichs Kampfschrift *Krieg dem Kriege* zählte Brecht zu den »besten Büchern des Jahres 1926«; sie war auch ein Vorbild für seine eigene *Kriegsfibel*.

Der Klosterruine gegenüber steht ein um die Jahrhundertwende errichteter Riesenbau:

Mitten in der Stadt lag ein großes Gebäude
Drin saßen die Söhne wohlhabender Leute
Für so und so viel Geld im Monat (und nicht
gerade wenig) über die Armen zu Gericht.

So beginnt Brechts Gedicht *Die drei Soldaten und die Justiz* (1932), und er mag beim Schreiben die Pracht und Eleganz des weitläufigen Treppenhauses im alten **Stadtgericht** vor Augen gehabt haben (jetzt Amtsgericht Mitte, **Littenstraße 13-17**). Zur Korrektur schraubte man zu DDR-Zeiten eine Gedenktafel für den Anwalt Hans Litten an den Eingang und benannte die Straße nach ihm um. Litten war 1938 im KZ Dachau ermordet worden, als Rache dafür, daß er Nazigegner verteidigt hatte.

Hinter dem Gerichtsgebäude, jenseits der Stadtbahn, stand bis zum Zweiten Weltkrieg das backsteinrote Polizeipräsidium, eine besonders verhaßte Festung der von den Kommunisten so genannten »Klassenjustiz«. Bei Razzien und Straßenkämpfen wurden die Verhafteten hierher in Untersuchungshaft gebracht. Eine Gedenktafel auf dem Mittelstreifen der **Grunerstraße** erinnert an die im Polizeipräsidium während der Nazizeit gefolterten und ermordeten Gegner des Regimes.

Die Polizei kommt in Brechts Theaterstücken nie gut weg, sie ist dumm oder korrupt oder beides, auf alle Fälle aber das Machtinstrument einer herrschenden Clique. In dem Film *Kuhle Wampe* ist sie unfähig, das Tatmotiv eines jungen Arbeitslosen festzustellen, der aus Verzweiflung Selbstmord begeht; in einer anderen Szene läßt Brecht genüßlich aus einem Zeitungsbericht zitieren, der von den erotischen Beziehungen des ehemaligen Berliner Polizeipräsidenten Jagow zu der Nackttänzerin Mata Hari handelt.

1932 richtete die Polizeidirektion München eine Anfrage an das im Polizeipräsidium am Alexanderplatz untergebrachte Berliner Landeskriminalpolizeiamt, ob gegen Brecht irgend etwas vorläge. Das überraschend dürftige Antwortschreiben ist erhalten: »Der Name des Br. ist hier des öfteren in der kommunistischen Bewegung bekannt geworden. Bei der Internationalen Arbeiterhilfe ist Br. als kommunistischer Schauspieler und Rezitator verzeichnet. Besondere Tatsachen sind über ihn nicht bekannt.« Wahrscheinlich hat der Bearbeiter Brecht mit Ernst Busch verwechselt, der dessen Lieder vor Arbeitern sang. Die Behörde war nicht einmal in der Lage, Brechts Adresse richtig an die Kollegen in München weiterzuleiten.

Der **Alexanderplatz** sieht im wesentlichen immer noch so aus, wie man sich in den sechziger Jahren das Zentrum einer sozialistischen Hauptstadt vorgestellt hat, wenn auch überwuchert von viel neuer Reklame und zugestellt mit provisorischen Grünanlagen und Imbißpavillons. Unter der Erde sind die zwanziger Jahre präsent geblieben wie an wenigen anderen Orten der Stadt: Damals wurde der U-Bahn-Knotenpunkt neu gebaut, eine gigantische Anlage zur reibungslosen Abwicklung von möglichst viel Verkehr auf möglichst vielen Ebenen. Geschickt hat der Architekt Alfred Grenander in den grün gefliesten Gängen mit ihren wechselnden Höhen und immer wieder überraschenden Durchblicken den großstädtischen Massenverkehr inszeniert.

In Döblins Roman *Berlin Alexanderplatz* ist der Platz eine riesige Baustelle. Die Gruben für den unterirdischen Verkehrsknotenpunkt wurden zum Zeitpunkt der Romanhandlung (1927-1929) gerade ausgehoben. Ein Ort im Übergang, den großen öffentlichen Bauplätzen im heutigen Berlin nicht unähnlich. Im Stimmengewirr des Platzes, im Bau- und Verkehrslärm erspürte Döblin Rhythmen und Klänge, die er sprachlich nachbildete: »Rumm rumm wuchtet vor Aschinger auf dem Alex die Dampframme ... Ruller ruller fahren die Elektrischen, Gelbe mit Anhängern, über den holzbelegten Alexanderplatz ...«

In ähnlicher Weise nahm Brecht die Geräusche und Stimmen der Großstadt in seine poetische Sprache auf. 1939 erschien der Aufsatz *Über reimlose Lyrik mit unregelmäßigen Rhythmen*, in dem er prägende Berliner Erfahrungen nannte: die Sprechchöre einer Arbeiterdemonstration, den Ausruf eines Zeitungshändlers vor dem Kaufhaus des Westens und Berliner Werbeslogans für Zigaretten und Schokolade. Seinen Schauspielern empfahl Brecht:

> Entfernt euch
> Wie immer ihr eure Kunst vervollkommnet, nicht
>   allzuweit
> Von jenem alltäglichen Theater, das
> Auf der Straße sich abspielt.
>   (aus: *Über alltägliches Theater*, 1935)

Der alte Alexanderplatz läßt sich trotz der architektonischen Umgestaltungen noch wiederfinden, wenn man die Augen schließt und genau hinhört. Oder wenn man den Blick auf die Menschen aus den Mietskasernenvierteln des

Ostens richtet, die am Alex umsteigen oder einkaufen: »Die Weiber haben dünne Strümpfe und müssen frieren, aber es sieht hübsch aus. Die Penner haben sich vor der Kälte verkrochen. Wenn es warm ist, stecken sie wieder ihre Nasen raus. Inzwischen süffeln sie doppelte Ration Schnaps, aber was für welchen, man möchte nicht als Leiche drin schwimmen.« Wie Döblin hatte Brecht großes Vergnügen an der Beobachtung solcher Alltagsszenen, allerdings hat er sie nur selten schriftlich festgehalten. Eine Ausnahme sind zwei feuilletonistische Skizzen, die 1926 im Almanach des Berliner Presseballs erschienen:

»*Ein kleines Gespräch*
In einer Imbißhalle am Alexanderplatz hörte ich folgendes Gespräch mit an:
Um einen falschen Marmortisch standen drei Leute, zwei Männer und eine alte Frau, und tranken Weißbier. Der eine Mann sagte zu dem anderen Mann: ›Haben Sie also ihre Wette gewonnen‹. Der Angeredete sah ihm schweigend ins Gesicht und nahm dann als Abschluß einen Schluck Bier. Die alte Frau sagte zögernd und aufmerksam: ›Sie sind dünner geworden‹. Der Mann, der vorhin geschwiegen hatte, schwieg auch jetzt. Und auch jetzt betrachtete er fragend den Mann, der das Gespräch eröffnet hatte und der es jetzt mit den Worten: ›Ja, Sie sind dünner geworden‹, schloß.
Dieses Gespräch schien mir ebenso wichtig und angestrengt wie irgendein anderes.«

Eine weitere Szene spielt in der benachbarten **Münzstraße**:

»*Kritik*
In der Münzstraße rief mir vor einigen Wochen ein Mädchen, das allein unter einem Torbogen stand, folgende sechs Worte entgegen: ›*Lang* ist modern! Nicht kurz!

Bitte!!!‹ Bei den Worten ›*Lang* ist modern!‹ vollführte sie mit der rechten Hand eine lange, zunächst abwärts und dann dem Trottoir parallel streichende Geste, als wolle sie mich einladen, eine Schleppe zu tragen. Die Worte ›*Nicht kurz!!*‹ begleitete sie, indem sie mir ihren Handrücken in der Höhe meines und ihres Gesichtes etwa einen Dezimeter weit ruckartig entgegenführte, ihn in der Luft eine Sekunde stehen ließ, den Kopf schräg nach vorn schob und mich lediglich mit ihrem linken Auge fixierte. Das Wort *Bitte!!!* aber stieß sie ohne irgendeine Bewegung und ohne die nicht zu leugnende Anteilnahme, die die beiden vorhergehenden Sätze so eindrucksvoll gemacht hatte, einfach heftig aus. Dennoch saß es vielleicht gerade wegen seiner reinen Feindseligkeit am besten. Ich aber erkannte aus ihren Worten genau, daß meine neue Hose zu kurz ist.«

Das Mädchen muß eine von den Prostituierten gewesen sein, die in den zwanziger Jahren in der Münzstraße und angrenzenden Straßen des sogenannten **Scheunenviertels** auf Kunden warteten. Diese Straßenzüge gehörten zu den verrufensten der Stadt: Sie waren übervölkert, die meisten Wohnungen schlecht, die Kriminalität hoch. In diesem Milieu ist Franz Biberkopf, die Hauptfigur von Döblins *Berlin Alexanderplatz*, zu Hause. Hierher kehrt er zurück, nachdem er vier Jahren Haft im Tegeler Gefängnis abgesessen hat, und gerät unvermeidlich wieder auf die schiefe Bahn, aller guten Vorsätze zum Trotz.

In der **Dragonerstraße** (sie heißt heute nach einem kommunistischen Widerstandskämpfer **Max-Beer-Straße** und mündet in die Münzstraße) wird Biberkopf an seinem Entlassungstag von Ostjuden wieder auf die Beine gebracht. Jüdische Flüchtlinge aus osteuropäischen Ländern lebten seit der Kaiserzeit in großer Zahl im Scheunenviertel und gaben dem Straßenleben ein exotisches Gepräge. In der **Dragonerstraße 22** (**Max-Beer-Straße 5**) befand sich von 1916 bis 1929 das Jüdische Volksheim, ein Ort des Austauschs zwischen jungen assimilierten Berliner Juden und den Zuwanderern aus dem Osten. Mit seiner Verlobten Felice Bauer, die dort arbeitete, hat Franz Kafka über die Arbeit des Jüdischen Volksheims korrespondiert.

»Aber die Hauptsache am Menschen sind seine Augen und seine Füße. Man muß die Welt sehen können und zu ihr hingehn«, heißt es in der Gaunergeschichte, die ein Jude aus der Dragonerstraße Franz Biberkopf mit auf den Weg gibt. So gestärkt, landet Döblins Figur am Abend seines Entlassungstages in einem Kino in der **Münzstraße**. Der Ort läßt sich lokalisieren: Am Haus **Nr. 5** ist über der Leuchtreklame einer Apotheke der Schriftzug Münz-Theater gerade noch entzifferbar. Im Hof erkennt man die fensterlose Wand und den früheren Ausgang des Kinos. Es gab mehrere solcher billigen »Kintöppe« in der Münzstraße. Döblin hat ihnen einen schönen Aufsatz mit dem Titel *Die Theater der kleinen Leute* (1909) gewidmet. Sie glichen mehr Wärme- und Schlafstuben als den luxuriös ausgestatten Lichtspielhäusern, wie sie seit 1910 im wohlhabenden Westen eröffnet wurden. Dort hatten die Kinos in der Münzstraße einen schlechten Ruf. So schlecht, daß Brecht sie in einer seiner Polemiken gegen den bürgerlichen Theaterbetrieb als Maßstab heranzog, um die Niveaulosigkeit des etablierten Spielbetriebs zu geißeln: »Was aber allmählich ärgerlich wirkt, ist das Wesen, das aus dem Theater gemacht wird [...] Das Theater wäre heute vielleicht imstande, mit seinen besten Schauspielern unter bester Regie des besten Stücks (von Shakespeare!) ein kleines Kino in der Münzstraße wirklich geistig zu rechtfertigen.« (*Provisorisches für Fachleute*, 1929).

Brecht mag an Filme gedacht haben wie jenen, den sich Biberkopf ansieht: »Elternlos. Schicksal eines Waisenkindes in sechs Akten.« Der Film macht den Haftentlassenen so lüstern, daß er an der nächsten Straßenecke (**Kaiser-**

Wilhelm-Straße, heute **Rosa-Luxemburg-Straße**) das nächstbeste Straßenmädchen aufreißt. Dann spielt sich eine Szene ab, wie sie Brecht im *Lesebuch für Städtebewohner* (1926/30) auf denkbar kürzeste Weise schildert:

Das ist die Kammer
Mach schnell, oder du kannst auch dableiben
Eine Nacht, aber das kostet extra.
Ich werde dich nicht stören
Übrigens bin ich nicht krank.
Du bist hier so gut aufgehoben wie woanders.
Du kannst also dableiben.

Bei Döblin heißt es über den Ort des Prostituiertenbesuchs: »Es war nur quer über den Bülowplatz, an den Zäunen vorbei, durch den Hausflur, auf den Hof, sechs Stufen herunter.« Der Bülowplatz heißt heute **Rosa-Luxemburg-Platz**, die bei Döblin erwähnten Zäune waren die Bauzäune, hinter denen die den Platz einfassenden markanten Zwanziger-Jahre-Häuser des Architekten Hans Poelzig emporwuchsen. Sein Kino **Babylon**, Ecke **Hirtenstraße**, wurde im Jahr 1929 unter diesem Namen eröffnet. Dort laufen oft alte Stummfilme mit Klavierbegleitung, so wie sie der junge Brecht gesehen hat. Leider spielt nur ein Notkino im Foyer, der Hauptsaal mit der voll funktionsfähigen Kinoorgel aus den zwanziger Jahren ist wegen Einsturzgefahr gesperrt.

Brecht war sicher oft am **Bülowplatz/Rosa-Luxemburg-Platz**, schon der den Platz beherrschenden **Volksbühne** wegen, die Stücke von ihm spielte und Aufträge für Bearbeitungen vergab (S. 110ff.). Ehe das Auto sein Hauptfortbewegungsmittel wurde, ist er sicher mit der U-Bahn zum Theater gefahren: Von den Literatenlokalen an der Gedächtniskirche oder vom Nollendorfplatz erreichte man den Platz schnell und ohne Umsteigen. Wer heute mit der U-Bahn ankommt, steht unvermutet in einer Ausstellung

Rosa-Luxemburg-Platz mit Volksbühne und Kino Babylon

über die zwanziger Jahre. Statt Reklame für Zigaretten und Handys flankieren historische Photomontagen den Bahnsteig. Eine Revue der Vorkriegsgeschichte, einsetzend mit dem Ersten Weltkrieg, mit Bildern der Novemberrevolution und vom Spartakusaufstand, Straßenansichten, Zeitungsanzeigen, Motiven von Kollwitz, Grosz und Schlichter. Man erkennt Max Liebermann, Gerhart Hauptmann und Erwin Piscator, Karl Liebknecht und Rosa Luxemburg, Thälmann, Hindenburg und Hitler. Nur Brecht, das ist merkwürdig, fehlt.

Ein DDR-Reiseführer von 1978 definiert den Rosa-Luxemburg-Platz als »ein Zentrum des klassenbewußten Proletariats Berlins«. Es heißt, daß das benachbarte Scheunenviertel »in der Zeit des Sozialistengesetzes (1878-1890) Ziel ungezählter Razzien der preußischen Polizei war. Mit seinen engen Straßen und tief gestaffelten Mietsscheunen bot das schwerzugängliche Gebiet revolutionären Arbeitern Schutz und Zuflucht.« Deshalb habe die Stadt vor dem Ersten Weltkrieg die alten Häuser aufgekauft und abreißen lassen, auch sei der Platz nicht gepflastert worden, um kein

Material für den Barrikadenbau zu liefern. Kein Wort von den jüdischen Bewohnern, die das Viertel so nachhaltig prägten! Aber sonderbar ist auch, daß man in heutigen Publikationen über diese Gegend fast nur noch von Juden und wenig von Arbeitern und gar nichts von Kommunisten liest.

Tatsächlich befand sich bis 1933 am Bülowplatz die Zentrale der deutschen Kommunisten. Die KPD erwarb 1926 ein Geschäftshaus neben der Volksbühne und nannte es **Karl-Liebknecht-Haus**. Für die überlebenden Exilanten der kommunistischen Partei, die nach dem Zweiten Weltkrieg aus Moskau nach Berlin geschickt wurden, um einen Satellitenstaat der UdSSR aufzubauen, verkörperte dieser Ort ein Stück Heimat.

Als sie nach Berlin zurückkehrten, lag ihr altes Parteihaus in Trümmern. Als neuen Sitz wählten sie das alte Kreditwa-

Das Karl-Liebknecht-Haus am 1. Mai 1929

renhaus Jonass (1928/29) in Sichtweite: In dem Eckhaus **Torstraße 1** (früher **Wilhelm-Pieck-Straße** / Ecke **Prenzlauer Allee**) mit seinen markanten Türmen arbeitete bis 1959 das Zentralkomitee der Partei (Gedenktafeln für Pieck und Grotewohl).
Der Platz vor der Volksbühne wurde zuerst in Liebknechtplatz, dieser 1947 in Luxemburgplatz umbenannt, um den historischen Ort zu markieren. 1949 entstand ein neues Liebknechthaus an alter Stelle, die heutige Parteizentrale der PDS.
Im alten Liebknechthaus arbeitete in den zwanziger Jahren neben der KPD-Führung die Redaktion der Parteizeitung *Die Rote Fahne*. Sie druckte 1932 einen lyrischen Durchhalteappell Brechts an die Parteimitglieder:

Du bist krank, aber wir brauchen dich!
Stirb nicht, du mußt uns helfen!
Bleibe nicht weg, wir gehn in den Kampf.
Die Partei ist in Gefahr.
Steh auf!
   (aus: *Die Partei ist in Gefahr*, 1932)

In den zwanziger Jahren kam es vor dem Liebknechthaus häufig zu Straßenschlachten zwischen Kommunisten, Polizei und Nationalsozialisten. Im August 1931 wurden zwei Polizisten vor dem Kino **Babylon** erschossen – für den Mord mußte sich der damalige Rotfrontkämpfer und spätere DDR-Stasichef Erich Mielke Anfang der neunziger Jahre vor dem Berliner Landgericht verantworten. Nach dem Polizistenmord beschrieb Carl von Ossietzky den Bülow-Platz in der Weltbühne als die »klassische Berliner Arena erbitterter Partisanenkämpfe. Ein Stück Mittelalter tut sich mitten in der nüchternen Millionenstadt auf. Alexander-Platz gegen Bülow-Platz. Polizeipräsidium gegen kommunistische Parteizentrale!« Das Polizeipräsidium wurde von Sozialdemokraten geführt, es war in Ossietzkys

Augen ein Instrument der Partei zur Unterdrückung der Kommunisten: »Nicht Staat und Staatsfeinde sind es, die hier ringen, sondern Parteien, von denen die eine das Glück hat, als Staatsautorität verkleidet walten zu dürfen.« Ebenso hart wie mit den Sozialdemokraten ging Ossietzky mit den Kommunisten ins Gericht. Sie nährten eine Revolutionsromantik, für die kein realer Boden vorhanden sei. »Ein getreuer Abklatsch dieser Romantik ist das Karl-Liebknecht-Haus. Man denke sich ein modernes vielstöckiges Bürohaus so aufgemacht, als wäre es eine verborgene Kellerhöhle, wo sich vermummte Verschwörer um Mitternacht treffen und in Geheimzeichen reden. Wer dieses Hauptquartier der deutschen Revolution betritt, begibt sich damit in die ehrwürdige Sphäre des Detektivromans. Das ganze Haus ist in seiner Verwinkelung ein wahres Labyrinth. Es gibt Türen ohne Klinken, die mit einem Griff unterm Tisch geöffnet werden [...] Den meisten, die im Parteihaus arbeiteten, sieht man an, daß sie an einer Art von Belagertenpsychose kranken.«

Schon zwei Jahre vor dem Polizistenmord, am 1. Mai 1929, war Brecht Augenzeuge blutiger Straßenkämpfe am Bülowplatz geworden. Der sozialdemokratische Polizeipräsident Zörgiebel hatte aus Angst vor kommunistischen Ausschreitungen die traditionellen Maidemonstrationen an diesem Tag verboten. Die Kommunisten gingen trotzdem auf die Straße. Brecht besuchte an diesem Tag den Soziologen Fritz Sternberg, der in der heutigen **Zolastraße** hinter der Volksbühne wohnte. Sternberg schrieb über diesen Tag:

»Das Karl-Liebknecht-Haus selbst war geschlossen; aber möglicherweise wurden die Demonstranten in der Nähe des Hauses von einigen kommunistischen Sekretären dirigiert. Jedenfalls gab es den ganzen Tag über immer wieder Gruppen, die sich in unmittelbarer Nähe meiner Wohnung zusammenschlossen. Man konnte sie vom Fenster aus – ich wohnte im dritten Stock – gut beobachten. Auch Brecht

Polizeieinsatz beim Berliner »Blutmai«

stand am Fenster, solange er bei mir war. Was er sah, war, wie die Demonstranten von der Polizei auseinandergetrieben und verfolgt wurden. Soweit wir feststellen konnten, waren diese Leute nicht bewaffnet. Mehrfach schoß die Polizei.
Wir glaubten zunächst, es handle sich um Schreckschüsse. Dann sahen wir, daß mehrere Demonstranten niederstürzten und später auf Bahren weggetragen wurden. Es hat damals, so weit ich mich erinnere, über zwanzig Tote unter den Demonstranten in Berlin gegeben. Als Brecht die Schüsse hörte und sah, daß Menschen getroffen wurden, wurde er so weiß im Gesicht, wie ich ihn nie zuvor in meinem Leben gesehen hatte. Ich glaube, es war nicht zuletzt dieses Erlebnis, was ihn dann immer stärker zu den Kommunisten trieb.«
Der Berliner »Blutmai« verschärfte die Polarisierung zwischen den Arbeiterparteien KPD und SPD. Die KPD erklärte die sozialdemokratische Parteiführung zu ihrem Hauptfeind. Sie propagierte die These vom »Sozialfaschi-

mus«, wonach die sozialdemokratischen Politiker schlimmer seien als die Nazis, da die SPD ihre Anhänger irreführe und verrate. Die heillose Zerstrittenheit der Parteiführungen blockierte die Versuche an der Basis, ein Aktionsbündnis gegen die Nationalsozialisten zustande zu bringen. Zu spät erkannten beide Seiten die Gefahr:

Als der Faschismus immer stärker wurde in Deutschland
Und sogar Massen der Arbeiter ihm immer mehr
    zuströmten
Sagten wir uns: unser Kampf war nicht richtig.
Durch das rote Berlin gingen frech zu vieren und fünfen
Nazis, neu uniformiert, und erschlugen uns
Die Genossen.
Aber es fielen Leute von uns und Leute des
    Reichsbanners.
Da sagten wir den Genossen von der SPD:
Sollen wir das dulden, wenn sie die Genossen erschlagen?
Kämpft mit uns in dem antifaschistischen Kampfbund!
Wir bekamen die Antwort:
Wir würden vielleicht mit euch kämpfen, aber unsere
    Führer
Warnen uns, roten Terror gegen den weißen zu stellen.
Täglich, sagten wir, schrieb unsere Zeitung gegen den
    Einzelterror
Täglich aber auch schrieb sie: wir schaffen es nur durch
    die Rote Einheitsfront.
Genossen, erkennt doch jetzt, dieses kleinere Übel, womit
    man
Jahre um Jahre von jeglichem Kampf euch fernhielt
Wird schon in nächster Zeit Duldung der Nazis bedeuten.

Doch in den Betrieben und auf allen Stempelstellen
Sahen wir den Willen zum Kampf bei den Proleten.
Auch im Osten Berlins grüßten Sozialdemokraten
Uns mit Rot Front und trugen sogar schon das Zeichen

Der antifaschistischen Aktion. Die Lokale
Waren an den Diskussionsabenden übervoll.
Und sofort wagten die Nazis
Sich bald nicht mehr einzeln durch unsere Straßen
Denn die Straßen zumindest sind unser
Wenn sie die Häuser uns rauben.
(1932)

Kurz vor Hitlers Ernennung zum Reichskanzler waren die Rechte und die Linke auf den Straßen etwa gleich stark. Am 22. Januar 1933 veranstaltete die SA unter Polizeischutz einen provozierenden Aufmarsch vor der kommunistischen Parteizentrale. Drei Tage später kamen 130.000 KPD-Anhänger zu einer Gegendemonstration, die diszipliniert und unblutig verlief. Bilder von beiden Kundgebungen sind im Foyer des Liebknechthauses zu sehen. Dokumentiert ist dort auch die Niederlage der Linken: Aus einem faksimilierten Schreiben geht hervor, daß das Liebknechthaus am 12. März 1933 mit allem beweglichen Inventar zugunsten des Freistaates Preußen enteignet wurde. Ein Foto zeigt den Eingang mit den neuen Herren und dem neuen Namen des Gebäudes: Horst-Wessel-Haus. Später wurde auch der Bülowplatz in **Horst-Wessel-Platz** umbenannt.

Der Nationalsozialist Horst Wessel war seit dem 1. Mai 1929 Führer einer 30 Mann starken SA-Truppe, die er in wenigen Monaten auf 250 Mann verstärkte. Unter seinen Leuten waren viele abgeworbene Sympathisanten der KPD und des »Roten Frontkämpferbundes« (des kommunistischen Gegenstücks zur SA; die Schlägertruppe wurden im Liebknechthaus mit Uniformen ausgerüstet). Die Rotfrontleute suchten den SA-Führer aus dem Zuhältermilieu steckbrieflich, aber mit falscher Adresse. Da Wessel seine Miete schuldig blieb, verriet ihn seine Vermieterin am 14. Janur 1930 an die zweite Bereitschaft der Rotfrontkämpfer. Von einem Lokal im Scheunenviertel (**Dragonerstraße**

48, heute **Max-Beer-Straße**, das Haus steht nicht mehr) zogen die Kommunisten los, um Wessel eine »proletarische Abreibung« zu verpassen. Wessel überlebte sie nicht. Der NS-Gauleiter und spätere Reichspropagandaminister Goebbels machte aus seiner Beisetzung auf dem Friedhof St. Nikolai, nicht weit vom Bülowplatz, eine Großdemonstration der Nazis. Er erklärte Wessel zum »Blutzeugen der Bewegung«. Am Grab wurde nach einer alten Melodie zum ersten Mal das Horst-Wessel-Lied, von da an die Hymne der Nationalsozialisten, gesungen:

Die Fahne hoch! Die Reihen fest geschlossen!
S. A. marschiert mit ruhigem festem Schritt
Kameraden, die Rotfront und Reaktion erschossen
marschiern im Geist in unsern Reihen mit.

Brecht hat das Lied 1934 im *Kälbermarsch* parodiert:

Der Schlächter ruft: Die Augen fest geschlossen
das Kalb marschiert. In ruhigem festem Tritt.
Die Kälber, deren Blut im Schlachthaus schon geflossen
Marschiern im Geist in seinen Reihen mit.

Der Prozeß gegen die Mörder Horst Wessels wurde in der Nazizeit erneut aufgerollt. Als ihn die Nachricht erreichte, die Kommunisten Hans Ziegler und Sally Epstein seien wegen Beteiligung an dem Mord am 11. April 1935 in Berlin hingerichtet worden, schrieb Brecht einen langen Aufsatz über *Die Horst-Wessel-Legende*. Die Pointe seiner Argumentation: Es sei ganz folgerichtig, daß die Nationalsozialisten einen Zuhälter zum Märtyrer machten, denn der Nationalsozialimus sei »politisches Zuhältertum: Er lebt davon, daß er der ausbeutenden Klasse die auszubeutende zutreibt.«

Vor dem Umzug an den heutigen Rosa-Luxemburg-Platz im Jahr 1926 tagte das Zentralkomitee der KPD in einem Geschäftshaus in der **Rosenthaler Straße 38** (erhalten, Gedenktafel). Auf dem Weg vom Liebknechthaus dorthin kommt man durch die **Weinmeisterstraße**. Das Haus **Nr. 5** beherbergt **LesArt**, das **Berliner Zentrum für Kinder- und Jugendliteratur.** Es veranstaltet regelmäßig workshops für heranwachsende Leser, so zu Brechts Gedicht *Die Pappel vom Karlsplatz* (vgl. S. 204). Gegenüber steht ein rotes Backsteingebäude (**Nr. 15**), ein Rest des alten **Sophiengymnasiums**, jetzt Schülerfreizeitheim. Es gehört zu dem neuen großen Schulkomplex an der Ecke zur **Gormannstraße**, der im Sowjetstil der Stalinzeit neu errichtet wurde.

In der Schulaula des Sophiengymnasiums fand am 20. Dezember 1930 eine Diskussion mit Brecht und Hanns Eisler über ihr marxistisches Lehrstück *Die Maßnahme* statt. Die Veranstaltung paßte in die Gegend, ging es doch im Stück um das richtige Verhalten bei der kommunistischen Untergrundarbeit. Eine Woche vorher war *Die Maßnahme* in der alten Philharmonie (in der Bernburger Straße 22) mit Ernst Busch, Alexander Granach, A. M. Topitz, Helene Weigel und Arbeitersängern aufgeführt worden. Im Programmzettel schrieb Brecht:

»Das Lehrstück ›Die Maßnahme‹ ist kein Theaterstück im üblichen Sinne. Es ist eine Veranstaltung von einem Massenchor und 4 Schauspielern. Den Part der Spieler haben bei unserer heutigen Aufführung, die mehr eine Art Ausstellung sein soll, 4 Schauspieler übernommen, aber dieser Part kann natürlich auch in ganz einfacher und primitiver Weise von jungen Leuten ausgeführt werden, und gerade das ist sein Hauptzweck.

Der Inhalt des Lehrstücks ist kurz folgender: 4 kommunistische Agitatoren stehen vor einem Parteigericht, dargestellt durch den Massenchor. Sie haben in China kommunistische Propaganda getrieben und dabei ihren jüngsten

Genossen erschießen müssen. Um nun dem Gericht die Notwendigkeit dieser Maßnahme der Erschießung eines jungen Genossen zu beweisen, zeigen sie, wie sich der junge Genosse in den verschiedenen politischen Situationen verhalten hat. Sie zeigen, daß der junge Genosse gefühlsmäßig ein Revolutionär war, aber nicht genügend Disziplin hielt und zu wenig seinen Verstand sprechen ließ, so daß er, ohne es zu wollen, zu einer schweren Gefahr für die Bewegung wurde.

Der Zweck des Lehrstücks ist also, politisch unrichtiges Verhalten zu zeigen und dadurch richtiges Verhalten zu lehren. Zur Diskussion soll durch diese Aufführung gestellt werden, ob eine solche Veranstaltung politischen Lehrwert hat.«

Eine Seite des Programmheftes diente als Fragebogen, der an Slatan Dudow, den Regisseur des Abends, eingeschickt werden konnte. Als Veranstalter trat ein Arbeitskreis mit dem Namen *Die internationale Tribüne* auf. Ziel der Organisation war es, die Entwicklung einer revolutionären Kultur zu fördern, indem sie Linksintellektuelle, Arbeiter und kommunistische Parteileute miteinander ins Gespräch brachte.

Unter Marxisten blieb der politische Lehrwert der *Maßnahme* umstritten. Von Parteileuten wurde Brecht vorgeworfen, sein Stück sei abstrakt und er verstünde nichts von der schwierigen Praxis des Klassenkampfs. Nach der Diskussion in der Weinmeisterstraße fertigte Brecht eine neue Version des Lehrstücks an. Er hat es später noch zweimal überarbeitet und schließlich ganz für Aufführungen gesperrt.

Zwei Straßen weiter war zwei Jahre vor der Aufführung der *Maßnahme* der **Bund proletarisch-revolutionärer Schriftsteller (BPRS)** gegründet worden. Diese Organisation von Autoren stellte ihre Produktion ganz in den Dienst der KPD. Die Gründungsveranstaltung fand am 19. Oktober 1928 in den **Sophiensälen** im Handwerkervereinshaus statt, in der **Sophienstraße 18**. Das Gebäude ist erhalten, eine Gedenktafel erinnert an kommunistische Parteitage. Unerwähnt bleibt, daß auch Goebbels in den Sophiensälen sprach. Als der Film *Kuhle Wampe* verboten wurde, organisierten die Neue Filmgruppe, die Junge Volksbühne und die Liga für den unabhängigen Film in den Sophiensälen eine Protestkundgebung mit den Filmemachern, die – so ein Zeitungsbericht vom 21. April 1932 – gut besucht war und »Niveau und Schlagkraft« besaß.

Heute treten hier freie Theatergruppen auf. Diese Nutzung hat Tradition: Vor dem ersten Weltkrieg spielten jiddische Theatergruppen in dem Gebäude. Während eines Reichstagswahlkampfs wurde Erwin Piscators Agitpropevue »Revue Roter Rummel« zur Unterstützung der KPD aufgeführt. Bis Anfang der 90er Jahre beherbergte es die Probebühne und Werkstätten des Maxim-Gorki-Theaters.

Über die »proletarisch-revolutionäre Literatur« schrieb Johannes R. Becher, der erste Vorsitzende des in den Sophiensälen gegründeten Schriftstellerbundes, sie sei »nicht Armeleutepoesie oder Mitleidsdichtung, sie bewimmert nicht tränenbeflissen das Elend des Proletariats, sie blättert nicht beschaulich in dem Krieg wie in einem Schaueralbum [...]. Proletarisch-revolutionäre Literatur singt Klassenliebe und Klassenhaß. [...] Sie ist ein Einbruch, sie bohrt an und betrommelt den Menschen dort, wo, oft unberührt von politischem Tageskampf, die Gefühlsmassen verborgen liegen.«

Brecht stand dem Vorhaben, den Arbeitern spannenden Lesestoff zur Schulung des Klassenbewußtseins zur Verfügung zu stellen, zunächst sehr kritisch gegenüber. Sie seien nicht Feinde der bürgerlichen Klasse, schrieb er 1928 an Bernard von Brentano, sondern nur Feinde der bürgerlichen Trivialschriftsteller. Deren Erzeugnisse wurden in Arbeiterhaushalten viel gelesen. Diesen Markt, polemisierte Brecht, wollten die »proletarischen Schriftstellereibesitzer«

nur für sich selbst monopolisieren. Sie könnten aber weder schreiben noch lehrten sie lesen.

Tatsächlich orientierten sich die BPRS-Autoren am literarischen Niveau von Trivialromanen, wie sie vom Ullsteinkonzern als Massenlesestoff auf den Markt geworfen wurden. In Konkurrenz dazu brachte der Internationale Arbeiter-Verlag die Reihe »Der Rote 1-Mark-Roman« heraus. In dieser Reihe erschien 1931 Klaus Neukrantz' Buch *Barrikaden am Wedding*, ein Roman über die blutigen Kämpfe am 1. Mai 1929, die Brecht beobachtet hatte. Der Roman schildert die Ereignisse exakt so, wie sie von der kommunistischen Parteiführung später interpretiert wurden: als Unterdrückung der revolutionären Massenbewegung durch die sozialdemokratischen Parteibonzen.

Wie die Parteiführung der KPD kämpfte der BPRS vor allem gegen die gemäßigte Linke. Seine Mitglieder haßten Autoren wie Döblin, die sie als »linksbürgerlich« klassifizierten. Charakteristisch ist Neukrantz' Rezension von *Berlin Alexanderplatz* in der Zeitschrift des BPRS, *Die Linkskurve*. Er warf Döblin vor, keinen klassenbewußten Arbeiter ins Zentrum seiner Handlung gestellt zu haben, sondern einen Kriminellen, einen Zuhälter. Daß die politisierten Proleten in Döblins Roman nicht nur positiv gezeichnet wurden, deutete Neukrantz als »reaktionären und konterrevolutionären Angriff auf die These des organisierten Klassenkampfes«. Der BPRS schaffte es dann auch, daß eine bereits vorgesehene Ausgabe von *Berlin Alexanderplatz* in der Sowjetunion vom Verlagsplan gestrichen wurde.

Neukrantz' *Barrikaden am Wedding* ist ein Gegenentwurf zu Döblins Roman. In seinem Mittelpunkt steht die Arbeit der kommunistischen Straßenzelle in der **Kösliner Straße** im Bezirk Wedding. Dort war es am 1. Mai 1929 zu besonders blutigen Barrikadenkämpfen gekommen. Seitdem galt die Straßenzelle als Vorbild für andere Parteiorganisationen. Im dritten Kapitel schildert Neukrantz, wie eine drohende Exmittierung von aufrechten Kommunisten verhindert wird. Dieselbe Szene findet sich in *Kuhle Wampe* wieder, dort wird sie von der Agitproptruppe *Das Rote Sprachrohr* vor Arbeitersportlern aufgeführt:

TRUPPE: Kösliner Straße, Wedding, Hinterhaus,
Da schmeißt der Wirt 'nen alten Mieter 'raus!
Die Möbelträger bringt er gleich mit:
WIRT: »So, laden sie mal immer auf den Kitt!«
EXMITTIERTER: »Ach nee, Sie ha'm sich wohl bei uns
    jeirrt!
Wir sind doch ausgesteuert word'n, Herr Wirt!«
WIRT: »Sie sind ein halbes Jahr die Miete schuldig!
Ich war, weiß Gott, jetzt lang genug geduldig!
TRUPPE: Geduld! Geduld! Det is'n ulk'ges Ding!
Proleten; Nachbarn bilden schon 'nen Ring!
Der Möbelträger fragt, der diskutiert,
Bis auch der letzte noch
MÖBELTRÄGER: »sympathisiert«!

Ernst Ottwalt, Co-Autor von *Kuhle Wampe*, war – wie Johannes R. Becher, Erich Weinert, Ludwig Renn, Hans Marchwitza, Anna Seghers, Friedrich Wolf, Egon Erwin Kisch – Mitglied des BPRS. Zu den Aufgaben der Organisation gehörte es, Agitproptruppen wie *Das Rote Sprachrohr* mit Texten zu versorgen. Das Material stammte zum Teil von Arbeitern in den Betrieben und Straßenzellen, die zum Schreiben ermuntert wurden (den sogenannten Arbeiterkorrespondenten, einer Schreibbewegung, die in der DDR wiederbelebt wurde).

Brecht hat sich die ästhetischen Maßstäbe des BPRS nie zu eigen gemacht. Die These, Literatur sei »Waffe im Klassenkampf«, hat er aber geteilt und seine eigenen Schlußfolgerungen daraus gezogen. Er hat den Kontakt zu den Arbeitern gesucht und seine Produktion davon beeinflussen lassen. In den dreißiger Jahren arbeitete er eng mit dem

Netzwerk von Kultur- und Bildungsorganisationen zusammen, die der KPD nahestanden. Ohne ihre Unterstützung hätte es weder Aufführungen der *Maßnahme* oder der *Mutter*, noch den Film *Kuhle Wampe* gegeben. Sowenig wie das *Solidaritätslied* (1931), das von Berlin aus um die Welt ging:

Vorwärts und nicht vergessen
Unsre Straße, und unser Feld
Vorwärts und nicht vergessen
Wessen Straße ist die Straße
Wessen Welt ist die Welt?

II. THEATER 1920-1956

»Mir kann das ganze Berlin gestohlen werden, aber vorher muß ich noch ein paarmal in die Theater, die für mich wichtig sind.« (An Paula Banholzer, Februar 1920)

»Der Schwindel Berlin unterscheidet sich von allen anderen Schwindeln durch seine schamlose Großartigkeit. Die Theater sind wundervoll, sie gebären mit hinreißender Verve kleine Blasensteine. Ich liebe Berlin, aber m. b. H.« (An Jacob Geis, Februar 1920)

»Das Theater von heute ist ein reines Provisorium. Man würde es schon ungerecht beurteilen, wenn man etwa unterstellte, daß es mit geistigen Dingen, also mit Kunst, irgendetwas zu tun haben wollte.« (Aus: *Theatersituation 1917-1927* (1927))

»In den Jahren nach dem großen Krieg und der Revolution war das Theater in Deutschland im großen Aufschwung begriffen. Es gab mehr große Schauspieler als zu irgendeiner anderen Zeit und eine ganze Reihe scharf konkurrierender Regisseure. Man konnte so ziemlich alle Stücke der Weltliteratur aller Zeiten spielen, von *Ödipus* bis zu *Les Affairs sont les Affaires*, vom *Kreidekreis* bis zu *Fräulein Julie* – und man spielte alle. Jedoch weder die hochentwickelte Dramaturgie gestattete es, die großen Stoffe der Zeit auf die Bühne zu bringen: Der Aufbau einer Mammutindustrie, die Kämpfe der Klassen, der Krieg, der Welthandel, die Bekämpfung der Krankheiten und so weiter konnten nicht dargestellt werden, jedenfalls nicht in großer Weise. Man konnte natürlich Börsen auf dem Theater sehen, auch Schützengräben und Kliniken, aber sie bildeten lediglich effektvolle Hintergründe für irgendwelche sentimentale Magazingeschichten, die in jeder anderen Zeit auch geschehen konnte, wenn sie auch nicht in den großen Zeiten des Theaters für würdig befunden worden wären, auf der Bühne zu erscheinen. Die Instandsetzung des Theaters für die Bewältigung großer Vorgänge kostete große Mühe.« (Aus: *Das deutsche Drama vor Hitler* (1935))

»Als wir nach Beendigung des Hitlerkrieges darangingen, Theater zu machen, bestand die größte Schwierigkeit vielleicht darin, daß der Umfang der Zerstörung, die stattgefunden hatte, weder den Künstlern noch dem Publikum bekannt zu sein schien. Bei den Fabriken, die in Schutt lagen, bei den Wohnhäusern ohne Dächer war es offenbar, daß eine besondere Anstrengung verlangt wurde, aber was das Theater betraf, bei dem doch viel mehr zerstört war, als Bauarbeit allein wieder aufrichten konnte, schien niemand viel mehr zu verlangen oder viel mehr zu bieten, als ein Weitermachen, etwas erschwert durch das Fehlen von Brot und Kulissen. Dabei war der Niedergang ungeheuerlich. Die Roheit und Dummheit triumphierten, sichtlich eisern entschlossen, ihre Blütezeit zu überleben.
Und sie machten sich besonders breit bei der Wiedergabe unserer edelsten Kunstwerke. Der Niedergang wurde aber nicht gesehen, weil mit ihm zusammen ein ebenso ungeheuerlicher Niedergang der Beurteilung gegangen war.
Der schnelle Verfall der Kunstmittel unter dem Naziregime ging anscheinend nahezu unmerklich vor sich. Daß die Beschädigung an den Theatergebäuden soviel sichtbarer waren als an der Spielweise, hängt wohl damit zusammen, daß erstere beim Zusammenbruch des Naziregimes, die letztere aber bei seinem Aufbau erfolgte. So wird tatsächlich noch heute von ›glänzender Technik‹ der Göringtheater gesprochen, als wäre solch eine Technik übernehmbar, gleichgültig, auf was da ihr Glanz gefallen war. Als ob eine Technik, die der Verhüllung der gesellschaftlichen Kausalität dient, zu ihrer Aufdeckung verwendet werden könnte.

[…] Nicht durch besonders leichte Aufgaben konnte das verkommene Theater wieder gekräftigt werden, sondern nur durch die allerschwersten. Kaum mehr imstande, seichteste Unterhaltung herzustellen, hatte es noch eine letzte Aussicht, wenn es sich Aufgaben zuwandte, die ihm nie gestellt worden waren; unzulänglich in sich selbst, als Theater, mußte es sich anstrengen, auch noch seine Umwelt zu verändern.« (*Rede auf dem gesamtdeutschen Kulturkongreß in Leipzig*, Mai 1951)

»ICH SINGE AUF DER ›WILDEN BÜHNE‹ SOLDATENBALLADEN«

Theater des Westens (Kantstraße 12)
Theater am Kurfürstendamm (Kurfürstendamm 209)
Gesellschaftshaus Moabit (Wiclefstraße 24)

Das **Theater des Westens** in der **Kantstraße 12** könnte aus Disneyland nach Charlottenburg versetzt worden sein: Zur Straße stellt es eine pompöse Fassade aus Renaissance-, Barock- und Jugendstilelementen zur Schau, das rückwärtige Bühnenhaus mit seinen Backstein- und Fachwerkfassaden gleicht einer mittelalterlichen Trutzburg aus dem Spielzeugkasten. Der Monumentalbau ist ein Abenteuerstreich des Baumeisters Bernhard Sehring, der 1895 ohne Baugenehmigung und Eigenkapital damit begann, ein Musiktheater für 1700 Zuschauer zu errichten. Sehring spekulierte darauf, daß Charlottenburg, damals noch eine selbständige Stadt, mit Berlin zusammenwachsen und seine gutsituierte Hälfte werden würde. Beide Städte sind in der Mitte der Fassade als üppige Damen dargestellt: Die sitzende Stadtgöttin von Charlottenburg mit einem Modell des Theaters auf den Knien, von Berolina begehrlich betrachtet.

Passend zur eklektizistischen Architektur wurden in dem Haus meistens Operetten gespielt. Heute ist das Haus eine städtisch subventionierte Musicalbühne. Die große Oper gab hier nur Gastspiele: das längste in den fünfziger Jahren, als das Haus die zerstörte städtische Oper an der Bismarckstraße ersetzte.

Im September 1921 mietete die Schauspielerin Trude Hesterberg eine Bar im Keller des Hauses an und eröffnete darin ihr Kabarett **Wilde Bühne**. Der Name war Programm. »Die Wilde Bühne war einesteils das Podium, auf dem wir alles, was uns an der aufgedonnerten Raffkezeit nicht paßte, zur Sprache brachten, und gleichzeitig war sie auch die frechste Plattform für scharfe Zeitkritik«, schreibt Trude Hesterberg in ihren Erinnerungen. Walter Mehring, Kurt Tucholsky, Joachim Ringelnatz, Klabund und Erich Kästner lieferten die Texte, die an einem »Konferenztisch« bei »Schwannecke« (vgl. S. 33) diskutiert und zu Programmen zusammengestellt wurden.

Eines Abends stellte Walter Mehring der Direktorin einen jungen Mann vor. »Es war ein stiller blasser Mensch, mit tiefliegenden dunklen Augen, vorspringendem spitzem Nasengiebel und einem sanften Mund. Dünn und schmal waren auch die Hände, die aus der zu kurzen Jacke hervorschauten. Alles an ihm sah ärmlich und mager aus,

und wenn ihn nicht Mehring persönlich angebracht hätte, ich hätte ihn wohl kaum beachtet«. Mehring bestand auf einem Probevorspiel des schüchternen Menschen, der eigene Gedichte zur Gitarre vortrug. Am 23. Dezember 1921 notierte Brecht in sein Tagebuch: »Zarek schleppt mich zur Hesterberg, und ich schließe ab für sechs Tage (500 Mark). Ich singe auf der ›Wilden Bühne‹ Soldatenballaden.«

Ob alle sechs Auftritte im Januar 1922 stattgefunden haben, ist nicht bekannt. Gleich die erste Vorstellung mußte abgebrochen werden. Trude Hesterberg hatte nicht bedacht, daß zu dem Zeitpunkt in Berlin die »Grüne Woche«, eine Landwirtschaftsmesse, abgehalten wurde. Im Publikum saßen vergnügungssüchtige Landjunker, die sich unter »Soldatenballaden« etwas anderes vorstellten als Brechts *Legende vom toten Soldaten* (1918):

Und als der Krieg im fünften Lenz
Keinen Ausblick auf Frieden bot
Da zog der Soldat die Konsequenz
Und starb den Heldentod.

Als Brecht das sang, erzählt die Direktorin, »ging der Tumult los. Ich mußte notgedrungen den Vorhang fallen lassen, um dem Radau ein Ende zu machen, und Walter Mehring ging vor den Vorgang und sagte jene bedeutsamen Worte: ›Meine Damen, meine Herren, das war eine große Blamage, aber nicht für den Dichter, sondern für Sie! Und Sie werden sich noch eines Tages rühmen, daß Sie dabeigewesen sind.‹«

Drei Jahre später brannte die »Wilde Bühne« aus. Um weiterzumachen, fehlte das Geld. Anfang der dreißiger Jahre hat Trude Hesterberg noch einmal dafür gesorgt, daß Brecht-Lieder im Vergnügungsbezirk nahe der Gedächtniskirche zu hören waren. Sie versuchte den Theaterunternehmer Ernst Josef Aufricht, der die Uraufführung der *Drei-*

Trude Hesterberg bei einer Probe im Theater am Schiffbauerdamm, 1930

groschenoper finanziert hatte, dazu zu überreden, auch die *Mahagonny*-Oper von Brecht und Weill zu produzieren. Aufricht – sein Büro lag schräg gegenüber vom Theater des Westens im Haus **Kantstraße 162**, Ecke Joachimsthaler – war das zu teuer und das Risiko zu groß. Er ließ sich aber umstimmen, als Trude Hesterberg ihren Freund und späteren Ehemann als Teilhaber an einer gemeinsamen Produktionsfirma vorschlug.

Die beiden mieteten von Max Reinhardt das **Theater am Kurfürstendamm** (**Kurfürstendamm 209**) im ehemaligen Ausstellungsgebäude der Berliner Secession. Noch heute spielt an der Stelle ein Theater gleichen Namens Boulevardstücke. Trude Hesterberg sollte die Rolle der geschäftstüchtigen Witwe Begbick in *Mahagonny* übernehmen. Als Dirigent wurde Alexander von Zemlinsky verpflichtet. Die Aufführung drohte trotz der hochkarätigen Besetzung zu platzen, weil sich Brecht und Weill während der Proben verkrachten und handgreiflich wurden. Um

Brecht ruhigzustellen, bot ihm Aufricht an, im Keller des Kurfürstendammtheaters mit den Proben zu *Die Mutter* zu beginnen. Mit diesem Kompromiß konnten beide Seiten leben: Oben wurde für das feine Kurfürstendammpublikum geprobt, unten für Arbeiter, die von der Bühne in revolutionärem Verhalten unterwiesen werden sollten. Über solchen ›Theaterkommunismus‹ hatte sich Brecht wenige Jahre zuvor noch lustig gemacht:

Der Theaterkommunist

Eine Hyazinthe im Knopfloch
Am Kurfürstendamm
Empfindet der Jüngling
Die Leere der Welt.
Auf dem Klosett
Scheint es ihm deutlich: er
Scheißt ins Leere

Müde der Arbeit
Seines Vaters
Befleckt er die Cafés
Hinter den Zeitungen
Lächelt er gefährlich.
Er ist es, der
Diese Welt zertreten wird wie
Ein Kuhflädchen

Für 3000 Mark im Monat
Ist er bereit
Das Elend der Massen zu inszenieren
Für 100 Mark im Tag
Zeigt er
Die Ungerechtigkeit der Welt

Beide Produktionen waren auf ihre Art erfolgreich: *Mahagonny* wurde bei der Premiere am 21. Dezember 1931 nicht wie bei der Leipziger Uraufführung ausgebuht, sondern fünfzig Mal hintereinander gespielt – so oft wie keine andere zeitgenössische Oper. Die Karten für *Die Mutter* wurden von proletarischen Organisationen vertrieben und erreichten so ein großes Publikum. Nach Brechts Angaben sollen 15.000 Arbeiterfrauen das Stück gesehen haben. Es wurde einige Male nichtöffentlich vor Arbeitern und KPD-Leuten gezeigt und nach Diskussionen verändert, ehe es am 17. Januar 1932, zum Todestag von Rosa Luxemburg, zur Premiere kam. Aufricht mietete für die Aufführungen zwei Bühnen an, die wohlweislich nicht im bürgerlichen Neuen Westen lagen, sondern näher an den Arbeiterquartieren des Ostens: Das **Komödienhaus am Schiffbauerdamm** (Hausnummer 25) – nicht zu verwechseln mit dem Theater am Schiffbauerdamm (Hausnummer 4) – und das **Lustspielhaus** an der **Friedrichstraße** (Hausnummer 236). Beide Theater gibt es nicht mehr. Weitere Aufführungen fanden in Versammlungslokalen der Arbeiterbewegung statt. Helene Weigel hat in einem Gespräch mit Werner Hecht berichtet, mit welchen polizeilichen Behinderungen sie zu kämpfen hatten, als sie am 29. Februar 1932 im **Gesellschaftshaus Moabit (Wiclefstraße 24)** auftrat:

»In einem Schreiben der Theaterabteilung der Baupolizei, das wir erst kurz vorher erhielten, wurde der Auftritt untersagt, weil die Sache in dem Saal ›zu feuergefährlich‹ sei. Wir begannen trotzdem, und nun wurde die Aufführung ständig unterbrochen. Das ging in Phasen vor sich und war sehr lustig. Wenn also die Aufführung aus feuerpolizeilichen Gründen nicht gespielt werden darf, meinten wir, dann werden wir den Text nur sprechen. Dabei haben wir ihnen wieder zuviel Gesten gemacht. Dann sagten sie, Gänge auf der Bühne zu machen, das geht nicht. Und schließlich hatten sie auch etwas gegen die Kostüme. So haben wir uns vor den Vorhang gesetzt und das Stück ›gelesen‹. Das schien ihnen dann übrigens auch noch feuergefährlich. Es war eine unbeschreiblich komische und ständig unterbrochene Aufführung, weil die Polizei von uns immer etwas Neues verlangte.«

»GLÄNZEND, DÜNN, HUMORLOS«

Schauspiel- und Konzerthaus am Gendarmenmarkt

Das **Schauspielhaus am Gendarmenmarkt** soll – so wünschen es seine heutigen Nutzer – nicht länger Schauspielhaus genannt werden, sondern **Konzerthaus Berlin**. Sie fürchten Verwechslungen, denn in dem Gebäude wird schon seit über fünfzig Jahren nicht mehr Theater gespielt. Das im Krieg zerstörte Haus wurde in den achtziger Jahre als zentraler Konzertsaal der »Hauptstadt der DDR« wiederaufgebaut. Sollte sich der neue Name einbürgern, wonach es zum Glück nicht aussieht, dann verschwände wieder ein Stück Traditionsbewußtsein aus dem alltäglichen Sprachgebrauch: nicht nur die ursprüngliche Zweckbestimmung des Hauses geriete in Vergessenheit, sondern auch seine zentrale Bedeutung für die Berliner Theatergeschichte.

1774 wurde am Gendarmenmarkt das Französische Theater, das erste Theatergebäude in Berlin überhaupt, errichtet. Daneben, auf dem Platz des heutigen »Konzerthauses«, entstand um 1800 das Königliche Nationaltheater nach Plänen von Carl Gotthard Langhans. In dem Haus kam E. T. A. Hoffmanns Oper *Undine* zur Uraufführung. Im Dezember 1817 hat Hoffmann, der gleich vis-à-vis, in der **Taubenstraße 31** wohnte (Gedenktafel), von dort aus mitangesehen, wie das alte Theatergebäude abbrannte. Auf den Grundmauern entwarf Schinkel ein neues Theatergebäude für Schauspiel- und Opernaufführungen nebst einem Konzertsaal. 1821 wurde es mit Goethes *Iphigenie* festlich eingeweiht, wenige Wochen später setzte das Haus mit der Uraufführung von Webers *Freischütz* einen neuen Akzent im zeitgenössischen Musiktheater.

Schinkels klassizistischer Kunsttempel verwandelte den Gendarmenmarkt in einen der schönsten Plätze Europas. Er ist seitdem eine beliebte Freilichtbühne für Konzerte und feierliche Staatsakte, angefangen von der Aufbahrung der Märzgefallenen der 1848er Revolution bis zur Verabschiedung der sowjetischen Truppen aus Deutschland nach der deutschen Wiedervereinigung. Als 1859 der Grundstein für das Schillerdenkmal vor dem Theater gelegt wurde, entwickelte sich die Veranstaltung zu einer Großdemonstration, nachdem bekannt geworden war, das Königshaus diffamiere die vorgesehene Schillerehrung als »Baalsdienst«.

Theodor Fontane hatte seit 1871 als Theaterkritiker der Vossischen Zeitung einen Stammplatz im königlichen Hoftheater am Gendarmenmarkt. Nach der Abdankung des Kaisers wurde es zur Staatsbühne der Weimarer Republik. Deswegen und weil sein Intendant Leopold Jessner ein Sozialdemokrat jüdischer Abstammung war, sah es sich von den Feinden der Republik ständigen Angriffen ausgesetzt. Schon Jessners erste Premiere am 12. Dezember 1919 drohte wegen einer Saalschlacht abgebrochen zu werden. Er ließ Schillers *Wilhelm Tell* auf einer kargen Stufenbühne spielen, die als »Jessner-Treppe« berühmt wurde. Daß die Schauspieler – in den Hauptrollen Albert Bassermann und Fritz Kortner – trotz wütender Proteste und mehrerer Unterbrechungen bis zum Ende durchhielten, wurde als Sieg einer neuen, republikanischen Theaterkunst über die Theaterkonventionen der Kaiserzeit gefeiert.

»Glänzend, dünn, humorlos« notierte Brecht am 25. November 1921 in sein Tagebuch, nachdem er eine Inszenierung des *Othello* von Jessner gesehen hatte. Das könne er auch, soll er unter Freunden gesagt haben – was bei dem selbstbewußten jungen Brecht als halbes Kompliment für Jessner gedeutet werden darf. Er hoffte sehr darauf, das Staatliche Schauspielhaus, wie die Bühne seit 1919 hieß, werde eines seiner Stücke annehmen. Es kam jedoch nie zu einer Brecht-Uraufführung am Gendarmenmarkt.

Immerhin wurde im Dezember 1924 seine Bearbeitung von Marlowes *Leben Eduards des Zweiten von England* nachgespielt. Regie führte Jürgen Fehling, mit dem sich Brecht schon zu Beginn der Proben verkrachte. Brecht hatte das Stück an den Münchner Kammerspielen kurz zuvor selbst inszeniert. Dabei waren ihm die ersten entscheidenden Schritte hin zu einem eigenen Inszenierungsstil gelungen. Brecht vermied alle Theaterklischees und donnernde Emotionen, er forderte von den Schauspielern große Genauigkeit bei der Gestaltung einzelner Szenen, gleichzeitig hielt er die Zuschauer durch unübersehbare Stilisierungen auf Distanz zum Bühnengeschehen. Wäre es nach ihm gegangen, hätte Fehling in der Berliner Aufführung des *Eduard* den Moritatencharakter des Stücks noch stärker herausarbeiten müssen. Fehling jedoch wollte das entfesselte Chaos auf die Bühne bringen, wollte durch große Leidenschaften das Publikum mitreißen. Was Brecht vorschwebte, nannte er »Zeigestabtheater für geistig Minderbemittelte« oder noch drastischer: »Dünnschißtheater«.

Fehling sorgte dafür, daß Brecht von den Proben ausgeschlossen wurde. Als Brecht und sein Mit-Bearbeiter Feuchtwanger eines Tages unangemeldet auftauchten, ließ er die Saaltüren verrammeln: »Diese beiden Humsti-bumsti betreten mir nicht den Zuschauerraum!« Der Schauspieler Rudolf Fernau, der Brecht über den Fortgang der Proben auf dem laufenden hielt, fand die beiden Besucher kniend vor den Saaltüren, wie sie empört durch die Schlüssellöcher nach der Bühne spähten. »Ein Vergewaltiger ... Du bist ein geschändetes Mädchen«, soll Feuchtwanger Brecht zugeflüstert haben.

Trotzdem wurde die Premiere ein Erfolg. Und Rudolf Fernau, der während der Probenzeit von Brecht und Fehling genau entgegengesetzte Spielanweisungen erhalten hatte, wurde schließlich von beiden gelobt. »Hauptsache, daß Du meinen Intentionen gefolgt bist«, sagte Fehling zu dem Schauspieler, und Brecht lobte: »Es war wichtig, daß Sie sich nicht von Fehling irritieren ließen und bei der Stange blieben.«

Wenig später griff Brecht den Intendanten Leopold Jessner in der *Vossischen Zeitung* an, weil er Stücke aufführte, die Brecht für schlechter hielt als die eigenen. Er fühlte sich zu Unrecht zurückgesetzt, zumal an einem Haus, an dem die befreundeten Regisseure Erich Engel und Erwin Piscator gastierten. Seinem Mentor Herbert Ihering warf er vor, ihm durch das Lob für Jessners Arbeit zu schaden. Er nannte Jessner den Einäugigen unter den Blinden; sich selbst sah er in der Rolle des Zweiäugigen, dem sich das Staatstheater nicht verschließen durfte.

Von konservativer Seite wurde alles mögliche unternommen, Jessner von seinem Posten zu vertreiben: In der Presse und bei erregten Debatten im Preußischen Landtag warf man ihm vor, das deutsche Kulturgut zu »verjuden« und kommunistische Propaganda zu treiben. Brecht sah das mit Sorge. Als der Intendant wieder einmal unter Druck geriet, setzte er eine Solidaritätsadresse auf: »Obwohl ich, wie Sie wissen, sachlich gegen Sie stark eingestellt bin, halte ich es für wichtig, Sie zu bitten, nicht aus irgendwelchen begreiflichen Motiven des Ekels einem Kampf um ihre Position auszuweichen. Ich glaube, wir halten es für nötig, daß Sie in dieser Stadt künstlerisch weiterarbeiten, da ihre Arbeit notwendig und unersetzlich ist. Ich denke, daß Ihnen dieses ehrliche Geständnis aus dem Mund eines Feindes [...] beweisen muß, daß in einem solchen Kampf mit minderwertigen und formatlosen Leuten sämtliche, denen das Theater noch eine Passion ist, auf Ihrer Seite stehen.«

1931 konnte Brecht am Gendarmenmarkt eine überarbeitete Fassung seines Stücks *Mann ist Mann* am Gendarmen-

Peter Lorre und Helene Weigel in ›Mann ist Mann‹ unter der Regie Brechts am Staatstheater am Gendarmenmarkt

markt inszenieren. Im Jahr zuvor hatte Jessner als Intendant aufgegeben, blieb aber durch einen Regievertrag ans Staatstheater gebunden. Während der Nazizeit wurden jüdische Mitarbeiter aus dem Haus entfernt. Jessner ging ins Exil, er starb 1945 in Los Angeles.

Nach erfolglosen Bemühungen der Nationalsozialisten, das Staatstheater zur Abspielstätte für völkischen Schund zu machen, setzt Göring seinen Liebling Gustaf Gründgens als Intendanten ein. Gründgens rettete das Haus durch geschicktes Taktieren für Klassikeraufführungen auf hohem Niveau. Er schützte die verbliebenen jüdischen Mitarbeiter und rettete 1942 Ernst Busch das Leben, als dieser der Gestapo in die Hände fiel. Eine Ehrenerklärung Buschs trug nach dem Krieg entscheidend dazu bei, daß Gründgens aus einem sowjetischen Internierungslager freikam.

Obschon Brecht den Schauspielstil des »Göringtheaters«, wie er es nannte, nicht schätzte und durch seine Theaterarbeit nach dem Krieg überwinden wollte, hatte er vor dem

Theatermann Gründgens großen Respekt. Das dokumentiert ein lapidarer Brief vom Januar 1949:

»Sehr geehrter Herr Gründgens!
Sie fragten mich 1932 um die Erlaubnis, »Die heilige Johanna der Schlachthöfe« aufführen zu dürfen. Meine Antwort ist ja.

Ihr bertolt brecht«

Gründgens war über diesen Brief nach eigener Aussage »zu Tode erschrocken«. Sofort ließ er sich das Stück schicken. Zehn Jahre später, Brecht war bereits tot, hat er dessen Gegenentwurf zu Schillers *Jungfrau von Orléans* tatsächlich am Hamburger Schauspielhaus uraufgeführt.

»NATÜRLICH IST DIE VOLKSBÜHNE GEGEN KUNST UND REVOLUTION«

Die Volksbühne am Rosa-Luxemburg-Platz

»Die Kunst soll dem Volk gehören, nicht aber Privilegium eines Teils der Bevölkerung, einer Gesellschaftsklasse sein.« Mit diesen Worten eröffnete der Schriftsteller Bruno Wille am 29. Juli 1890 die Gründungsversammlung des Vereins Freie Volksbühne im »Böhmischen Brauhaus« in Friedrichshagen. Der Verein setzte sich das Ziel, »die Poesie in ihrer modernen Richtung dem Volke vorzuführen und insbesondere zeitgemäße, von Wahrhaftigkeit erfüllte Dichtungen darzustellen, vorzulesen und durch Vorträge zu erläutern« (Paragraph 1 der Statuten). Dazu mußten die Eintrittspreise niedrig gehalten und die Zensur umgangen werden. Ein Verein konnte ausverkaufte Vorstellungen garantieren und durfte in geschlossenen Vorstellungen Stücke von Ibsen und Hauptmann zeigen, die sonst als sittlichkeitsgefährdend verboten wurden. Die Aufführungen fanden in angemieteten Räumen vor kunstbegeisterten Handwerkern, Arbeitern und Kleinbürgern statt. Rasch entwickelte sich der Berliner Volksbühnenverein zur größten Kulturorganisation der deutschen Arbeiterbewegung.

Schon zwei Jahre nach seiner Gründung spaltete sich der Verein an einer Frage, die in den zwanziger Jahren erneut zu Polarisierungen führen sollte: Ob das Theaterangebot vor allem der Unterhaltung dienen oder Aufklärungsarbeit für den politischen Kampf der Arbeiterbewegung leisten solle. Der politisch gemäßigte Flügel, der sich den Namen »Neue Freie Volksbühne« gab, hatte den größeren Zulauf. Er verzeichnete in den Jahren vor dem Ersten Weltkrieg einen so starken Mitgliederzuwachs, daß er den Bau eines eigenen Theaters wagte. Das Haus am heutigen Rosa-Luxemburg-Platz (damals Bülowplatz, zur Umgebung vgl. S. 82 ff.) wurde am 30. Dezember 1914 eingeweiht. Entworfen von dem Architekten Oscar Kaufmann, war es mit 2000 Plätzen das größte und modernste Theater Berlins. Stolz hob der Festredner Julius Bab bei der Eröffnung hervor, es sei das erste Theater, das »nicht von einem wagemutigen Unternehmer, nicht von der Gunst eines Fürsten, noch von der väterlichen Gunst einer Behörde geschaffen, sondern von der kunstbedürftigen, kunstwilligen Menschengemeinschaft aus eigenen Mitteln zu eigener Lust errichtet ist.«

Die »Neue Freie Volksbühne« hatte sich verschulden müssen, um den Theaterbau zu realisieren. Der Ausbruch des Ersten Weltkriegs machte einen Strich durch die Kalkulation des Vorstandes. Um das Überleben zu sichern, verpachtete er das Theater im Sommer 1915 an Max Reinhardt. Seine opulenten Klassikerinszenierungen ließen das Publikum die Bedrückungen des Krieges vergessen. Reinhardt füllte das Haus, aber er gab der Volksbühne kein eigenes künstlerisches Profil. Für den Vorstand zählte vor allem der wirtschaftliche Erfolg. In dem Vertrag, den der Verein 1917 mit Reinhardts Nachfolger Georg Kayßler schloß, verpflichteten sich beide Seiten, »das Theater am Bülowplatz [...] zu einer Pflegestätte reiner gediegener Theaterkunst [...] auszugestalten«.

Diese Linie wurde in den ersten Jahren der Weimarer Republik beibehalten, so als hätte es keine Revolution gegeben. Das Drama der Gegenwart fehlte fast ganz auf den Spielplänen. Was in der Volksbühne geboten werde, sei »übles Geschäftstheater mit der Tendenz zur reinen Kunst« diagnostizierte Brecht 1927 im *Berliner Börsen-Courier*. Über die Hausregisseure schrieb er: »Man könnte ruhig sagen, daß sie gar nichts gezeigt haben, wenn man nicht eben sagen müßte, daß sie eine Tendenz gezeigt haben. Sie haben die klare Tendenz zur Verdummung des Publikums, zur Verflachung der Jugend, zur Unterdrückung freier Gedanken gezeigt. Wollen sie behaupten, daß sie keine Partei vertreten? Sie vertreten doch die Partei der Faulen und der Dummköpfe! Es ist dies eine sehr mächtige Partei. Sie kann, gestützt auf einen Haufen von Klassikern und geführt von ein paar Beamten, machen, was sie will. Sie halten Kunst für etwas, was nichts schaden kann.« (*Tendenz der Volksbühne: reine Kunst*, 1927).

Ausgelöst wurde Brechts Kritik durch einen heftigen Theaterkrach um den Regisseur Erwin Piscator. Er war seit 1924 als Gastregisseur, später als Oberspielleiter an der Volksbühne tätig und sorgte mit aufsehenerregenden Inszenierungen für Schlagzeilen. Brecht verfolgte besonders aufmerksam Piscators Experimente mit Filmprojektionen. Er sah darin einen der bedeutendsten Beiträge zu einer neuen Theaterästhetik. Der eingeblendete Film, notierte Brecht, entlaste die Schauspieler und das gesprochene Wort davon, Realität zu simulieren: »Der Film macht dem Drama das Bett.« Das eröffne völlig neue Möglichkeiten für das dichterische Wort und eine gestische, das heißt nicht-illusionistische Spielweise (*Der Piscatorsche Versuch*, 1927).

In der Premiere von Ehm Welks Stück *Gewitter über Gotland* ließ Piscator einen Schauspieler mit einer Leninmaske niederstechen und Lenin anschließend in einer Filmprojektion wiederauferstehen. Der Volksbühnenvorstand sah dadurch die parteipolitische Neutralität des Theaters verletzt. Er warf Piscator vor, es als Plattform für kommunistische Propaganda mißbraucht zu haben. Daraufhin solidarisierten sich das künstlerische Personal der Volksbühne und nahezu die gesamte linke Öffentlichkeit – sogar Thomas Mann zählte zu den Unterzeichnern einer Protesterklärung – mit dem Regisseur. Im Festsaal des **Preussischen Herrenhauses** (**Leipziger Straße 3-4**) fand am 30. März 1927 eine öffentliche Kundgebung mit 1500 Teilnehmern statt, auf der dem Volksbühnenvorstand Verrat an den ursprünglichen Zielen des Vereins vorgeworfen wurde.

Zwar verließ Piscator die Volksbühne, aber der Druck der Mitglieder und der Öffentlichkeit zwang den Vorstand zu weitreichenden Kompromissen. Er räumte »Sonderabteilungen« für die »Freunde des politischen Theaters« die Möglichkeit ein, im Rahmen ihres Abonnements Vorstellungen in Piscators neuer Bühne am Nollendorfplatz (siehe das folgende Kapitel) zu besuchen. Die »Sonderabteilungen« waren eine kleine, aber besonders aktive Gruppe innerhalb der Mitgliedschaft. Sie forderten die Umwandlung der Volksbühne in ein »Kampftheater des Proletariats«. 1929 brachten sie eine eigene Zeitschrift unter dem Titel *Die junge Volksbühne* heraus. In ihr erteilte Brecht der Linksopposition folgenden Ratschlag zur Rettung der Volksbühne:

»Bereitet dem Vorstand seelische Aufregungen, soweit dies möglich ist. Dann geht er vielleicht früher mit Tod ab, als jetzt zu befürchten steht. Ich meine wirklich, daß diese Leute, die sich in den Besitz des schönen Hauses und so vieler frecher Ausreden gesetzt haben, einfach körperlich verschwinden müssen.« (*Rettung der Volksbühne*, 1929)

Unter dem Druck der »Sonderabteilungen« kamen nach Piscators Weggang an der Volksbühne wieder mehr Gegenwartsstücke auf den Spielplan. Am 4. Januar 1928 wurde

Brechts *Mann ist Mann* zum ersten Mal in Berlin gezeigt. Für Regie und Bühnenbild zeichneten Brechts Freunde Erich Engel und Caspar Neher verantwortlich, was auf eine intensive Teilnahme des Autors an den Proben schließen läßt. Heinrich George spielte den Galy Gay, Helene Weigel die Leokadja Begbick. Im selben Jahr wurde Karl-Heinz Martin zum künstlerischen Leiter berufen, der relativ erfolgreich versuchte, zwischen den Ansprüchen von Mitgliedermehrheit, Vorstand und Sonderabteilungen zu vermitteln. Die politische Polarisierung zwischen Sozialdemokraten und Kommunisten führte jedoch bald zu einer neuen Spaltung der Volksbühne.

Die »Sonderabteilungen« wurden 1930 ausgeschlossen. Als Auffangbecken entstand die Organisation »Junge Volksbühne«, die in angemieteten Räumen Aufführungen organisierte. Damit kehrte sie zu den Anfängen der Volksbühnenbewegung zurück. Mit Hilfe der »Jungen Volksbühne« konnte Brecht 1932 *Die Mutter* realisieren (vgl. S. 104). *Die Mutter* war zuvor von der Volksbühnenleitung abgelehnt worden, ebenso wie das Stück *Die Rundköpfe und die Spitzköpfe*, das durch einen Auftrag der Volksbühne an Brecht angeregt worden war, Shakespeares *Maß für Maß* zu bearbeiten.

Da der Volksbühnenverein durch Mißmanagement und Wirtschaftskrise stark verschuldet war, fiel es dem nationalsozialistischen Regime leicht, das Theater nach 1933 zu verstaatlichen und den Verein aufzulösen. Nach dem Krieg bemühte sich der Sozialdemokrat Siegfried Nestriepke, der in den zwanziger Jahren Geschäftsführer des Vereins gewesen war, in den Westsektoren um eine Neugründung. SED und Sowjetische Militärverwaltung forcierten daraufhin den Aufbau einer eigenen Volksbühnenorganisation. Ihre erste öffentliche Veranstaltung fand am 21. Dezember 1947 im Deutschen Theater statt, noch vor der Neugründung der Freien Volksbühne im amerikanischen Sektor (12. Oktober 1947 im Titania-Palast). Die neuerliche

»Mann ist Mann«, Volksbühne Berlin. Brecht mit dem Schauspieler Heinrich George

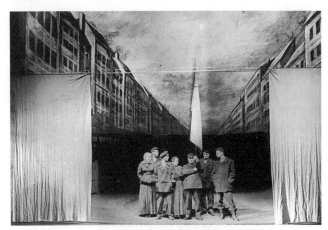

Aufführung der »Mutter« nach Gorki durch die Junge Volksbühne, 1932

Spaltung der Volksbühnenbewegung war eine Folge des Kalten Krieges, aber auch eine Fortsetzung der Richtungskämpfe aus der Vorkriegszeit: Im Westen etablierte sich eine ›überparteiliche‹ Besucherorganisation, die Theater mit kommunistischen Angestellten und allzu kritischen Inszenierungen boykottierte; im Osten wurde die Volksbühne zum Agitationsinstrument der sozialistischen Einheitspartei.

»Die Kunst dem Volke« stand bis zur Zerstörung im Krieg über den Eingangsportalen des Theaters. Bei der Rekonstruktion des Hauses, die bis 1954 dauerte, wurde die Inschrift nicht wiederhergestellt. Durch die Gründung der DDR und die Überführung des Theaters in Volkseigentum, so argumentierten die SED-Kulturfunktionäre Anfang der fünfziger Jahre, habe die Parole ihren Sinn verloren. Aufgabe der Volksbühne sei es nun, die werktätige Bevölkerung zu Verteidigern des Sozialismus zu erziehen. Folgerichtig wurde der Volksbühnenverein-Ost 1952 aufgelöst und dem staatlich kontrollierten Gewerkschaftsbund

(FDGB) die Aufgabe übertragen, die Volksbühne mit Volk zu füllen.

Brecht sah in der neugegründeten Volksbühne im Ostsektor eines der größten Hindernisse für seine eigenen Theaterpläne nach der Rückkehr nach Berlin. »Man hat dieses sozialdemokratische Kleinbürgerunternehmen ›Jedem Mann eine ständige Theaterloge‹ neu aufgezogen und liefert Schmierenaufführungen. Zum ersten Mal fühle ich den stinkenden Atem der Provinz hier«, notierte er wütend nach einem Treffen mit dem Oberbürgermeister Friedrich Ebert, bei dem die Kulturfunktionäre ihm zu verstehen gegeben hatten, daß bestehende Institutionen nicht durch Brechts Wünsche nach einem eigenen Theater gefährdet werden dürften (*Journale*, 6. Januar 1949).

Damit war vor allem das Theater am Schiffbauerdamm unter seinem Leiter Fritz Wisten gemeint, das den Status einer eigenen Spielstätte der Volksbühnenorganisation hatte. Wisten war vor dem Krieg Oberspielleiter des Jüdischen Kulturbundes gewesen und hatte den Holocaust als einer der wenigen jüdischen Theaterleute überlebt. Mit seiner Inszenierung von Lessings *Nathan* wurde das Deutsche Theater im September 1945 feierlich wiedereröffnet. Seit 1946 leitete er das Theater am Schiffbauerdamm, auf das Brecht ein Auge geworfen hatte. Daß auch Wisten ein Verfolgter war, der sich hoffnungsvoll am Aufbau einer besseren Gesellschaft beteiligen wollte, kümmerte Brecht wenig. Er verachtete Wisten als Vertreter einer bürgerlichen Theaterästhetik und sah in ihm nur ein Hindernis, das es aus dem Weg zu räumen galt.

Das Blatt schien sich schnell zugunsten Brechts wenden zu wollen. Einen Monat nach dem enttäuschenden Treffen beim Oberbürgermeister schrieb er einen Brief an Erwin Piscator nach New York, in dem er ihn darum bat, schnell nach Ostberlin zu kommen. Er plane schon im Herbst 1949 ins Schiffbauerdammtheater zu ziehen und brauche Piscator als Regisseur. In Berlin rechne man fest damit, daß Piscator die wiederaufgebaute Volksbühne zur Spielzeit 1950/51 übernehme: »Man braucht Dich ganz dringend.« (Brief vom 9. Februar 1949).

Piscator erklärte sich zur Rückkehr bereit, es fehlte jedoch die politische Unterstützung, so daß er offiziell gar nicht eingeladen wurde. Außerdem zog sich die Rekonstruktion des Theaters am Rosa-Luxemburg-Platz noch fünf Jahre hin. Erstaunlich ist, daß Brecht den Zeitrahmen für die Übernahme eines eigenen Hauses völlig falsch eingeschätzt hat. Wahrscheinlich hat man ihm nach dem Erfolg der *Mutter Courage* unerfüllbare Versprechungen gemacht, um ihn an Berlin zu binden. Nicht sein neues Berliner Ensemble zog 1950 ins Schiffbauerdammtheater ein, sondern es wurde Spielstätte der Volksbühne unter Wisten. Erst Ende 1953 zog Wistens Ensemble an den Rosa-Luxemburg-Platz um und machte Platz für Brecht.

Ihre aufregendste Zeit erlebte die Volksbühne unter der Leitung des Brecht-Schülers, mit dessen Inszenierung von Molières *Don Juan* das Schiffbauerdammtheater als Spielstätte des Brecht-Ensembles neu eröffnet wurde: Benno Besson. Zu selbständig, um es am Berliner Ensemble auf Dauer auszuhalten, übernahm er im Herbst 1969 die künstlerische Leitung der Volksbühne und war von 1974 bis 1978 ihr Intendant. Besson sorgte mit einer unkonventionellen Inszenierung von *Der gute Mensch von Sezuan* für Aufregung und setzte kritische Gegenwartsstücke von Heiner Müller, Peter Hacks, Volker Braun und Christoph Hein auf den Spielplan. Ihm ging es darum, die Zuschauer nicht nur als Gäste zu behandeln, sondern ihnen das ganze Theatergebäude zur Verfügung stellen und den Austausch mit den Theaterleuten zu intensivieren. An Bessons Idee eines erneuerten Volkstheaters knüpft die heutige Theaterleitung unter Frank Castorf (seit 1992) an, wenn sie verkündet: »Die Volksbühne als antimuseales Theater ist offen für alles, was interessant ist, auch wenn es mit dem Theater direkt nicht zu tun hat: z. B. Rockmusik, Video, Tango […]

Sie ist für jeden da von ziemlich jung bis uralt, vom Obdachlosen bis zum Bundespräsidenten, und zwar gleichzeitig.«

»LIEBER PIS!«

Die Piscatorbühne am Nollendorfplatz

Wie so vieles existiert der Name »Metropol« infolge der langen Teilung der Metropole doppelt: Das **Metropol-Theater** im ehemaligen **Admiralspalast** (siehe S. 151 ff.) ist ein subventioniertes Operetten- und Musicaltheater, das **Metropol** am U-Bahnhof **Nollendorfplatz** eine Diskothek, in der auch Rock- und Jazzkonzerte stattfinden. Daß es einmal als Theater gebaut wurde, verraten die tanzenden Figuren und Masken an der Fassade. Leicht zu übersehen ist die Standard-Gedenktafel über einem Nebeneingang (Ecke **Motzstraße**), die dem Regisseur Erwin Piscator gewidmet ist.

Nach seinem Bruch mit der Volksbühne im Frühjahr 1927 eröffnete Piscator hier ein eigenes Theater. »Er bekam das Geld von einem Bierbrauer, der in einem Theater mit seinen schwer kontrollierbaren Einnahmen und Ausgaben eine Möglichkeit sah, die Steuerbehörden an der Nase herumzuführen«, schreibt Brecht im *Messingkauf* (1939/40). »Es waren mehr als eine Million Mark, was er für Experimente ausgab. Mit jedem Stück, das er aufführte, baute er das Theater, nicht nur die Bühne um.« In einem Vortrag *Über experimentelles Theater* (1939) berichtet Brecht, Piscators Einbauten seien so schwer gewesen, »daß man den Bühnenboden des Nollendorftheaters mit Eisen und Zementstreben unterbauen mußte, in der Kuppel wurde so viel Maschinerie aufgehängt, daß sie sich einmal senkte.«

Das 1905/06 gebaute »Neue Schauspielhaus am Nollen-

Die ehemalige Piscatorbühne am Nollendorfplatz

dorfplatz« war nur bedingt für Piscators Experimente geeignet. Es sollte die Zeit bis zur Fertigstellung eines »Totaltheaters« überbrücken, das Piscator und der Bauhausarchitekt Walter Gropius auf einem Grundstück am Halleschen Tor errichten wollten. In dem Neubau sollte die übliche Scheidung von Bühne und Zuschauerraum gänzlich aufgehoben sein. Ähnliches hatte schon Max Reinhardt vorgeschwebt, als er die Arena des Zirkus Schumann zum Großen Schauspielhaus (siehe S. 140 ff.) umbauen ließ. Gropius entwarf ein Theatergebäude, in dem das Spielgeschehen sich auf mehreren, teilweise beweglichen Bühnen rund um den Zuschauer entfalten sollte. Der Rundhorizont und die kuppelförmige Decke dienten als Projektionsflächen für Filme. Mit der komplizierten Technik sollte erreicht werden, »daß der Zuschauer mitten in das Geschehen hineingerissen wird, seinem Schauplatz räumlich zugehört und ihm nicht hinter den Vorhang entrinnen kann« (Walter Gropius). Brecht hat die veränderte Rolle des Zuschauers so beschrieben: »Für Piscator war das Theater ein Parlament, das Publikum eine gesetzgebende Körperschaft. Diesem Parlament wurden die großen, Entscheidung heischenden, öffentlichen Angelegenheiten plastisch vorgeführt [...] Die Bühne hatte den Ehrgeiz, ihr Parlament, das Publikum, instand zu setzen, auf Grund ihrer

Abbildungen, Statistiken, Parolen politische Entschlüsse zu fassen.« (*Über experimentelles Theater*, 1939).

Im Theater am Nollendorfplatz benutzte Piscator zunächst ein fahrbares Spielgerüst mit mehreren Ebenen und beweglichen Projektionswänden, um die Trennung von Bühne und Zuschauerraum aufzuheben. Am 3. September 1927 eröffnete er das Haus mit der Uraufführung von Ernst Tollers *Hoppla, wir leben!*. Das Stück handelt von einem Kämpfer der Novemberrevolution, der nach acht Jahren Irrenhaus in die Gegenwart des Jahres 1927 entlassen wird. Die grelle Zeitrevue wurde trotz kommunistischer Tendenz von der linksbürgerlichen Presse freundlich aufgenommen. Damit hatte sich die Piscatorbühne als führendes Haus für das politische Zeittheater etabliert.

Begonnen hatte Piscators Theaterlaufbahn im Frühjahr 1919 mit der Gründung des Proletarischen Theaters. Diese »Bühne der revolutionären Arbeiter Groß-Berlins« besaß kein eigenes Haus, sondern spielte in Schulaulen und Versammlungslokalen. Proletarische Organisationen übernahmen den Vertrieb der Karten. Unter ähnlichen Bedingungen wurden ein Jahrzehnt später Brechts kommunistische Lehrstücke *Die Mutter* und *Die Maßnahme* aufgeführt. Aus der Not, nicht auf einen großen Theaterapparat zurückgreifen zu können, sei das epische Theater entstanden, berichtet Piscator:

»Wie es bei diesen Aufführungen zuging, kann man aus folgendem Vorfall ersehen: John Heartfield, der die Herstellung des Prospektes zu ›Der Krüppel‹ übernommen hatte, lieferte, wie üblich, seine Arbeit zu spät und erschien, den zusammengerollten Prospekt unter dem Arm, an der Eingangstür des Saales, als wir bereits mitten im 1. Akt waren. Was nun folgte, hätte als Regie-Einfall von mir erscheinen können, war aber durchaus ungewollt. Heartfield: ›Halt, Erwin, halt! Ich bin da!‹ Erstaunt drehten sich alle nach dem kleinen Mann um, der da mit hochrotem Kopf hereingeplatzt war. Weiterzuspielen war nicht möglich, und so stand ich auf, meine Rolle als Krüppel einen Augenblick beiseite lassend, und rief hinunter: ›Wo hast du denn gesteckt? Wir haben beinahe eine halbe Stunde auf dich gewartet (zustimmendes Gemurmel im Publikum) und schließlich ohne deinen Prospekt angefangen.‹ – Heartfield: ›Du hast den Wagen nicht geschickt! Es ist deine Schuld. Ich bin durch die Straßen gerannt, keine Elektrische wollte mich mitnehmen, weil die Kulisse zu groß war. Schließlich erwischte ich doch noch eine und mußte mich hinten auf den Perron stellen, wo ich beinahe heruntergefallen wäre!‹ (Zunehmende Heiterkeit im Publikum.) – Ich unterbrach ihn: ›Sei ruhig, Johnny, wir müssen jetzt weiterspielen.‹ – Heartfield (in äußerster Erregung): ›Nein, erst muß die Kulisse aufgehängt werden!‹ Und da er keine Ruhe gab, wandte ich mich an das Publikum mit der Frage, was geschehen soll: ob wir weiterspielen oder erst den Prospekt aufhängen sollen. Die überwältigende Mehrheit entschied sich für das Aufhängen. Darauf ließen wir den Vorhang fallen, hängten den Prospekt auf und begannen zur allgemeinen Zufriedenheit das Stück von neuem. (Heute bezeichne ich John Heartfield als den Begründer des ›Epischen Theaters‹).«

In den zwanziger Jahren entwickelte Piscator eine neue Theaterform, bei der nicht mehr die Aktionen einzelner im Mittelpunkt standen, sondern die revolutionären Massen im Prozeß der Geschichte. Das machte brutale Eingriffe der Regie in die verfügbaren Stückvorlagen notwendig. Um dem Mangel an passenden Stücken für sein Theater abzuhelfen, gründete Piscator 1927 ein »dramaturgisches Kollektiv«. Neben Belá Balász, Becher, Döblin, Mehring, Mühsam, Toller und Tucholsky erklärte sich auch Brecht bereit, daran mitzuarbeiten. Er versuchte damals ein Stück mit dem Titel *Joe Fleischhacker* zu schreiben, das die Vorgänge an der Weizenbörse von Chicago durchleuchten sollte. Piscator kündigte es für die erste Spielzeit des Hauses am Nollendorfplatz an, es kam jedoch nie zur Aufführung.

Piscators Idee einer dem Theater verbundenen Autorengemeinschaft scheiterte bereits in den Anfängen. Als lange vor der ersten Premiere eine Pressenotiz erschien, in der es hieß, die genannten Autoren würden unter Leitung des Dramaturgen Felix Gasbarra mitarbeiten, reagierte Brecht wütend. »Er, der schon damals ein ständiger Gast am Nollendorfplatz war und aufmerksam alle unsere Vorbereitungen betrachtete, stelzte hinter der Bühne auf und ab und rief immer wieder: ›Mein Name ist eine Marke, und wer diese Marke benutzt, muß dafür zahlen!‹« (Piscator) Er sei bereit, unter der politischen Leitung Gasbarras, den er durchaus schätzte, zu arbeiten, verkündete Brecht, nicht aber unter der literarischen.

Dabei war nicht nur verletzte Autoreneitelkeit im Spiel. Brecht und Piscator waren sich einig in dem Ziel, das Theater zu revolutionieren, beschritten jedoch unterschiedliche Wege. Piscator brachte den technischen Apparat auf die Höhe der Zeit, stellte ihn in den Dienst der kommunistischen Propaganda und sah im Kollektiv die treibende Kraft des Theaters. Von Stückeschreibern und Schauspielern forderte er, die kommunistische Weltanschauung zu bebildern und zu verkörpern. Diese »Requirierung des Theaters für die Zwecke des Klassenkampfes«, kritisierte Brecht, sei aber bloß »etwas Provisorisches, das nicht weitergeführt, sondern nur durch eine wirklich revolutionierte Theaterkunst abgelöst« werden könne.

Die Theaterrevolution war nach seiner Meinung nicht allein mit technischen Neuerungen und Veränderungen der Organisation zu bewerkstelligen, sondern erforderte eine Erneuerung des Dramas und eine erneuerte Schauspielkunst. Beides lief darauf hinaus, den Zuschauer von der Bühnenaktion zu distanzieren. »Nicht nahe kommen sollten sich Zuschauer und Schauspieler, sondern entfernen sollten sie sich voneinander. Jeder sollte sich von sich selber entfernen. Sonst fällt der Schrecken weg, der zum Erkennen nötig ist«, schrieb Brecht 1929 in einem *Dialog über die Schauspielkunst.* Piscator strebte das Gegenteil an: Die revolutionäre Massenaktion auf der Bühne sollte die Zuschauer mitreißen. Sein Ziel war erreicht, wenn Theaterkollektiv und Publikum gemeinsam die Internationale anstimmten.

Trotz Meinungsverschiedenheiten hat Brecht in der ersten Spielzeit der Piscatorbühne an mehreren Stücken mitgearbeitet. Sein wichtigster Beitrag war die Dramatisierung des Romans *Die Abenteuer des braven Soldaten Schwejk* von Jaroslav Hašek (zusammen mit Piscator, Gasbarra und Leo Lania). Im Exil schrieb Brecht daran anknüpfend sein Stück *Schwejk im zweiten Weltkrieg*. Vor allem aber hat er bei Piscator, dem erfahreneren Regisseur, viel für die eigene Inszenierungspraxis gelernt: »Ich habe an allen seinen Experimenten teilgenommen, und es wurde kein einziges gemacht, das nicht den Zweck gehabt hätte, den Lehrwert der Bühne zu erhöhen. Es handelte sich direkt darum, die großen, zeitgenössischen Stoffkomplexe auf der Bühne zu bewältigen, die Kämpfe um das Petroleum, den Krieg, die Revolution, die Justiz, das Rasseproblem und so weiter.« (*Über experimentelles Theater*, 1939).

Piscators revolutionäres Privattheater war äußerst kostspielig und nur durch Serienerfolge finanzierbar. Das stand im Widerspruch zu seinem experimentellen Charakter und seiner Ausrichtung an einem proletarischen, wenig zahlungskräftigen Publikum. Wenige Mißerfolge genügten, um den Theaterleiter schon zum Ende der ersten Spielzeit in den Bankrott zu treiben. Die Konzession wurde daraufhin an eine Notgemeinschaft der Schauspieler übertragen. Das Kollektiv fand eine neue Spielstätte im (nicht mehr existierenden) **Wallner-Theater** in der Nähe des U-Bahnhofs Jannowitzbrücke. Dort fand am 12. 1. 1932 auch die erste geschlossene Aufführung von Brechts Stück *Die Mutter* statt.

1931 wurde Piscator vorübergehend ins Gefängnis gesteckt, weil er nicht in der Lage war, eine Steuernachforde-

rung der Stadt Berlin für das Jahr 1928 zu bezahlen. Im selben Jahr wanderte er nach Moskau aus, wo sich die Gelegenheit bot, Anna Seghers' Roman *Aufstand der Fischer von St. Barbara* zu verfilmen. Mitte der dreißiger Jahre ging er nach Amerika und gründete dort eine Theaterschule.
Während der Exilzeit hat sich Brecht regelmäßig in Briefen (»Lieber Pis!«) mit Piscator über Theater- und Filmprojekte ausgetauscht. Nach dem Krieg schlug er ihm vor, gemeinsam nach Berlin zurückzukehren: »Ich bekomme immerfort Bitten, die Aufführung von Stücken zu erlauben, habe aber bisher keine Aufführungen erlaubt. Die Stücke können nicht besetzt werden; was man über Aufführungsstile hört, ist zum Kotzen, und auf dem Theater ist ja schlecht nicht besser als nichts. Außerdem ist das Weiterwursteln für die Wurst unangenehm. Man müßte also dort sein. Nun habe ich immer, wenn ich von einem Besuch gesprochen habe, die Frage eines Besuchs von Dir gestellt, da ich mir einen erfolgreichen Kampf gegen Provinzialismus, leeren Emotionalismus usw. und für großes politisch reifes Theater ohne Dich schwer vorstellen kann.« An ein gemeinsames Theater dachte Brecht allerdings nicht. »Der Grund ist, daß wir zumindest zwei Punkte besetzen müssen, um unsere gemeinsamen Ideen zu etablieren; für einen Teil meiner Arbeiten für das Theater muß ich auch einen ganz bestimmten Darstellungsstil entwickeln, der sich von Deinem unterscheidet.« (Briefe vom Februar/März 1947)
Aus der gemeinsamen Rückkehr wurde nichts, und auch Brechts Werben um Piscator von Ostberlin aus blieb erfolglos. Erst nach Brechts Tod kehrte der fast Siebzigjährige in den Westteil der Stadt zurück. 1962 söhnte sich der Vorstand des wiedergegründeten Volksbühnenvereins mit Piscator aus und übertrug ihm die Leitung des **Theaters am Kurfürstendamm** (Nr. 209; vgl. S. 102). Dort sorgte er mit der Uraufführung von Rolf Hochhuths Stück *Der Stellvertreter* noch einmal für einen großen Berliner Theaterskandal. Ein Jahr später wurde er Hausherr des neu erbauten

Theaters der Freien Volksbühne in der **Schaperstraße 24**. Piscators letztem Berliner Theater – er starb 1966 – wurden in den neunziger Jahren die Subventionen gestrichen. Der Verein Freie Volksbühne löste das Ensemble auf und verpachtete das Haus an einen Musicalunternehmer.

»UND BEGRÜNDETEN EINEN NEUEN BRAUCH«

Die Neuköllner Karl-Marx-Schule

In der Literatur über Brecht wird immer wieder hervorgehoben, daß Brecht 1930/31 seine Schuloper *Der Jasager* nach einer Aufführung und Diskussionen mit Schülern der Neuköllner Karl-Marx-Schule teilweise abänderte und als Ergänzung das Stück *Der Neinsager* schrieb. Aber wo ist diese Schule eigentlich gewesen? Die Recherche ist ziemlich kompliziert, weil sie nur kurze Zeit den Namen »Karl-Marx-Schule« trug. 1921 wurde der Pädagoge Fritz Karsen zum Direktor des Kaiser-Friedrich-Realgymnasiums an der Kaiser-Friedrich-Straße 208-210 ernannt, das 1929 mit Billigung des preußischen Kultusministeriums den Namen »Karl-Marx-Schule« erhielt. Die Nationalsozialisten erstickten nach Hitlers Machtergreifung Karsens reformpädagogischen Ansatz, der Name wurde getilgt. Auch die Straße heißt heute anders, die Adresse des Gebäudes lautet jetzt **Sonnenallee 79**, und darin untergebracht ist die »Realschule und Progymnasium Rixdorf (Ernst-Abbe-Oberschule)«. Eine Gedenktafel an dem neogotischen Backsteinbau ehrt Fritz Karsen und »die von den Nationalsozialisten verfolgten Pädagogen«; den Namen »Karl-Marx-Schule« verschweigt sie.

Die Karl-Marx-Schule war Anfang der dreißiger Jahre als Versuchsschule über die Grenzen des Deutschen Reiches hinaus bekannt. An ihr entwickelte Fritz Karsen, unterstützt von linken Schulpolitikern, ein Zukunftsmodell für das Schulwesen der Weimarer Republik, das noch stark von der obrigkeitsstaatlichen Pädagogik der Kaiserzeit geprägt war. Die Schule der Demokratie sollte nach Karsens Vorstellungen eine Einheitsschule für alle Bevölkerungsschichten sein, sie sollte Arbeiterkindern dieselben Aufstiegschancen bieten wie Kindern der Intelligenz. Die Schüler sollten zu gemeinschaftlichem Arbeiten angeregt werden und mit über die Unterrichtsinhalte bestimmen. Die Karl-Marx-Schule war Vorläufer und Wegbereiter der Gesamtschulen, die seit den sechziger Jahren in Berlin errichtet wurden.

Das alte Gebäude war für die Schule, wie sie sich Karsen und fortschrittliche Bildungspolitiker der zwanziger Jahre erträumten, nur bedingt geeignet. 1927 entwickelte Fritz Karsen zusammen mit dem Architekten Bruno Taut Pläne für ein Schulgelände mit Kindergarten, Sportplatz und Schwimmhalle, auf dem 2500 Schüler unterrichtet werden sollten. Ihr Entwurf unterschied sich deutlich von den überkommenen »Schulkasernen« der Kaiserzeit: Taut und Karsen entwarfen ein Parkgelände mit Flachbauten, angelehnt an die Ästhetik von Tauts berühmter Hufeisensiedlung in Britz. Zur Erprobung wurde ein Pavillon für eine Versuchsklasse gebaut. Dabei blieb es: Erst verzögerte die Weltwirtschaftskrise den Bau, dann kam Hitler. Wie Brecht flohen Karsen und Taut ins Exil.

Zu den neuen Unterrichtsformen der Karl-Marx-Schule gehörten Projekttage, Studienfahrten und theatralisch-musikalische Schulaufführungen. So erarbeitete beispielsweise eine Sexta das Thema »Verkehr in der Großstadt« und entwickelte daraus ein Spiel nach Kästners Roman *Emil und die Detektive*. Brecht nahm mit einigen Schauspielern an einer Aufführung von *Mann ist Mann* durch die Theatergruppe der Schule teil.

Die Initiative zur Aufführung von Brechts *Jasager* ging vermutlich von dem Lehrer Paul Hermann aus. Er stellte den

Schülern das Stück vor, in dem ein Kranker geopfert wird, um der Reisegesellschaft, der er sich angeschlossen hat, das Fortkommen zu ermöglichen. Die Schüler kritisierten diesen Verlauf der Geschichte, insbesondere die fehlende Solidarität der Gemeinschaft gegenüber dem einzelnen. Brecht empfing eine Delegation der Schule in seiner Wohnung in der Hardenbergstraße und bat darum, ihn über die Diskussionen durch Protokolle auf dem laufenden zu halten. Er nahm sie in Auszügen in das *Versuche*-Heft mit dem Erstdruck des überarbeiteten *Jasagers* auf. Im *Neinsager* entwarf er dann eine Lösung des Konflikts zwischen dem einzelnen und dem Kollektiv, die den Wünschen der Schüler entgegenkam:

So nahmen die Freunde den Freund
Und begründeten einen neuen Brauch
Und ein neues Gesetz
Und brachten den Knaben zurück.
Seit an Seit gingen sie zusammengedrängt
Entgegen der Schmähung
Entgegen dem Gelächter mit offenen Augen
Keiner feiger als sein Nachbar.

»AM DEUTSCHEN THEATER HABEN DIE KÜNSTLER ENORME PRIVILEGIEN, WAS DIE VERKÖSTIGUNG BETRIFFT.«

Schumannstraße 13a: Deutsches Theater, Kammerspiele, Junge Bühne – Anfänge des Berliner Ensembles

Das Haus des **Deutschen Theaters** (**Schumannstraße 13a**) diente drei Jahrzehnte lang als Operettentheater, ehe es der Bühnenschriftsteller Adolph L'Arronge kaufte, um es zur künstlerisch führenden Bühne der preußischen Hauptstadt zu machen. 1883 mit Schillers *Kabale und Liebe* eröffnet, wurde es schnell wegen seines Ensemblespiels berühmt. Mit mustergültigen Klassikeraufführungen deklassierte es das Viruosentum am bis dahin tonangebenden Hoftheater am Gendarmenmarkt (S. 105 ff.). 1894 übertrug L'Arronge die Leitung an Otto Brahm, der die Autoren des Naturalismus, vor allem Gerhart Hauptmann, auf dem Theater durchsetzte. Brahm verzichtete in seinen Inszenierungen auf alle billigen Schaueffekte und entwickelte erstmals eine streng am Ideengehalt der Stücke ausgerichtete Regie.

In der Grünanlage vor dem Deutschen Theater steht seit 1950 die Bronzebüste Otto Brahms neben dem Porträt seines berühmteren Nachfolgers Max Reinhardt. So wie Brahm auf der Arbeit von L'Arronge aufgebaut und das Deutsche Theater für neue Zeitströmungen geöffnet hat, entwickelte Reinhardt das Brahmsche Regietheater weiter. Nach einer zehnjährigen Lehrzeit als Schauspieler am Deutschen Theater machte er sich zunächst am Theater am Schiffbauerdamm selbständig. 1906 trat er die Nachfolge Brahms am Deutschen Theater an. Seine unerschöpfliche Phantasie hat ihm den Nimbus des großen Theaterzauberers verliehen, der über ein Riesenreich regiert: Er bespielte zwischen 1902 und 1933 insgesamt dreizehn Theater in Berlin (und neun in Wien!). Auf seine Initiative geht der Umbau eines Casinogebäudes neben dem Deutschen Theater zu den **Kammerspielen** (1906) zurück. Zu Zeiten der kaiserlichen Theaterzensur konnte Reinhardt dort in geschlossenen Vorstellungen Stücke moderner Autoren wie Schnitzler und Strindberg spielen, deren Werke für das große Haus nicht freigegeben wurden.

Wegen seiner jüdischen Herkunft ging der eher unpolitische Reinhardt 1933 ins Exil. Als er in New York starb, erschienen überall auf der Welt Nachrufe, außer in Deutschland. Der von den Nazis eingesetzte Heinz Hilpert versuchte das Theater, soweit das möglich war, in Reinhardts Sinne weiterzuführen. Es heißt, der zuständige Reichspropagandaminister Goebbels habe das Haus »ein KZ auf Abruf« genannt. Nach dem Krieg versuchten die Berliner, Max Reinhardt wenigstens symbolisch zurückzuholen. Sein Theater spielte seit 1946 unter dem offiziellen Namen »Max Reinhardts Deutsches Theater«. Bereits 1946 wurde die Karlstraße in **Reinhardtstraße** umbenannt.

Anfang der zwanziger Jahre bemühte sich Brecht, am Deutschen Theater bei Reinhardt hospitieren zu dürfen. Am 11. Dezember 1921 war es soweit: »Jetzt kann ich zu den ›Traumspiel‹-Proben. Sie dauern von 1/2 11 – ? Um 4 Uhr gehe ich. Dabei spielt Klöpfer den Juristen und macht etwas Ungeheures daraus.« Einen Tag später heißt es im Tagebuch: »Ich bin in der letzten ›Traumspiel‹-Probe und entdecke endlich die Grundfehler, die mich gequält haben, aber ich war durch die Glätte der Bilder lahmgelegt. Es ist kein Traum. Müßte schief sein, verquollen, zerknäult, schrecklich, ein Alpdruck mit Lieblichem, der Alpdruck eines göttlichen Wesens. Und ist etwas für die Rechtdenkenden, ohne Kurve. Ich trottete müde heim.«

Strindberg gehörte zu den vielgespielten Lieblingsautoren Max Reinhardts. Die Premiere des *Traumspiels* fand am 13. Dezember 1921 im Deutschen Theater statt. Demnach kann Brecht bloß die letzten beiden Proben gesehen haben. Im Widerspruch dazu steht eine Arbeitsnotiz vom 1. November 1943: »Max Reinhardt gestorben in New York. Sah in Berlin anfangs der zwanziger Jahre beinahe alle Proben zum »Traumspiel« im Deutschen Theater. Die Stilelemente bei ihm alterten so rasch wie bei andern in unserer Epoche, die einen klaffenden Gegensatz zwischen Kunst und Leben hat, so daß im Leben wenig Kunst, in der Kunst wenig Leben ist. Kunst ist da nichts Natürliches, wo Leben etwas Künstliches ist.«

In beiden Notizen Brechts kommt der grundsätzliche Unterschied zwischen seiner eigenen Theaterauffassung und derjenigen Reinhardts zur Sprache. Reinhardt strebte nach Harmonie auf der Bühne, er versuchte die Widersprüche der Wirklichkeit in einer schönen Illusion aufzuheben. Das war es, was Brecht als »Glätte« und »Grundfehler« mißfiel. Er wollte die Illusion zerstören und dem Publikum das Häßliche in seiner ganzen Häßlichkeit gegenüberstellen – so, daß es die Ursachen seiner Häßlichkeit begriff.

Hätte Brecht mehr Erfahrung in der Arbeit mit Schauspielern besessen, hätte er vielleicht Anfang 1922 als Regisseur am Deutschen Theater debütiert. Zwar nicht mit dem Ensemble des Hauses, aber im Rahmen eines Gastspiels der **Jungen Bühne**. Das war ein sogenanntes Mittagstheater, eine Truppe ohne eigenes Haus, die Sonntagsmatineen in anderen Theatern veranstaltete. Alle Beteiligten arbeiteten umsonst, aber mit Leidenschaft, da hier neue Stücke ausprobiert werden konnten, die an den großen Häusern (noch) keine Chance hatten. Der Leiter der Jungen Bühne, Moriz Seeler, beauftragte Brecht damit, das Stück *Vatermord* von Arnolt Bronnen zu inszenieren. Als Schauspieler stellten sich Heinrich George und Agnes Straub zur Verfügung. Dem Autor Bronnen bot sich während der Proben ein wenig erfreuliches Schauspiel:

»Ich saß neben Brecht im dunklen, leeren Zuschauerraum und erschauerte, wenn da oben der gerade höchsten Ruhmes-Gipfeln zujagende George stand und meine Worte sprach. Doch Brecht trieb den keuchenden japsenden Koloß von der Rampe, zerhackte unerbittlich jedes nur expressiv herausgeschleuderte, aber nicht vorgedachte, vorartikulierte Wort. Bei Straub deckte er hartnäckig jede falsche Nuance auf, er verekelte sie sich und mir. Das ging so von Probe zu Probe, und bei jeder Probe waren sich die Beteiligten einig, daß es die letzte gewesen wäre. Und doch kam es so weit, daß Seeler die Premiere ankündigen konnte, einmal, dann wurde verschoben, dann noch einmal, aber dann war es endgültig aus. In einem letzten großen Tumult wirbelte George seine Rolle von der Bühne bis in die fünfzehnte Reihe hinunter, und die Straub ging mit Weinkrämpfen ab. Brecht gratulierte mit jenem Sarkasmus, der immer einen Triumph bei ihm verschleierte: ›Mit denen wäre es nie was geworden.‹«

Der Regisseur Berthold Viertel – Brecht holte ihn Jahre später ans Berliner Ensemble – rettete das Projekt und brachte den *Vatermord* mit Alexander Granach und Elisabeth Bergner am 14. Mai 1922 im Deutschen Theater heraus. Dort war man inzwischen gewarnt vor Brecht und hütete sich, ihm Regiearbeiten anzuvertrauen. Für die Berliner Erstaufführung von *Trommeln in der Nacht* wurde Otto Falckenberg herangezogen, der schon für die Uraufführung in München verantwortlich war. Am 20. Dezember 1922 war das Stück zum ersten Mal am Deutschen Theater zu sehen. Ein böser Verriß Alfred Kerrs und das Lob Herbert Iherings machten die Berliner Öffentlichkeit auf den jungen Dramatiker aufmerksam. Ein Publikumserfolg war die Inszenierung nicht; so zögerte die Theaterleitung, eine im Oktober getroffene Vereinbarung einzulösen, nach der »die gesamte Produktion Brechts« auf den Reinhardtbühnen zur Aufführung gebracht werden sollte.

Mehr Glück hatte Brecht in München, wo er Erich Engel kennenlernte, einen Regisseur, der ähnliche Vorstellungen von einem erneuerten Theater hatte wie Brecht. Max Reinhardt holte Engel Ende 1923 als künstlerischen Leiter des Deutschen Theaters und der Kammerspiele nach Berlin. Eine der ersten Amtshandlungen Engels bestand darin, Brecht und Carl Zuckmayer als Dramaturgen anzustellen. Ihr Auskommen war für ein Jahr gesichert. Das war ausschlaggebend für Brechts endgültige Übersiedlung nach Berlin im Herbst 1924.

»Er erschien von Zeit zu Zeit im Theater und verlangte volle Machtübernahme, vor allem die Umbenennung des ›Deutschen Theaters‹ in ›Episches Rauch-Theater‹ und Umstellung des gesamten Betriebs auf seine Produktion. Er hatte damals zeitweise die Theorie, die Leute sollten im Theater, wie in einem Varieté, rauchen und trinken können, um nicht in eine, in seinem Betracht falsche, Spannung oder ›Stimmung‹ zu kommen, sondern ihre Aufmerksamkeit, wie im Sportpalast oder Wintergarten, auf die einzelnen Runden und Nummern des episch gegliederten Ablaufs konzentrieren.

Wenn man ihm das alles verweigerte und ihm auch keine Shakespeare-Inszenierung anvertraute, ging er weg und beschränkte sich darauf, seine Gage abzuholen.«

Ganz so untätig, wie Carl Zuckmayer es in seiner Autobiographie behauptet, ist Brecht wohl doch nicht gewesen. Zumindest die Proben dürfte er häufig besucht haben. Erich Engel inszenierte 1924 *Im Dickicht der Städte* mit Fritz Kortner als Shlink am Deutschen Theater. Anfang 1925 wandten Brecht und Engel die von Zuckmayer angedeutete Theorie des epischen Theaters auf Shakespeares *Coriolan* an. Seine Bearbeitung einer schon vorhandenen Dramatisierung des Romans *Die Kameliendame* fiel durch und kam das Theater teuer zu stehen. Nach einem Jahr wurde sein Dramaturgenvertrag nicht verlängert.

Vier Jahre nach dem ersten gescheiterten Versuch konnte Brecht schließlich doch sein Regietalent am Deutschen Theater beweisen. Als Gastspiel der **Jungen Bühne** wurde

Aufführung von »Im Dickicht der Städte« am Deutschen Theater mit Fritz Kortner (Premiere: 29. 10. 1923)

am 14. Februar 1926 der *Lebenslauf des Mannes Baal* gezeigt. Trotz Tumulten im überfüllten Saal scheint es eine respektable Aufführung gewesen zu sein.

Wenig später trennte sich Brecht im Unfrieden von der Jungen Bühne, und er scheint sich auch keine Hoffnungen mehr gemacht zu haben, mit dem Deutschen Theater zusammenzuarbeiten. Er suchte nun die Konfrontation mit der »Berliner Theaterbourgeoisie«, als deren »gefährlichstes und korrumpiertestes Unternehmen« er die Junge Bühne bezeichnete (An Emil Hesse-Burri, 9. April 1927). Ihre Bemühungen, so Brecht, schadeten der Nachwuchsdramatik, da sie keine überzeugenden Aufführungen zustande bringe und damit nur dem Vorurteil Nahrung gebe, moderne Stücke seien unspielbar: »Heute ist der Produktion mit keiner noch so guten Theateraufführung mehr geholfen, die nicht die unmittelbare Revolutionierung des herrschenden Theaterstils zum Hauptzweck hat.« (*Junge Bühne – Sozialrevolutionäre*, 1928/29) Brecht suchte nun den Kontakt zu Erwin Piscator, der an der **Volksbühne** und im **Theater am Nollendorfplatz** einen radikal anderen Theaterstil entwickelte (siehe S. 110-126).

Eine Revolutionierung des Theaterstils in Deutschland erschien Brecht nach dem Zweiten Weltkrieg notwendiger denn je. Zwar änderten sich nach 1945 die Spielpläne, aber die Spielweise blieb im großen und ganzen dieselbe. Publikum und Kritik hatten sich daran gewöhnt, ein Umstand, auf den Brecht Rücksicht nehmen mußte, wenn er Veränderungen bewirken wollte: »Das Poetische war ins Deklamatorische entartet, das Artistische ins Künstliche, Trumpf war Äußerlichkeit und falsche Innigkeit. Anstatt des Beispielhaften gab es das Repräsentative, anstatt der Leidenschaft das Temperament. Eine ganze Generation von Schauspielern war ausgewählt nach falschen Gesichtspunkten, ausgebildet nach falschen Doktrinen.« (*Rede auf dem Kulturkongreß in Leipzig*, 1951)
In den zwanziger Jahren hatte Brecht gelernt, daß es zum Schaden seiner Stücke war, wenn sie in Unkenntnis seiner Absichten aufgeführt wurden. Er war daher nach dem Krieg sehr zurückhaltend mit dem Erteilen von Aufführungsgenehmigungen. Um so gelegener kam ihm die Einladung von Wolfgang Langhoff, seit 1946 Intendant des Deutschen Theaters, eine Aufführung in seinem Sinne zu realisieren, um dem Berliner Publikum einen authentischen Eindruck von seiner Theaterästhetik zu geben.
Langhoff hatte zum 30. Januar 1948 eine eigene Inszenierung von *Furcht und Elend des Dritten Reiches* herausgebracht, die nur sehr wenig mit den Vorstellungen des Autors zu tun hatte. Brecht äußerte sich ziemlich vernichtend über das künstlerische Niveau des Deutschen Theaters. Am Tag nach seiner Wiederankunft in Berlin war er zur Premiere eine Stücks von Julius Hay eingeladen; anschließend notierte er: »Miserable Aufführung, hysterisch verkrampft, völlig unrealistisch.« (*Journale*, 23. Oktober 1948)

Mutter Courage zieht ihren Wagen über die Bühne des Deutschen Theaters

Im Ensemble des Deutschen Theaters suchte er nach jungen Kräften, die noch in seinem Sinne formbar waren. Trotzdem kam er um einige ältere Schauspieler nicht herum, mit denen er erwartungsgemäß Schwierigkeiten hatte. Als Vermittler zwischen seinen Vorstellungen und der Theaterrealität von 1948 stand ihm Erich Engel zur Seite. Mit diesem Regisseur hatte Brecht in den zwanziger Jahren am engsten zusammengearbeitet. Obwohl er Marxist und Halbjude war, hatte Engel die Nazizeit in Deutschland überlebt. Wegen politischer Anfeindungen verließ er 1948 die Münchner Kammerspiele und wechselte nach Berlin.

Daß der Neuanfang am Deutschen Theater nach dem Krieg ein Riesenerfolg wurde, verdankte Brecht vor allem Helene Weigel. Mit ihr stand eine Hauptdarstellerin zur Verfügung, die Brechts Intentionen umsetzen konnte und deren Schauspielkunst durch das lange Exil wunderbarerweise nicht gelitten hatte. Zur Premiere der *Mutter Courage* am 11. Januar 1949 schrieb ihr Brecht ein Gedicht, das alles beinhaltet, was ihm daran wichtig war:

Und jetzt trete in der leichten Weise
Auf der Trümmerstadt alte Bühne
Voll der Geduld und auch unerbittlich
Das Richtige zeigend.

Das Törichte mit Weisheit
Den Haß mit Freundlichkeit
Am gestürzten Haus
Die falsche Bauformel

Aber den Unbelehrbaren zeige
Mit kleiner Hoffnung
Dein gutes Gesicht.

Der Riesenerfolg der *Courage*-Aufführung ebnete Brecht den Weg zur Gründung eines eigenen Ensembles. Im Frühjahr 1949 wies das Politbüro der SED die zuständigen Regierungsstellen an, die notwendigen Mittel zur Verfügung zu stellen. Dazu gehörten auch kostbare Devisen, denn Brecht wollte bedeutende exilierte Schauspieler wie Peter Lorre nach Berlin holen und mit jungen Nachwuchsschauspielern zusammenbringen. Daß dieses Konzept einer Modellbühne für ganz Deutschland nicht aufging, war eine Folge des Kalten Krieges: Die ideologische Konfrontation zwang die Künstler, sich für Ost- oder Westdeutschland zu entscheiden; wer sich auch nur zeitweise beim politischen Gegner engagierte, machte sich verdächtig.
Schon in der Gründungsphase stieß Brecht in Ostberlin auf Widerstände, da er nie ein lupenreiner Kommunist gewesen war und seine Theaterauffassung mit den herrschenden Theorien des sozialistischen Realismus nicht recht in Übereinstimmung zu bringen war. Zu denen, die ideologische

Hindernisse überwinden halfen, gehörte der kunstverständige sowjetische Kulturoffizier Alexander Dymschitz. »Wer wird helfen?« schrieb Brecht besorgt an die Weigel, als er im März 1949 hörte, sein Vertrauensmann in der sowjetischen Militärverwaltung werde aus Berlin abberufen.
Helene Weigel leistete die gesamte organisatorische Arbeit, die zum Aufbau eines eigenen Ensembles notwendig war. Brecht vertraute ihr diese Aufgabe an, da er sich auf die künstlerische Arbeit konzentrieren wollte und das Organisationstalent seiner Frau aus den Exiljahren kannte. Sie leitete das Ensemble bis 1971 und hat an seinem Ruhm nicht minder großen Anteil als Brecht.
Das »Helene-Weigel-Ensemble«, wie es anfangs genannt wurde, verfügte in den ersten Jahren über keine eigene Spielstätte. Es war organisatorisch selbständig, genoß aber Gastrecht am Deutschen Theater. Das führte zwangsläufig zu einer Konkurrenzsituation, zumal die Ressourcen – Probenzeiten, Werkstättenkapazitäten, Geld – sehr knapp waren. Besonders dramatisch war der Mangel an erstklassigen Schauspielern, bedingt durch die ständige Abwanderung nach Westen. Der Kampf des Ensembles um Produktionsmittel und gegen staatliche Sparauflagen setzte sich auch nach 1954 fort, als das Brecht-Weigel-Ensemble sein eigenes Haus am Schiffbauerdamm bekam. Brecht und die Weigel waren dabei nicht gerade rücksichtsvoll, da sie von der Arbeit an anderen Theatern nicht viel hielten.

Die erste Aufführung des Berliner Ensembles fand am 12. November 1949, einen Monat nach Gründung der DDR, statt. Wie schon bei der *Courage*-Aufführung handelte es sich um eine Inszenierung, die in Brechts Augen allenfalls andeutete, wie ein zukünftiges Theater aussehen könnte. Nach dem Premierenabend im Deutschen Theater notierte er:

»Die Puntilapremiere gestern abend ging mit Gelächter und vielen Vorhängen vor sich. Die Mittelloge haben die Russen der neuen Regierung überlassen, die sich an Gelächter und Beifall beteiligte. Das **Berliner Ensemble** – wir ließen als ständiges Theaterzeichen die Friedenstaube des Picasso auf den Vorhang des Deutschen Theaters nähen – stellt eine riesige Leistung der Weigel dar, die die Mittel beschaffte, ein Bürogebäude mit Probebühne ausbaute, Pässe, Wohnungen und (in der Zone) Möbel für die Wohnungen der Schauspieler besorgte, dazu Sonderessen für das ganze Personal – unbeschreibliche Anstrengungen in der Ruinenstadt.

Die Spielweise wird in den Zeitungen durchaus akzeptiert (›Wenn das episches Theater ist, schön‹). Aber es ist natürlich nur so viel episches Theater, als heute akzeptiert (und geboten) werden kann. Gewisse Verfremdungen stammen aus dem Zeughaus der Komödie, das 2000 Jahre alt ist. [...] Aber wann wird es das echte, radikale epische Theater geben?« (*Journale*, 13. November 1949).

»THEATER DES NEUEN ZEITALTERS«

Grosses Schauspielhaus und Theater am Schiffbauerdamm / Berliner Ensemble

Der Eckturm des Theaters am Schiffbauerdamm mit dem aufgesetzten kreisrunden Signet des Berliner Ensembles ist weithin sichtbar, vom Bahnhof Friedrichstraße so gut wie von der Museumsinsel oder der Reinhardtstraße. Das war nicht immer so. Als es 1892 eröffnet wurde, stand das Theater eingezwängt zwischen anderen Gebäuden. Den großzügigen Theatervorplatz mit dem Brecht-Denkmal (S. 253 ff.) verdankt es einer Fliegerbombe, die im Zweiten Weltkrieg ein Hotel zertrümmerte. Noch Anfang der achtziger Jahre nahm sich das Brecht-Theater zierlich aus neben dem riesigen **Friedrichstadtpalast**, der die heutige Lücke zwischen Bertolt-Brecht-Platz und Reinhardtstraße ausfüllte. Das Revuetheater mußte wegen Baufälligkeit abgerissen werden und wurde 1984 durch den Neubau an der **Friedrichstraße 107** ersetzt. Derzeit dient den Mitarbeitern des Berliner Ensembles die riesige Brache neben ihrem Theater als Parkplatz. Nur zwei Straßennamen halten die Erinnerung an eines der kühnsten Theaterexperimente des Jahrhunderts wach: **Am Zirkus** und **Reinhardtstraße**.

Im Jahr 1867 als Markthalle eröffnet, diente der spätere Friedrichstadtpalast bis zum Ersten Weltkrieg als wetterfeste Zirkusarena. Dann erwarb Max Reinhardt die Halle, um seinen Traum von einem großen Volkstheater nach griechischem Vorbild zu verwirklichen. Schon 1910 und 1911 hatte er im Zirkus Sophokles' *Ödipus*, Aischylos' *Orestie* und Hofmannsthals *Jedermann* inszeniert. Nach dem Weltkrieg baute der Architekt Hans Poelzig die Arena für Reinhardt zum **Großen Schauspielhaus** mit 3000 Plätzen um. Wegen seiner schallschluckenden Zapfen unter der Riesenkuppel wurde es unter dem Namen »Tropfsteinhöhle« berühmt.

Das neue Haus sollte »Massen in sich aufnehmen, die bisher im Theater fremd gewesen waren, die Empfänglichen aus allen Kreisen und Wirtschaftsschichten in sich vereinen. Und – hier berührt sich der soziale Grundgedanke mit dem künstlerischen – diesen Zuschauermassen [...] mußte auch die Möglichkeit der Aktivität gegeben werden.« So steht es in der Festschrift, die 1920 von Reinhardts Dramaturgen vom Deutschen Theater zur Eröffnung herausgegeben wurde. Mit ganz ähnlichen Intentionen forderten Brecht und Piscator Mitte der zwanziger Jahre eine Revolutionierung des Theaters. Brecht, der seinerzeit heftig gegen das bürgerliche Theater polemisierte, dessen bedeutendster Exponent Reinhardt war, hat später Reinhardts Verdienste anerkannt:
»Die Barriere zwischen Bühne und Zuschauer wurde niedergerissen. In Reinhardts ›Danton‹-Aufführung im Großen Schauspielhaus saßen im Zuschauerraum Schauspieler. [...] Drehbühne und Kuppelhorizont wurden erfunden, und das Licht wurde entdeckt. Der Scheinwerfer gestattete großzügige Illuminierung. Eine ganze Lichtklaviatur erlaubte es, ›Rembrandtsche Stimmungen‹ hervorzuzaubern. Man könnte in der Theatergeschichte gewisse Lichteffekte die ›Reinhardtschen‹ nennen, wie man in der Geschichte der Medizin eine bestimmte Herzoperation die ›Trendelenburgsche‹ nennt.« (*Über experimentelles Theater*, 1939)
Brechts frühe Tagebücher belegen, daß er sich von den szenischen Möglichkeiten des Großen Schauspielhauses als Dramatiker herausgefordert fühlte: »Drei Stücke für das Große Schauspielhaus: 1. Die geldjagende Menschheit 2. Das kalte Chicago 3. Der Wald.« (3. Dezember 1921) Das letztgenannte Stück hat er tatsächlich geschrieben, es erhielt später den Titel *Im Dickicht der Städte*. Ein weiteres Stück über den katharigschen Feldherrn *Hannibal* blieb unvollendet. Aus Brechts Tagebuch geht hervor, daß er den Jahreswechsel 1921/22 in dem noch zu erobernden größten Theater der Stadt feierte: »Mit Marianne und Warschauers

Der heutige Bertolt-Brecht-Platz, 1933. Links neben dem Hotel das Theater am Schiffbauerdamm, rechts dahinter das Große Schauspielhaus

im Großen Schauspielhaus: ›Orpheus‹. Dann Souper, Champagner, Rauchen, Bleigießen. So schließt das Jahr ab.« (*Journale*, 31. Dezember 1921)
Reinhardt scheiterte mit seiner Vision eines neuen Volkstheaters: Er machte Verluste, weil die Massen, die er ins Theater holen wollte, in den Jahren nach dem Ersten Weltkrieg verarmten. Überdies hatte er die Presse gegen sich. Konservative Theaterkritiker mochten sich mit dem Riesenhaus nicht anfreunden, progressive fanden Reinhardts Inszenierungen nicht radikal genug für die neue Zeit.
Der Kabarettist Otto Reutter lästerte:

Man baut jetzt ein Theater,
Fünftausend gehen rin.
Man kann nischt hör'n noch sehen
In solchem Raume drin.
Doch dem Direktor, dem gelingt's.

Er denkt bei sich: Die Masse bringt's.
Berlin ist ja so groß – so groß – so groß –
Kommt jeder einmal her
Und sieht, daß er nischt sehen kann,
Dann bin ich Millionär.

1923 gab Reinhardt auf. Im Großen Schauspielhaus wurden von da an vor allem Ausstattungsrevuen für den Massengeschmack aufgeführt. Kommunistische Organisationen mieteten die Halle gelegentlich für Kundgebungen an. Am 12. Juni 1925 inszenierte Erwin Piscator, unterstützt von John Heartfield und Ernst Toller, mit professionellen Schauspielern und Laiendarstellungen eine riesige Agitproprevue zum X. Parteitag der KPD: »Trotz alledem!«, ein Bilderbogen aus der Geschichte der kommunistischen Bewegung. Glaubt man dem kommunistischen Parteiorgan *Rote Fahne*, dann ging an diesem Abend Reinhardts Traum vom Volkstheater in Erfüllung: »Die Masse begann mitzuspielen [...] Das Theater war für sie zur Wirklichkeit geworden, und sehr bald war es nicht mehr: Bühne gegen Zuschauerraum, sondern ein einziger großer Zuschauerraum, ein einziges Schlachtfeld, eine einzige Demonstration.«
Kommunistische Organisationen haben auch eine Brecht-Aufführung im Großen Schauspielhaus ermöglicht: Am 10. Dezember 1930 wurde die Aufführung des Lehrstücks *Die Maßnahme* hier wiederholt.
Nach dem Zweiten Weltkrieg wurde die Tradition der Ausstattungsrevuen im Friedrichstadtpalast weitergeführt, bereichert durch Premieren kulturpolitisch wichtiger DEFA-Filme und Kundgebungen der SED. So feierte die Partei 1966 hier ihren zwanzigsten Geburtstag mit einem Festprogramm unter dem Brecht-Motto: »Vorwärts und nicht vergessen!«

Mit dem **Theater am Schiffbauerdamm** wird der Name Max Reinhardts kaum noch in Verbindung gebracht. Dabei hat es für ihn eine ähnliche Rolle gespielt wie ein Vierteljahrhundert später für Brecht: Beide hatten hier ihre ersten große Publikumserfolge. Schon vor Reinhardt verzeichnet die Chronik des Hauses ein theatergeschichtlich bedeutsames Ereignis, die Uraufführung von Hauptmanns *Die Weber* am 26. Februar 1893. Zehn Jahre später übernahm Max Reinhardt die Leitung. Mit seinem Regietalent und seinem vorzüglichem Ensemble spielte er das Deutsche Theater, an dem er vorher als Schauspieler engagiert war, an die Wand. Reinhardt ließ die Drehbühne einbauen, die später ein wichtiges Inszenierungsmittel Brechts werden sollte. Am 31. Januar 1905 brachte Reinhardt am Schiffbauerdamm seinen ersten *Sommernachtstraum* heraus. Ein täuschend echter Wald drehte sich vor den Augen der Zuschauer, verzaubert von Wohlgerüchen, raffinierten Lichtstimmungen und Musik. Das war der Gipfel des kulinarischen Theaters, gegen das Brecht in den zwanziger Jahren zu Felde zog.

1906 verließen Reinhardt und sein Ensemble das Schiffbauerdammtheater in Richtung Deutsches Theater. Am Schiffbauerdamm wurden fortan Unterhaltungsstücke und Operetten gespielt. Nichts Bedeutendes, mit einer Ausnahme: der Uraufführung von Carl Zuckmayers Lustspiel *Der fröhliche Weinberg* (1925). Im Jahr 1928 übernahm Ernst Josef Aufricht, ein Neuling im Theatergeschäft, das Haus. Auf der verzweifelten Suche nach einem passenden Stück für die Eröffnung stieß er auf Brecht. Der bot eher beiläufig eine Bearbeitung der *Beggar's Opera* von John Gay an, die Elisabeth Hauptmann gerade übersetzt hatte. Im Eiltempo machten Brecht, Hauptmann und der Komponist daraus die *Dreigroschenoper*. Sie kam nach chaotischen Proben am 31. August 1928 zur Uraufführung. Ein Premierengast, Elias Canetti, erinnert sich:

Zuschauerraum des Theaters am Schiffbauerdamm

»Es war eine raffinierte Aufführung, kalt berechnet. Es war der genaueste Ausdruck dieses Berlin. Die Leute jubelten *sich* zu, das waren sie selbst und sie gefielen sich. Erst kam *ihr* Fressen, dann kam ihre Moral, besser hätte es keiner von ihnen sagen können, das nahmen sie wörtlich. Jetzt war es gesagt, keine Sau hätte sich wohler fühlen können.«

Das Stück lief fast ein Jahr lang am Schiffbauerdamm, es machte Brecht reich und weltberühmt. Er übersah nicht, daß der Erfolg auf einer Rezeption beruhte, die seinen Intentionen als Dramatiker zuwiderlief: Das bürgerliche Publikum amüsierte und identifizierte sich mit der Bettlerwelt, statt über sein Spiegelbild zu erschrecken und sich zu ändern. Als ihm die Nero-Film-AG eine Verfilmung anbot, verschärfte Brecht die kapitalismuskritische Tendenz des Stoffes, mit der Folge, daß die Firma sein Drehbuch ablehnte und den Stoff ohne ihn verfilmte. Brecht prozessierte dagegen, erreichte jedoch nur eine finanzielle Entschädigung. Der Film des Regisseurs G. W. Pabst kam am 19. Februar 1931 im Kino »Atrium« (**Kaiserallee 178**, heute

Bundesallee/Ecke **Berliner Straße**; zerstört) zur Uraufführung.
Der einzigartige Erfolg der *Dreigroschenoper* ließ sich nicht wiederholen, trotz einiger respektabler Aufführungen und Skandale am Schiffbauerdamm: Das folgende Stück *Giftgas über Berlin* von Peter Martin Lampel wurde vom Polizeipräsidenten verboten, nachdem ihn Kommunisten in einer Probevorstellung beschimpft hatten. Brecht bearbeitete und inszenierte Marieluise Fleißers Stück *Pioniere in Ingolstadt*, das auch verboten worden wäre, hätte man nicht einige anstößige Szenen gestrichen. Mit Elisabeth Hauptmann und Kurt Weill versuchte er, ans Erfolgsrezept der *Dreigroschenoper* anzuknüpfen, aber *Happy End* (1929) fiel beim Publikum durch. Die Wirtschaftskrise machte sich bemerkbar, sie zwang den Theaterunternehmer Aufricht nach drei Spielzeiten zur Aufgabe.
Schwänke, Lustspiele und Operetten füllten das Theater in der Nazizeit. Von 1946 bis 1953 bespielte es Fritz Wisten, der dann mit seinem Ensemble in die wiederaufgebaute Volksbühne zog. Seit seiner Rückkehr nach Berlin im Oktober 1948 hat Brecht darum gekämpft, an den Ort seines größten Vorkriegserfolges zurückkehren zu dürfen. Beinahe hätte das nicht geklappt. Am 21. April 1953 beschloß das Politbüro der SED, das Theater am Schiffbauerdamm nach der Übersiedlung der Volksbühne an den Rosa-Luxemburg-Platz der ›Kasernierten Volkspolizei‹ zur Verfügung zu stellen. Brecht muß das geahnt oder gewußt haben, denn kurz vor dem 17. Juni 1953 schrieb er einen Brief an den Ministerpräsidenten Otto Grotewohl (siehe S. 181), in dem er ihn an frühere Zusagen der Staatsführung erinnerte. Daß das »Berliner Ensemble« dann doch ins Schiffbauerdammtheater einziehen konnte, mag auch eine Belohnung dafür gewesen sein, daß Brecht sich am 17. Juni 1953 – wenn auch halbherzig – an die Seite der Regierung stellte (vgl. S. 225).

Wie ernst Brecht den Ensemblegedanken nahm, wird daran deutlich, daß zur Neueröffnung des Hauses am 19. März 1954 weder ein Stück noch eine Inszenierung von Brecht auf dem Spielplan stand. Zur Aufführung kam Molières *Don Juan* in einer Inszenierung von Benno Besson. Zu diesem Zeitpunkt war die Gründungsphase des Ensembles abgeschlossen, es hatte sich von einer Experimentierbühne in eine Institution verwandelt, die über Brechts Tod hinaus Bestand haben sollte.

Betritt man das Theater, liest man auf der Wand über der Kasse:

»*Zur Eröffnung des ›Berliner Ensemble‹ im Theater am Schiffbauerdamm*
Theater spielet ihr in Trümmern hier
Nun spielt in schönem Haus nicht nur zum Zeitvertreibe!
Aus euch und uns ersteh ein friedlich *Wir*
Damit dies Haus und manches andre stehen bleibe!
Bertolt Brecht, 19. März 1954.«

Bei der Datierung wurde freilich – wie öfters bei Brecht – gemogelt: Das Gedicht ist gar nicht aus dem genannten Anlaß geschrieben worden, es findet sich bereits als Grußwort in einer Festschrift zur Eröffnung des Frankfurter Schauspielhauses im Dezember 1951.

Der gründerzeitliche Ausstattungsprunk des Foyers steigert sich noch in dem mit Schmuckelementen und Figuren überladenen Zuschauerraum. Diese Prachtentfaltung steht in einem krassen Widerspruch zu Brechts sparsamer Theaterästhetik. Gerade das mag ihn gereizt haben: Das Publikum, vom falschen Glanz einer untergegangenen Epoche festlich eingestimmt, blieb so auf Distanz zu den Vorgängen auf der kargen Bühne. Aus einer Welt des schönen Scheins blickte es in eine Kunstwelt, an der die Bewegungsgesetze der Wirklichkeit, gesellschaftliche Konflikte und Widersprüche ablesbar sein sollten.

Brecht stieß auf erbitterte Widerstände, weniger beim Publikum als bei den überzeugten Stalinisten unter seinen Kollegen und Kritikern. Ihm wurde »Formalismus« vorgeworfen, weil er sich den damaligen Theaterkonventionen verweigerte: Er suchte keine Bestätigung bei den Klassikern, mochte keine positiven Wandlungen auf der Bühne vorführen und mühte sich, die Einfühlung des Zuschauers in die dargestellten Figuren zu unterbinden. Gegen seine Kritiker gewandt schrieb Brecht über die *Eigenarten des Berliner Ensembles* (1954):

»Es war zu erwarten, wenn nicht zu erhoffen, daß die ungeheure Umwälzung der Produktions-, Lebens- und Denkweise bei der Einführung des Sozialismus auch in den Künsten Veränderungen von Bedeutung hervorbringen und benötigen würde. Einige Eigenarten des Berliner Ensembles, die mitunter Befremden erregen, kommen von den Bemühungen:

1) Die Gesellschaft als veränderbar darzustellen;
2) Die menschliche Natur als veränderbar darzustellen;
3) Die menschliche Natur als abhängig von Klassenzugehörigkeit darzustellen;
4) Konflikte als gesellschaftliche Konflikte darzustellen;
5) Charaktere mit echten Widersprüchen darzustellen;
6) Entwicklungen von Charakteren, Zuständen und Ereignissen als diskontinuierlich (sprunghaft) darzustellen;
7) Die dialektische Betrachtungsweise zum Vergnügen zu machen;
8) Die Errungenschaften der Klassik im dialektischen Sinn ›aufzuheben‹;
9) Aus Realismus und Poesie eine neue Einheit herzustellen.

Es empfiehlt sich, die alten und neuen Kunstmittel, die das Ensemble anwendet, nach diesen wohl kaum zu verurteilenden Ansichten zu beurteilen.

Da alle diese Änderungen (und andere, nicht angeführte)

innerhalb des Bereiches der Kunst ausgeführt werden, wird der Kunstgenuß des Publikums nicht geschmälert, sondern nur in seiner Natur verändert. Die besonderen neuen Anforderungen an die Schauspieler setzen eine *allgemeine* Ausbildung voraus, eine Unterweisung in realistischem, auf Beobachtung gestelltem, natürlichem und zugleich gestaltetem Spiel, die das Ensemble seinem Schauspielernachwuchs gewährt.«

Im neuen Haus hat Brecht nur noch den *Kaukasischen Kreidekreis* und – zusammen mit seinem Schüler und späteren Nachfolger als künstlerischer Leiter, Manfred Wekwerth – die *Winterschlacht* von Johannes R. Becher inszeniert: Zugeständnisse an die Forderung der Partei, dem DDR-Volk die Liebe zur Sowjetunion nahezubringen. Nach dem Tod und der Demontage Stalins durch seinen Nachfolger Chruschtschow begann Brecht mit den Proben zum *Leben des Galilei*. Vor dem Hintergrund der Atomrüstung stellte er die Frage nach der Verantwortung des Wissenschaftlers, aber ebensosehr beschäftigte ihn damals seine Rolle als Intellektueller im Stalinismus. Ernst Busch sollte den Galilei spielen. Während der Proben starb Brecht. Der Vertraute Erich Engel, Regisseur der ersten *Dreigroschenoper* am Schiffbauerdamm, führte Brechts letzte Regiearbeit zu Ende.

Mit seinem Tod wurde das Theater nicht führungslos: Helene Weigel blieb Intendantin bis 1971, der im Ensemble ausgebildete Regie- und Schauspielernachwuchs versuchte im Sinne des Verstorbenen weiterzumachen. Es bestand jedoch keineswegs Einigkeit, wie das geschehen sollte, denn Brechts Erbe ließ durchaus unterschiedliche Interpretationen zu. Die Brecht-Epigonen sahen sich in der Pflicht, an dem modellhaften Inszenierungsstil, der sich bis zu Brechts Tod herauskristallisiert hatte, festzuhalten. Was zu Lebzeiten Brechts Provokation gewesen war, wurde nun als klassische Form konserviert. Eigenständigere Schüler beriefen sich auf Brechts unermüdbare Experimentierfreude als Regisseur und seine Offenheit für Neuerungen auf dem Theater.

In den Macht- und Richtungskämpfen nach Brechts Tod hatten die Traditionalisten die bessere Position. Denn der Staatsführung war ein Brecht-Museum, das international vorzeigbar war, genehmer als ein Theater, in dem die »echten Widersprüche« der DDR in einer erneuerten Theatersprache verhandelt wurden. Die unbequeme Ruth Berghaus, von Helene Weigel 1971 zur Nachfolgerin als Intendantin bestimmt, mußte nach sechs Jahren gehen. Sie wurde durch Manfred Wekwerth ersetzt, dessen Loyalität mit der Wahl ins Zentralkomitee der SED belohnt wurde. Nach dem Ende der DDR mußte er den Intendantensessel räumen.

Seitdem quält sich das Haus am Schiffbauerdamm mit der Suche nach einer neuen Rolle in einer veränderten Gesellschaft. Seit 1992 ist es wieder ein Privattheater, das freilich üppige öffentliche Subventionen erhält. Der Versuch, es von fünf gleichberechtigten Direktoren leiten zu lassen – Peter Zadek, Heiner Müller, Peter Palitzsch, Fritz Marquardt und Matthias Langhoff –, scheiterte alsbald an persönlichen und künstlerischen Differenzen. Unter der alleinigen Direktion von Heiner Müller schien sich das Theater im Jahr 1995 zu konsolidieren. Doch schon wenige Monate später, nach einem großen Erfolg mit einer Inszenierung von Brechts *Arturo Ui*, starb Müller.

Daß Brecht am Berliner Ensemble gearbeitet hat, sichert dem Theater noch immer weltweite Aufmerksamkeit. Über seine Zukunft aber herrscht seit langem Ratlosigkeit. Zur Klassikerpflege, wie sie bis 1989 betrieben wurde, führt kein Weg zurück. Seitdem ist viel experimentiert worden, ohne daß das Haus dadurch eine Perspektive gewonnen hätte. Noch immer wird die Erwartung an es herangetragen, beispielhafte Brecht-Inszenierungen zu erarbeiten und eine führende Rolle im Gegenwartstheater zu spielen. Möglicherweise kann es sich erst erneuern, wenn dieser

Anspruch nicht mehr gilt. Auch Brecht hat ja seine größten Theatererfolge erzielt, indem er gegen Erwartungshaltungen opponierte.

»INS NICHTS MIT IHM!«

›Lukullus‹ im Admiralspalast (Friedrichstraße 101)

Die wechselvolle Geschichte des **Admiralspalasts** wartet noch darauf, geschrieben zu werden. Aus einer in der Gründerzeit eröffneten Badeanstalt entwickelte sich bis zum Ersten Weltkrieg ein Vergnügungszentrum mit Schlittschuhbahn, Tanzsaal, Kino, Kegelbahn, Café, Bar, Hotelzimmern und einem rund um die Uhr geöffneten Dampfbad. Das Vordergebäude mit seiner aufwendigen Granit- und Kalksteinfassade, zu der Fritz Cremers Brecht-Skulptur von der anderen Spreeseite herüberblickt, wurde 1910 errichtet. Seit 1953 spielt im ehemaligen Kinosaal das Kabarett »Die Distel«. Auch der Journalistenverband der DDR war im Admiralspalast untergebracht. Im Erdgeschoß an der Friedrichstraße, heute ein Panoptikum mit Kostümen und Requisiten des **Metropol-Theaters**, befand sich das »Presse-Café«. In den fünfziger Jahren war es ein beliebter Treffpunkt der Ostberliner Boheme. Nicht nur Journalisten, auch Schauspieler, Musiker, Mitarbeiter aus Brechts Umgebung gingen dort ein und aus.

Die ehemalige Eisarena im rückwärtigen Gebäude ist seit den zwanziger Jahren Operetten- und Revuetheater. Nach dem Ende des Zweiten Weltkrieges stand das Haus fast unversehrt inmitten einer Trümmerwüste. Da es zentral am Bahnhof Friedrichstraße lag und sich als feierlicher Rahmen für kulturelle und politische Großereignisse anbot, spielte es in den ersten Nachkriegsjahren eine herausragende Rolle im Leben der Stadt.

Zehn Jahre lang diente der Admiralspalast als Ersatzspiel-

Der Admiralspalast im Jahr 1949

ort für die ausgebombte Lindenoper. Als das Staatsopernensemble 1955 sein wiederaufgebautes Stammhaus beziehen konnte, rückte das **Metropol-Theater** nach. Die wohl folgenreichste politische Veranstaltung im Hause war der Vereinigungsparteitag von SPD und KPD am 21./22. April 1946. Die Gründung der Sozialistischen Einheitspartei Deutschlands (SED) kam unter sowjetischem Druck zustande. Der berühmte Handschlag der Parteivorsitzenden Wilhelm Pieck (KPD) und Otto Grotewohl (SPD) im Admiralspalast sollte die jahrzehntelange Spaltung der Arbeiterbewegung beenden, doch statt dessen spaltete er die Stadt: Westberlin entwickelte sich zur antikommunistischen Frontstadt unter Führung der Sozialdemokraten, die sich in Urabstimmungen mehrheitlich gegen die Vereinigung aussprachen. In Ostberlin regierten alte Berliner Kommunisten wie Pieck und Walter Ulbricht, die bereits in den zwanziger Jahren nach Stalins Direktiven gehandelt und dank ihrer Willfährigkeit alle Säuberungsaktionen im Moskauer Exil überlebt hatten.

Am 15. Oktober 1946 wurde im Admiralspalast der erste deutsche Nachkriegsfilm uraufgeführt: *Die Mörder sind unter uns* von Wolfgang Staudte. Die sowjetische Besatzungsmacht hatte die Gründung der ostdeutschen Filmgesellschaft DEFA forciert, da sie sich vom Kino (wie überhaupt von der Kultur) eine volkserzieherische Wirkung versprach. Wolfgang Staudte, einer der bedeutendsten deutschen Regisseure, sollte Mitte der fünfziger Jahre im Auftrag der DEFA Brechts *Mutter Courage* verfilmen. Die Dreharbeiten im **Studio Babelsberg** mußten jedoch wegen ästhetischer Meinungsverschiedenheiten mit Brecht kurz nach Drehbeginn abgebrochen werden.

Am 24. Oktober 1948, zwei Tage nach der Rückkehr nach Berlin, nahm Brecht mit Helene Weigel an einer Friedenskundgebung des Kulturbundes im Admiralspalast teil. Zu diesem Zeitpunkt hatten die Spannungen zwischen der sowjetischen Besatzungsmacht und den Westmächten einen neuen Höhepunkt erreicht: Seit vier Monaten waren die Zufahrtswege nach Westberlin blockiert, die eingeschlossene Halbstadt wurde durch eine Luftbrücke mit Lebensmitteln versorgt. Indem er auf einer Progandaveranstaltung des Ostens auftrat, ergriff Brecht eindeutig Partei im Ost-West-Konflikt. Gleichwohl bewegte er sich sehr vorsichtig auf dem unvertrauten politischen Terrain: »Ich selber spreche nicht, entschlossen, mich zu orientieren und nicht aufzutreten.« (*Journale*, 24. Oktober 1948) Statt dessen ließ Brecht ein Gedicht auf den Tod von Carl von Ossietzky verlesen (*Auf den Tod eines Kämpfers für den Frieden*, 1938).

Vier Wochen nach der Friedenskundgebung fand im Admiralspalast eine »außerordentliche Stadtverordnetenversammlung« mit den Mitgliedern der SED-Fraktion statt, in deren Verlauf der bisherige Magistrat von Groß-Berlin für abgesetzt erklärt und ein »provisorischer demokratischer Magistrat« für Ostberlin eingesetzt wurde. Seitdem existierten zwei getrennte Stadtverwaltungen für Ost- und Westberlin. Das Auseinanderdriften der beiden Stadthälften lief Brechts Intention zuwider, in Berlin ein Ensemble mit den besten Kräften aus beiden Teilen Deutschlands zu begründen. Die politische Polarisierung drängte ihn und sein Theater immer mehr in die Rolle eines kulturellen Aushängeschildes für den stalinistisch geführten Teil Deutschlands.

Im Januar 1951 begannen im Admiralspalast die Chorproben zu der Oper *Das Verhör des Lukullus* von Brecht und Paul Dessau. Der römische Feldherr Lukullus wird darin mit Pomp zu Grabe getragen und muß sich in der Unterwelt vor seinen Opfern rechtfertigen. »Ins Nichts mit ihm!« lautet das Urteil über den Kriegstreiber. In der Urfassung, der ein nach dem Ausbruch des Zweiten Weltkriegs geschriebenes Hörspiel zugrunde liegt, ist die Tendenz eindeutig pazifistisch: Jede Form des Krieges und der Kriegsverherrlichung wird darin für nichtswürdig erklärt.

Brecht hielt die Aufführung vor dem Hintergrund des Ost-West-Konflikts, der von den USA geforderten Wiederbewaffnung der Bundesrepublik und dem Krieg in Korea für dringend geboten. Die pazifistische Aussage der Oper wurde jedoch im eigenen Lager als anstößig empfunden: stand sie doch im Widerspruch zur Heldenverehrung in der Sowjetunion nach dem Zweiten Weltkrieg und zur latenten Kriegsbereitschaft des Ostblocks. Im Ministerium für Volksbildung und im Zentralkomitee der SED diskutierte man heftig darüber, ob die Oper überhaupt aufgeführt werden dürfe.

Wie der Inhalt stieß die Musik auf Ablehnung, denn man konnte »keinen Tschaikowski aus Dessaus Partituren heraushören« (Hans Mayer). Dessaus an Strawinsky geschulte Komposition stuften die Kulturpolitiker im Volksbildungsministerium als »formalistisch« ein, das heißt als

Brecht hinter der Staatsopernbühne im Admiralspalast, 1951

spätbürgerliche Spielerei, die sich auf die Entwicklung der Musik im Sozialismus störend auswirke.

Wenige Tage vor der geplanten Uraufführung (Regie: Wolf Völker, Bühnenbild: Caspar Neher, Musikalische Leitung: Hermann Scherchen) setzte das Sekretariat des Zentralkomitees der SED die Oper vom Spielplan ab. Brecht schrieb daraufhin einen Brief an den führenden Kopf der SED, Walter Ulbricht, in dem er die damalige politische Situation in Berlin als Argument für eine Aufführung benutzte: »Die Oper ist eine einzige Verurteilung der Raubkriege, und angesichts des schamlosen Herbeiholens der alten Generäle zum Zweck eines neuen Angriffskriegs in Westdeutschland ist ein solches Werk, in dem ein Eroberer des Altertums von einem Gericht der Nachwelt verdammt wird, in einer Stadt wie Berlin, in der eine starke Ausstrahlung nach dem Westen erfolgen kann, doch wohl aufführenswert.« (12. März 1951) Brecht paßte sich an die Diktion Ulbrichts an und datierte die Entstehungszeit von Text und Musik fälschlich zurück, um dem Vorwurf zu begegnen, er habe den Anschluß an die gesellschaftliche Wirklichkeit im Sozialismus verpaßt. So erreichte er wenigstens die Erlaubnis zu einer »Öffentlichen Probe« der Oper am 17. März 1951. Am selben Tag verabschiedete das Zentralkomitee der SED einen Beschluß unter dem Titel *Der Kampf gegen den Formalismus in Kunst und Literatur, für eine fortschrittliche deutsche Kultur*.

An der »öffentlichen Probe«, die eine Uraufführung unter Ausschluß der Öffentlichkeit war, nahmen alle führenden Funktionäre von Partei und Regierung teil. Die übrigen Eintrittskarten wurden gezielt an Parteileute vergeben. Manche verkauften die Karten meistbietend an angereistes Publikum aus Westberlin. Das Vorhaben, die Oper vor einem ausgewählten Publikum durchfallen zu lassen, mißlang: Der enthusiastische Schlußapplaus dauerte eine halbe Stunde.

Eine Woche später trafen Staatsführung, Librettist und

Komponist erneut im Admiralspalast zusammen, um in einem dreistündigen Gespräch über den weiteren Fortgang zu beraten. Beide Seiten waren an einem Kompromiß interessiert, zumal die Lukullus-Affäre von der Westpresse aufmerksam beobachtet und teils hämisch kommentiert wurde. Die Staatsführung wollte nicht als Kunstverhinderer dastehen und war in der Sache uneins: Während Ulbricht mit Dessaus Musik überhaupt nichts anfangen konnte, zeigten sich der Staatspräsident Wilhelm Pieck und Ministerpräsident Otto Grotewohl aufgeschlossen für die Absichten der Künstler. Brecht ging es vor allem darum, das Neue der Oper für das Musikleben der DDR zu retten. Er erklärte sich zu einigen Textänderungen bereit, die als Legitimation eines Verteidigungskrieges ausgelegt werden konnten. Die politisch entschärfte Fassung durfte am 12. Oktober 1951 unter dem Titel *Die Verurteilung des Lukullus* uraufgeführt werden, wenige Tage nach der Verleihung eines Nationalpreises 1. Klasse an Brecht im Admiralspalast.

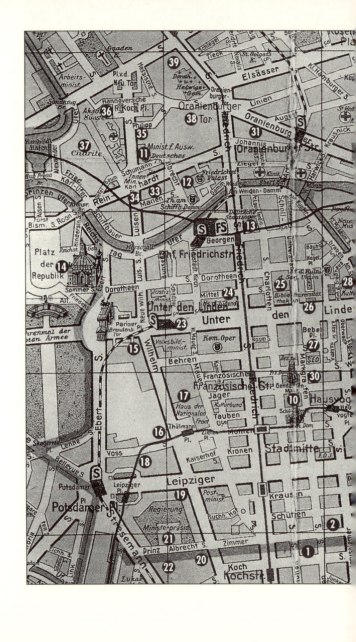

Berlin um 1950

Legende zur Karte »Berlin um 1950«

1 Ullstein-Buchverlag, Charlottenstraße 13
2 Mosse-Medienzentrum, Schützenstraße/Ecke Jerusalemer Straße
3 Berliner Börsen-Courier, Beuthstraße 8-11 – zerstört
4 Ehem. MASCH, Schicklerstraße 5-7
5 Stadtgericht, Littenstraße 13-17
6 Polizeipräsidium am Alexanderplatz – zerstört, Denkmal
7 Bülowplatz/Horst-Wessel-Platz/Rosa-Luxemburg-Platz mit
 Volksbühne
 Kino Babylon
 Karl-Liebknecht-Haus
8 Ehem. Sophiengymnasium, Weinmeisterstraße 15
 LesArt, Weinmeisterstraße 5
9 Sophiensäle, Sophienstraße 18
10 Schauspielhaus/Konzerthaus am Gendarmenmarkt
11 Deutsches Theater/Kammerspiele
12 Bertolt-Brecht-Platz mit
 Theater am Schiffbauerdamm/Berliner Ensemble
 Großes Schauspielhaus/Friedrichstadtpalast – zerstört
 Brechtdenkmal
13 Admiralspalast, Friedrichstraße 101
14 Reichstag
15 Hotel Adlon am Pariser Platz
16 Ehem. Reichskanzlei – zerstört
17 Ehem. Reichspropagandaministerium, Wilhelmstraße 50/51
 Kunstkommission/Musikhochschule »Hanns Eisler«, Wilhelmstraße 53
18 Ehem. Reichsbahndirektion, Voßstraße 33/34
19 Ehem. Reichsluftfahrtministerium/Haus der Ministerien
20 Gestapo-Gelände

21 *Preußischer Landtag*
22 *Martin-Gropius-Bau*
23 *Russische Botschaft/Sowjetische Botschaft*
24 *Ehem. FDJ-Haus, Unter den Linden 38*
25 *Staatsbibliothek/Skulptur »Fragen eines lesenden Arbeiters«*
26 *Universität*
27 *Bücherverbrennungsdenkmal*
28 *Deutsches Historisches Museum*
29 *Skulptur »Deutschland, bleiche Mutter«*
30 *Ehem. Aufbau-Verlag, Französische Straße 31*
31 *Ehem. Henschel-Verlag, Oranienburger Straße 67*
32 *Ehem. Ministerium für Kultur, Molkenmarkt 1-3*
33 *Ehem. Probebühne, Reinhardtstraße 29*
34 *Ehem. Künstlerklub »Die Möwe«, Luisenstraße 18*
35 *Wohnhaus von Karl Marx/Stiftung Akademie der Künste, Luisenstraße 60*
   Volkskammer, Luisenstraße 58/59
36 *Ehem. Akademie der Künste, Robert-Koch-Platz 7*
37 *Charité*
38 *Ehem. Bauakademie/Bundesforschungsministerium, Hannoversche Straße 30*
39 *Brechthaus, Chausseestraße 125 und Dorotheenstädtischer Friedhof*

III. VIER SPAZIERGÄNGE DURCH DIE »TRÜMMERSTADT«

»Berlin, eine Radierung Churchills nach einer Idee Hitlers.
Berlin, der Schutthaufen bei Potsdam.
Über den völlig verstummten Ruinenstraßen dröhnen in den Nächten die Lastaeroplane der Luftbrücke.
Das Licht ist so schwach, daß der Gestirnhimmel wieder von der Straße aus sichtbar geworden ist.« (*Journale*, 27. Oktober 1948.)

»Allenthalben macht sich in dieser großen Stadt, in der immer alles in Bewegung ist, wie wenig und provisorisch auch immer dies alles geworden sein mag, die neue deutsche Misere bemerkbar, daß nichts erledigt ist, wenn schon fast alles kaputt ist.« (*Journale*, 9. Dezember 1948.)

»Zum ersten Mal fühlte ich den erstickenden Atem des Provinzialismus in dieser zerstörten, aber doch großen Stadt. Eine geistige Verödung sondergleichen schien sich anzukündigen. Es war typisch, daß ich sogleich als Stellensuchender behandelt wurde. Die Ruinen schienen schon wieder aufgeteilt, in den Bombentrichtern hatte die Selbstzufriedenheit sich häuslich eingerichtet. Der oder jener brave Mann durfte nicht vor den Kopf gestoßen werden, die oder jene flügellahme Organisation mußte ›eine Bleibe‹ bekommen. Von der Bevölkerung der großen Stadt und ihrem Anspruch auf großes Theater sprach niemand auch nur einen Satz […] Meine Ausführungen über den kläglichen künstlerischen Zustand des Theaters der ehemaligen Reichshauptstadt wurden als mehr oder weniger beleidigende Meckereien eines sich überschätzenden Künstlers abgetan, alles halb so schlimm. Die Abwanderung vieler guter Künstler, das Zaudern emigrierter Künstler, zurück-

zukehren, wurde mit Achselzucken beantwortet, man brauchte sie nicht. Die politische Notwendigkeit, Berlin wieder zum Zentrum des deutschen Kulturlebens zu machen, wurde nicht erwähnt, und als ich darauf kam, mit Stillschweigen übergangen.«
(*Autobiographische Notiz*, Januar 1949)

»WEILAND STRASSE DER MINISTERIEN«

Spaziergang vom Reichstag zum Preußischen Landtag

Wegstrecke: Reichstag und Reichstagspräsidentenpalais – Hotel Adlon am Pariser Platz – ehemaliges Volksbildungsminsterium (Wilhelmstraße 60) – Voßstraße – U-Bahnhof Mohrenstraße – ehemaliges Reichspropagandaministerium (Wilhelmstraße 50/51) – ehemaliges Reichsluftfahrtministerium/»Haus der Minsterien« (Leipziger Straße 5-7) – Niederkirchnerstraße mit Gestapo-Gelände, Martin-Gropius-Bau und Preußischem Landtag. – Auf dem Rückweg zum Pariser Platz: ehemalige Reichsbahndirektion (Voßstraße 33/34) – Musikhochschule »Hanns Eisler« (ehemalige Kunstkommission und Amt für Literatur, Wilhelmstraße 53)

Am Reichstag

Am Abend des 27. Februar 1933 brannte der Reichstag. Am folgenden Tag durchsuchte die Polizei Brechts Wohnung. Es gelang ihm, rechtzeitig vorher mit Helene Weigel und dem Sohn Stefan nach Prag abzureisen. So entzog er sich der Verhaftungswelle, mit der die Nationalsozialisten die kommunistische Opposition ausschalteten.

Wenig später schrieb Brecht *Die Ballade vom Reichstagsbrand* (1933) nach der bekannten Melodie der Moritat von Mackie Messer:

Und an diesem Montag abend
Stand ein hohes Haus in Brand.
Fürchterlich war das Verbrechen
Und der Täter unbekannt.

Zwar ein Knabe war gefunden
Der nur eine Hose trug
Und in Leinwand eingebunden
Der Kommune Mitgliedsbuch.

Und der Knabe war geständig:
Die Kommune hab's gewollt
Und sie drohte ihm unbändig
Und er stand in ihrem Sold.

Und der Knabe sprach mit fahlen
Lippen, daß er hier auch steh
Auf den Wunsch der radikalen
Bonzen von der SPD.

Freilich war der Knabe lange
Schon nicht mehr in der KP
Und so mancher fragte bange
Wer denn dann dahinter steh?

Wer hat ihm dies Buch gegeben?
Warum stand er hier herum?
Die SA, sie stand daneben
Und die fragt man nicht, warum.

Das Gebäude anzustecken
Mußten's zwölf gewesen sein
Denn es brannte an zwölf Ecken
Und war hauptsächlich aus Stein.

Mittendrin in den zwölf Bränden
Standen zwölf von der SA
Wiesen mit geschwärzten Händen
Auf den schwachen Knaben da.

Und so ward denn durch den Führer
Die Verschwörung aufgedeckt
Freilich, was noch alles aufkam
Hat so manchen doch erschreckt.

In dem Haus, wo die Verschwörung
Unbedingt hindurchgemußt
Wohnte ein gewisser Görung
Der von all dem nichts gewußt.

Er gab allen Wächtern Urlaub
War des Reichstags Präsident
Und war grade nicht zu Hause
Als er hört: der Reichstag brennt!

Bis heute streiten Historiker, ob der 24jährige Holländer Marinus van der Lubbe, der am Abend des Anschlags verhaftet und später hingerichtet wurde, den Brand allein legen konnte, oder ob die Tat von den Nationalsozialisten inszeniert wurde, um sie den Kommunisten zur Last zu legen. Die polizeilichen Ermittlungen nährten das Gerücht, die Täter seien durch einen unterirdischen Heizungsschacht vom **Reichstagspräsidentenpalais** in der **Ebertstraße** an den Tatort gelangt. Hermann Göring war Reichstagspräsident und Hausherr beider Gebäude; zugleich war er preußischer Ministerpräsident und Innenminister und damit oberster Dienstherr der polizeilichen Ermittler.

Als der geständige van der Lubbe Ende 1933 in Leipzig vor Gericht kam, saßen außer ihm die drei bulgarischen Kommunisten Dimitroff, Taneff und Popoff auf der Anklagebank. Doch der Versuch der Nazijustiz, eine kommunistische Weltverschwörung für den Reichstagsbrand verantwortlich zu machen, scheiterte kläglich. Dimitroff, der sich selbst verteidigte, durfte den als Zeugen geladenen Göring verhören und nutzte die Gelegenheit, ihn vor den Augen der internationalen Presse lächerlich zu machen und die Manipulation der Justiz offenzulegen. Schließlich mußten er und seine drei bulgarischen Mitangeklagten freigesprochen werden. Brecht rühmte Dimitroffs Geschicklichkeit:

»Wenn dieser große Schüler in dem großen Buch ihrer Paragraphen blättert
Entsteht ein Wirbelwind, daß die Barette von den Köpfen der Richter fliegen
Daß er ihren Reichstag nicht in Brand gesetzt hat, das ist sicher
Aber nun, vor ihren Augen und ohne daß sie ihm in den Arm fallen können
Verbrennt er ihre ganze Justiz.«
(aus: *Als der Genosse Dimitroff vor Gericht stand*, 1934)

Brecht arbeitete an einer Dokumentation über den Prozeß und die nationalsozialistischen Verbrechen seit Hitlers Machtübernahme mit, das der nach London geflohene kommunistische Reichstagsabgeordnete und Verleger Willi Münzenberg herausgab. 1939 setzte er einen Brief an Dimitroff auf, mit der Bitte, ihm eine Stelle zu nennen, die Auskünfte über den Verbleib von Opfern der stalinistischen »Säuberungen« erteile. Der Brief wurde jedoch nicht abgeschickt. Nach dem Krieg ehrte die SED den Genossen Dimitroff dadurch, daß sie eine große Straße im Prenzlauer Berg nach ihm benannte; sie heißt mittlerweile wieder **Danziger Straße**.

Pariser Platz
Die Vorbereitungen für den Umzug des Bonner Parlaments haben vom alten Reichstag kaum mehr übriggelassen als

die Umfassungsmauern. Auch die umgebende Geschichtslandschaft, die von der Zerstörungskraft der nationalsozialistischen Hauptstadtplanung, des Krieges und der Teilung Berlins zeugte, ist mittlerweile eine einzige Baugrube. Die Entscheidung für ein neues Regierungsviertel in der Nähe des Reichstags hat im ganzen Umkreis Großunternehmen, Immobilienkonzerne und Banken auf den Plan gerufen, die in rasendem Tempo eine neue Stadt-in-der-Stadt aus den Kriegs- und Mauerbrachen erstehen lassen. Angesichts der aufgerissenen Erde am Reichstag, am Brandenburger Tor oder Potsdamer Platz liest sich Brechts Fragment *Von der zermalmenden Wucht der Städte* (um 1925) wie ein Stück aktueller Kunst-am-Bau-Lyrik:

Aber die Händelosen
Ohne Luft zwischen sich
Hatten Gewalt wie roher Äther.
In ihnen beständig
Die Macht der Leere, welche die größte ist.
Sie hießen Mangel-an-Atem, Abwesenheit, Ohnegestalt
Und sie zermalmten wie Granitberge
Die aus der Luft fallen fortwährend.
Oh, ich sah Gesichter
Wie in schnell hinspülendem Wasser
Der abtrünnige Kies
Sehr einförmig, viele gesammelt
Gaben ein Loch
Das sehr groß war
Immer jetzt rede ich nur
Von der stärksten Rasse

Über die Mühen der ersten Zeit.

Plötzlich
Flohen einige in die Luft
Bauend nach oben; andere vom höchsten Hausdach

Warfen ihre Hüte hoch und schrien
So hoch das nächste
Aber die Nachfolgenden
Nach gewohnten Daches Verkauf fliehend vor Nachtfrost
Drangen nach und sehen mit Augen des Schellfischs.
Die langen Gehäuse
Die nachfolgenden.
Denn zu jener Zeit in selbiger Wändefalt
Aßen in Hast
Vier Geschlechter zugleich
Hatten in ihrem Kindheitsjahr
Auf flacher Hand den Nagel im Wandstein
Niemals gesehn
Ihnen wuchsen ineinander
Das Erz und der Stein
So kurz war die Zeit
Daß zwischen Morgen und Abend
Kein Mittag war
Und schon standen auf altem, gewöhnetem Boden
Gebirge Beton

Das **Hotel Adlon** (**Unter den Linden 1**) ist das erste Gebäude, das nach der Wiedervereinigung Berlins am **Pariser Platz** wieder aufgebaut wurde. Anders als am nahen Potsdamer Platz dürfen am Brandenburger Tor die Häuser nicht in die Höhe schießen, sondern müssen sich in die historischen Proportionen fügen. Der schöne Schein entpuppt sich allerdings schnell als fauler Zauber, wenn man die Fassade des neuen Adlon mit alten Fotos vergleicht. Der Neubau verfügt – der höheren Rendite wegen – über mehr Geschosse als sein ruhmreicher Vorgänger. Um in der Metaphorik des Gedichts zu bleiben: Weil der Hut nicht höher geworfen werden durfte, müssen ihn die Gäste des Hotels künftig etwas tiefer in die Stirn drücken.
Als das alte »Adlon« 1907 eröffnet wurde, galt es als das modernste und komfortabelste Hotel in Europa, gelegen

an einem der schönsten Plätze Berlins, mit Blick auf das Brandenburger Tor und den Reichstag. Das Kaiserhaus brachte seine Gäste im »Adlon« unter, und in den zwanziger Jahren logierte viel Kulturprominenz – von Gerhart Hauptmann bis Greta Garbo – in der Luxusherberge. Im Mai 1945, kurz nach der Eroberung des benachbarten Regierungsviertels durch die sowjetischen Soldaten, brannte sie fast vollständig aus. Nur Teile des Wirtschaftsflügels blieben bewohnbar.

In dieser Notunterkunft wurden Brecht und die Weigel am Tag ihrer Rückkehr aus dem Exil, dem 22. Oktober 1948, untergebracht. Fünfzehn Jahre waren seit dem Reichstagsbrand vergangen, jetzt bekamen sie die Ruine des deutschen Parlaments zum erstenmal zum Gesicht. Sie kamen im »Adlon« unter, bis ihnen im Frühjahr 1949 ein Haus in Weißensee (vgl. S. 235 f.) zugewiesen wurde. Auch andere

Hotel Adlon am Pariser Platz, 1947

Rückkehrer aus dem Exil wohnten damals im Hotel, darunter Anna Seghers, die über die wenig luxuriöse Unterkunft schrieb: »Wir sahen klarer als vorher die Sprünge in den Wänden, die mit Papier verklebten Scheiben [...] Die Ruinenstadt verschmolz mit dem Abendhimmel, als ob sie noch immer schwelte und rauchte.«

Die Wilhelmstraße entlang

In der Morgendämmerung des 23. Oktober 1948 unternahm Brecht vom Hotel aus einen ersten Spaziergang durch die Stadt: »Früh sechs Uhr dreißig gehe ich die zerstörte Wilhelmstraße hinunter zur Reichskanzlei. Sozusagen meine Zigarre dort zu rauchen. Ein paar Arbeiter und Trümmerweiber. Die Trümmer machen mir weniger Eindruck als der Gedanke daran, was die Leute bei der Zertrümmerung der Stadt mitgemacht haben müssen. Ein Arbeiter zeigt mir die Richtung. ›Wie lang wird das gehen, bis das wieder nach was aussieht?‹ – ›Da werden noch ein paar graue Haare vergehen bis dahin. Wenn wir Geldleute hätten, ging's schneller, aber wir haben doch gar keine Geldleute mehr. Na, guten Morgen.‹ Mir schienen die Ruinen zumindest auf die frühere Anwesenheit von Geldleuten hinzuweisen.« (*Journale*, 23. Oktober 1948)

Auch in einem Gedichtfragment hat Brecht den ersten Eindruck festgehalten:

Berlin 1948

Durch Berge von Schutt
(Weiland Straße der Ministerien)
Ziehen fünf Frauen einen Wagen
Beladen mit Maschinenteilen.

»Straße der Ministerien« – das war die **Wilhelmstraße**, die vom Adlon in südliche Richtung verläuft. Seit der Kaiserzeit reihte sich in der Straße ein Ministerium an das an-

Blick vom U-Bahnhof Mohrenstraße durch die Wilhelmstraße in Richtung Pariser Platz. Links die Ruine der Reichskanzlei

dere. Die barocken Adelspalais, die dafür umgenutzt wurden, fielen der Schlacht um Berlin zum Opfer. Lediglich einige Erweiterungsbauten von Ministerien aus der Vorkriegszeit sind erhalten: Schräg vis-à-vis vom Adlon das Preußische Kultusministerium, später **Volksbildungsministerium der DDR (Wilhelmstraße 60** / früher Nr. 68), jetzt ein Bürohaus für Bundestagsabgeordnete. An der Fassade zur Behrensstraße erinnert eine Gedenktafel daran, daß 1820/21 der Student Heinrich Heine an dieser Stelle gewohnt hat. Am Haus **Wilhelmstraße 54** (früher Nr. 64, siehe auch unten S. 183) weist eine weitere Tafel darauf hin, daß hier Konrad Adenauer als Präsident des Preußischen Staatsrats in den Jahren 1931 bis 1933 residierte und später Ehrenbürger von Berlin wurde. Das Wissen, daß seit den dreißiger Jahren die Reichsleitung der NSDAP und der »Stab des Stellvertreters des Führers« in dem Gebäude untergebracht waren, muß man mitbringen. Auch läßt die Wohnbebauung aus den letzten Jahren der DDR auf der gegenüberliegenden Straßenseite nicht erahnen, daß dort bis 1945 das Auswärtige Amt, Bismarcks alte Reichskanzlei und das Reichspräsidentenpalais standen.

Als Brecht im Oktober 1948 die Wilhelmstraße entlangspazierte, waren die Ruinen noch nicht abgetragen. Man war gerade dabei, Hitlers pompöse **Neue Reichskanzlei** zu schleifen, deren Fassade sich etwa 300 Meter lang an der Nordseite der **Voßstraße** (von der Ecke Wilhelmstraße bis zur Ebertstraße) entlangzog. Marmor aus der Reichskanzlei kann man unter der Erde im **U-Bahnhof Mohrenstraße** finden (früher: **Thälmannplatz** und **Otto-Grotewohl-Straße**, Eingang **Wilhelmstraße**/Ecke **Voßstraße**). Baustoffe aus den Trümmern wurden außerdem beim Wiederaufbau der Humboldt-Universität, der Volksbühne am Rosa-Luxemburg-Platz, und in der Sowjetischen Botschaft Unter den Linden wiederverwertet, sowie bei der Errichtung der Sowjetischen Ehrenmäler in Treptow und an der Straße des 17. Juni.

Wäre Brecht drei Wochen früher nach Berlin gekommen, so hätte er erleben können, wie an der Wilhelm- und Voßstraße die letzten Tage des Dritten Reiches nachgespielt wurden. Sowjetische Kameraleute drehten Anfang Oktober an Originalschauplätzen für den Propagandafilm *Der Fall von Berlin*. Dazu wurde die Ruine von Hitlers Reichskanzlei noch einmal in eine Festung verwandelt. Im darunterliegenden »Führerbunker« hatte sich Hitler am 30. April 1945, als sich der Belagerungsring der Roten Armee immer enger um das Regierungsviertel zusammenzog, das Leben genommen. Wie viele Touristen der ersten Nachkriegsjahre zog es Brecht zuerst an diesen Ort: zur zerstörten Höhle des besiegten »Anstreichers«, der ihn ins Exil getrieben, der Europa mit Krieg überzogen und gegen den Brecht unermüdlich angeschrieben hatte.

In Brechts *Kriegsfibel* findet sich ein Bild von der Gartenfront der Neuen Reichskanzlei, auf das Brecht den Vierzeiler dichtete:

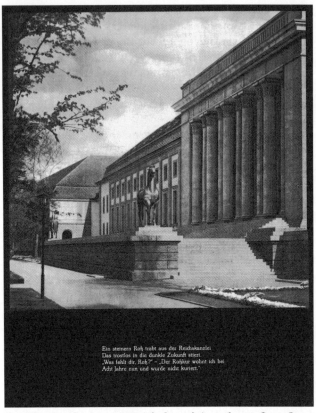

Ein steinern Roß trabt aus der Reichskanzlei
Das trostlos in die dunkle Zukunft stiert.
"Was fehlt dir, Roß?" – "Der Roßkur wohnt ich bei
Acht Jahre nun und wurde nicht kuriert."

Gartenseite der Neuen Reichskanzlei an der Voßstraße mit lyrischem Kommentar aus Brechts »Kriegsfibel«

Ein steinern Roß trabt aus der Reichskanzlei
Das trostlos in die dunkle Zukunft stiert.
»Was fehlt Dir, Roß?« – Der Roßkur wohn ich bei
Acht Jahre nun und wurde nicht kuriert.

In ähnlicher Weise hat Brecht in der *Kriegsfibel* Porträts der in der Wilhelmstraße residierenden Nazigrößen kommentiert. Auch viele Gedichte aus dem Exil sind lyrische Kommentare zu Nachrichten aus der Wilhelm- und Voßstraße: etwa *Die Ballade von dem angenehmen Leben der Hitlersatrapen* oder die *Deutschen Satiren* aus den *Svendborger Gedichten* (1939). Neben den Kriegsvorbereitungen und der staatlichen Propaganda nahm Brecht die gigantomanischen Hauptstadtplanungen der Nazis aufs Korn. Albert Speers Modelle für die Welthauptstadt »Germania« waren im Gebäude der **Akademie der Künste** am **Pariser Platz 4**, gleich neben dem Hotel Adlon aufgebaut, so daß sich der verhinderte Architekt Hitler jederzeit an ihrem Anblick weiden konnte. Über das Gebaren *Der Regierung als Künstler* (1937) schrieb Brecht:

Für den Bau von Palästen und Stadien
Wird viel Geld ausgegeben. Die Regierung
Gleicht darin einem jungen Künstler, der
Den Hunger nicht scheut, wenn es gilt
Seinen Namen berühmt zu machen. Allerdings
Ist der Hunger, den die Regierung nicht scheut
Der Hunger der anderen, nämlich
Des Volkes.

»Paläste und Stadien« – damit trumpfte die nationalsozialistische Regierung zur Olympiade von 1936 auf. Die Bilder vom Berliner Olympiastadion und den neuen Regierungsbauten gingen damals um die Welt und erreichten auch Brecht im dänischen Exil. Zwei jener »Paläste« sind dank ihrer vorsorglich bombensicheren Konstruktion bis heute an der Wilhelmstraße stehengeblieben: der hintere Flügel des **Reichspropagandaministeriums (Wilhelmstraße Nr. 50/51)** und das **Reichsluftfahrtministerium** (auch: **Haus der Ministerien/»Detlev-Rohwedder-Haus«, Wilhelm- / Ecke Leipziger Straße 5-7**).

Von Joseph Goebbels' Propagandaministerium aus wurden nicht nur die Presse gleichgeschaltet, sondern auch die Künste:

Verbot der Theaterkritik (1937)

Als der Propagandaminister
Die Kritik des Volkes an der Regierung verbieten wollte,
    verbot er
Die Theaterkritik. Das Regime
Liebte das Theater sehr. Seine Leistungen
Liegen hauptsächlich auf theatralischem Gebiet.
Der virtuosen Handhabung des Scheinwerfers
Verdankt es nicht weniger als der
Virtuosen Handhabung des Gummiknüppels.
Seine Galavorstellungen
Werden im Radio über das ganze Reich verbreitet.
In drei Kolossalfilmen
Von denen der letzte achttausend Meter lang ist
Hat der Hauptdarsteller den Führer gespielt.

Goebbels' Propagandamaschine lieferte Brecht in den dreißiger Jahren ununterbrochen Stoff für satirische Gedichte. Lügen wurden von diesem Ort aus aber auch noch in späteren Jahren in die Welt gesetzt. So fand hier am 11. Juni 1961, zwei Monate vor dem Mauerbau, jene berühmte Pressekonferenz statt, in der Walter Ulbricht erklärte, niemand denke daran, eine Mauer in Berlin zu errichten.

Wilhelmstraße / Ecke Leipziger Straße

In dem Gedicht *Notwendigkeit der Propaganda* (1937) hat Brecht die Nachricht verarbeitet, daß sich Göring Mitte der dreißiger Jahre an der Wilhelm-/Ecke Leipziger Straße ein Ministerium von noch nicht dagewesenen Ausmaßen bauen ließ:

Und wie meisterhaft ist die Propaganda
Für den Abfall und das Buch des Führers!
Jedermann wird dazu gebracht, das Buch des Führers aufzulesen
Wo immer es herumliegt.
Um das Lumpensammeln zu propagieren, hat der gewaltige Göring
Sich als den größten Lumpensammler aller Zeiten erklärt und
Um die Lumpen unterzubringen, mitten in der Reichshauptstadt
Einen Palast gebaut
Der selber so groß wie eine Stadt ist.

Rund 1000 Zimmer hat das frühere Reichsluftfahrtministerium, in dem Görings Stab den Luftkrieg plante. »Zweetausend Beamte ham da Platz, die verjehm Uffträje, det is ne Verantwortung, die der Mann trägt, und da brauchen se nich jeden Pfennig nachkontrollieren oder jede Million, die neue Uffrüstung soll ja schon 20 Milljarden verschlungen haben, weil der ... Treu wie Jold ist er«, heißt es in Brechts Rundfunksatiren *Mies und Meck* (ca. 1939), die im Berliner Dialekt verfaßt sind.

Nach Kriegsende wurde der massive Bau auf sowjetische Anordnung schnell wiederhergestellt, um die Verwaltung des besetzten Landes zu organisieren. Die »Deutsche Wirtschaftskommission« lenkte von hier aus den Wiederaufbau und die Kollektivierung in der sowjetischen Besatzungszone. Sie stellte auch die Mittel für das neu gegründete Berliner Ensemble bereit. 1949 wurde im Hause die Gründung der DDR vollzogen. Aus dem »Haus der Zentralverwaltungen«, wie es in den ersten Nachkriegsjahren hieß, wurde das »Haus der Ministerien«. Zu den angesiedelten Dienststellen gehörte beispielsweise das »Ministerium für innerdeutschen Handel, Außenhandel und Materialversorgung«, dem Brecht 1952 gut ein Dutzend Briefe mit der Bitte um die Anweisung von Baumaterialien für die Häuser in Buckow (S. 237 ff.) schickte (»...da leider der V. E. B. Steinholz nicht in der Lage ist, in unseren Buckower Häusern Fußboden zu legen, bitte ich höflichst um Anweisung von 6 cbm Nutzholz, 1cbm Eichenholz, 150 qm Sperrholz oder Hartfaserplatten« – 5. Juni 1952)

Das »Haus der Ministerien« behielt seinen Namen bis zum Ende der DDR. Danach zog die Treuhandanstalt ein, die das DDR-Volksvermögen reprivatisierte. Nach dem ermordeten Präsidenten der Anstalt wurde es in »Detlev-Rohwedder-Haus« umbenannt und soll zukünftig Sitz des Bundesfinanzministeriums sein.

In der Pfeilerhalle an der Leipziger Straße zeigt ein großes Wandbild, wie die Parteioberen sich die sozialistische Gesellschaft Anfang der fünfziger Jahre vorstellten. 1950 forderte das Ministerium für Aufbau sechs Künstler auf, ein Wandmosaik zum Thema »Die Bedeutung des Friedens für die kulturelle Entwicklung der Menschheit und die Notwendigkeit des künstlerischen Einsatzes für ihn« zu entwerfen. Es sollte ein Wandrelief mit marschierenden Soldaten aus der Nazizeit ersetzen. Der Auftrag ging an Max Lingner, der ein halbes Jahr vor Brecht aus dem französischen Exil nach Ostberlin zurückgekehrt war. Zwei Jahre verstrichen, bis die Staatlichen Auftraggeber den unter »Formalismusverdacht« stehenden Lingner auf Parteilinie gebracht hatten. Sechsmal mußte der Künstler seinen Entwurf überarbeiten, ehe der Hausherr des Gebäudes, der erste Ministerpräsident der DDR, Otto Grotewohl, der Ausführung zustimmte. In der Bildmitte zeigt es den symbolkräftigen Handschlag von Arbeiter, Bauer und Intelligenz, drum-herum heitere Szenen aus dem Arbeitsleben und von Massenaufmärschen. Im Hintergrund sind das mit der roten Fahne geschmückte Brandenburger Tor (Mitte) und das damals gerade fertiggestellte »Walter-Ulbricht-Stadion« zu erkennen (nach der Wende abgerissen). Die Stimmung ist heiter und beschwingt wie in Brechts *Aufbaulied*:

Fort mit den Trümmern
Und was Neues hingebaut!
Um uns selber müssen wir uns selber kümmern
Und heraus gegen uns, wer sich traut!

Lingners Bild wurde am 3. Januar 1953 eingeweiht, das Resultat in einer Broschüre als beispielhaftes Zusammenwirken von Künstler und Staat gefeiert (freilich war Lingner mittlerweile mit den Nerven am Ende und keineswegs zufrieden mit dem Resultat, so daß er die Ausführung anderen Künstlern überließ). Ein halbes Jahr später straften die Werktätigen das harmonische Bild Lügen: vor dem Haus der Ministerien, damals Sitz der DDR-Regierung, marschierten die Arbeiter aus der Stalinallee und anderen Betrieben auf, um gegen die sozialistische Bürokratie zu protestieren (Gedenktafel an der Wilhelmstraße/Ecke Leipziger Straße).

Niederkirchnerstraße / Am Preußischen Landtag

Weiter als bis zum »Haus der Ministerien« ist Brecht auf seinen Morgenspaziergängen vom »Adlon« aus wahrscheinlich nie gekommen. Dahinter, an der **Niederkirchnerstraße** (damals noch: **Prinz-Albrecht-Straße**) begann der amerikanische Sektor: das Berlin des Klassenfeindes. Als Brecht in Berlin eintraf, waren alle Zuwege nach Westberlin seit drei Monaten von den Sowjets blockiert, die eingeschlossene Stadt wurde durch die Luftbrücke versorgt.

Fünf Jahre nach seinem Tod ist die Mauer gebaut worden. An der **Niederkirchnerstraße** steht ein Rest der Sperranlage, stark mitgenommen von Andenkenjägern. Dahinter liegt das **Gestapo-Gelände**, in der Nazizeit die Zentrale der Verantwortlichen für die Verfolgung von politischen Gegnern und den Völkermord in ganz Europa:

Angesichts der gewaltigen Macht des Regimes
Seiner Lager und Folterkeller
Seiner wohlgefütterten Polizisten
Eingeschüchterter oder bestochener Richter
Seiner Kartotheken mit den Listen Verdächtiger
Die ganze Gebäude bis unters Dach ausfüllen
Sollte man glauben, daß es das offene Wort
Eines einfachen Mannes nicht zu fürchten hätte.

Aber ihr Drittes Reich erinnert
An den Bau des Assyriers Tar, jene gewaltige Festung
Die, so lautet die Sage, von keinem Heer genommen
    werden konnte, die aber
Durch ein einziges lautes Wort, im Innern gesprochen
In Staub zerfiel.
(aus: *Die Ängste des Regimes*, 1937)

Brecht hatte recht behalten mit seinen Voraussagen, daß das Tausendjährige Reich nicht von Dauer sein würde. Doch das Ausmaß der Zerstörung, mit dem er sich im Herbst 1948 konfrontiert sah, ließ Genugtuung darüber gar nicht aufkommen. Bestürzung und Besorgnis sprechen aus seinen Aufzeichnungen nach der Ankunft in Berlin: darüber, daß die Leute immer noch Hoffnungen auf »die Geldleute« setzen, daß sie von Vergewaltigungen und Plünderungen nach dem sowjetischen Einmarsch erzählen (*Journale*, 25. Oktober 1948) und nur wenige auf dem Standpunkt stehen, »daß ein befohlener Sozialismus besser ist als gar keiner« (*Journale*, 9. Dezember 1948).

Auf dem ehemaligen Todesstreifen, der von einem Mauerrest flankiert wird, kommt man zum **Martin-Gropius-Bau** (vgl. S. 26 ff.) und zum **Preußischen Landtag**. Im Dezember 1918 ist in dem Gebäude die KPD gegründet worden. Göring hat es in den dreißiger Jahren zum »Haus des Fliegers« gemacht und dem Reichsluftfahrtministerium angegliedert. Bis zum Ende der DDR gehörte es zu dem Komplex »Haus der Ministerien«. In den frühen DDR-Jahren beherbergte es die Regierungskanzlei des Ministerpräsidenten. An ihn, Otto Grotewohl, schickte Brecht im Jahr 1953 das Gedicht *Die Wahrheit einigt*, mit der Bitte, es im Ministerrat vorzulesen; es beginnt mit der Zeile: »Freunde, ich wünschte, ihr wüßtet die Wahrheit und sagtet sie!«

Aufschlußreich sind die Briefe an Grotewohl, in denen Brecht um politische Unterstützung für sein Berliner Ensemble bittet, wohl wissend, daß die politischen Entscheidungen anderswo fielen, nämlich im Politbüro der Einheitspartei, und daß die Regierung bloß deren ausführendes Organ war. Am 16. Juni 1953, einen Tag vor den gewaltsamen Unruhen, schrieb Brecht an den Ministerpräsidenten, um ihn daran zu erinnern, daß man ihm seit seiner Ankunft in Berlin das Theater am Schiffbauerdamm als eigenes Haus für sein Berliner Ensemble in Aussicht gestellt habe. Er fürchtete offenbar, das Projekt könnte den »so nötigen Sparmaßnahmen« zum Opfer fallen und das Haus anderweitig vergeben werden. So bekundete er »mit sozialistischem Gruß« seine Loyalität: »Sie haben vielleicht gehört, daß in Westdeutschland die unsinnigen Gerüchte über Zwistigkeiten zwischen mir und der Regierung der Deutschen Demokratischen Republik wieder verstärkt aufgemacht werden. Die Übernahme des Theaters am Schiffbauerdamm würde meine Verbundenheit mit unserer Republik deutlichst dokumentieren.«

Als die Neueröffnung des Theaters als »Berliner Ensemble« unmittelbar bevorstand, wandte sich Brecht abermals an Grotewohl. Er bat, im Haus der Ministerien eine Werbeaktion für sein Theater zu initiieren, da er fürchtete, wegen organisatorischer Probleme beim Kartenvertrieb in den ersten Monaten vor halbleerem Haus spielen zu müssen.

Nach dem 17. Juni 1953 proklamierte die SED einen »Neuen Kurs«, in den Brecht große Hoffnungen setzte. Doch gewann er schnell den Eindruck, es handle sich um ein leeres Versprechen. Am 12. Juli 1953 drängte er Grotewohl: »Könnte man die verschiedenartigen Umgestaltungen nicht erleichtern und einen gewissen Schwung hineinbringen? In den Rundfunk, in den Defafilm usw. bis hin zum Heringsfang (die Fischer der Ostsee, höre ich, versäumen die Heringsschwärme, weil sie nach Terminen ausfahren müssen – die den Heringen natürlich nicht bekannt sind). Erwägen Sie doch den Vorschlag Wolfgang Harichs, kleine fliegende Kommissionen zu schaffen, die überall den neuen Stil hineinbringen. Freilich müßten sie ganz unorthodox zusammengesetzt sein, einfach aus Leuten mit gesundem Menschenverstand, aus natürlichen Sozialisten!«

Das Stichwort »kleine fliegende Kommissionen« unterstrich sich der Ministerpräsident, und schon drei Tage später versprach er in einem Brief, den Vorschlag durchzusetzen: »An der Spitze habe ich schon begonnen mit der Einsetzung eines Operativstabes. Aber wie eine zähflüssige Masse Teer liegt es unter mir.«

Durch die Wilhelmstraße zurück zur Straße Unter den Linden

In den fünfziger Jahren führten Brecht und seine Mitarbeiter einen langwierigen Kampf gegen die an der Wilhelmstraße neu angesiedelte Bürokratie. Im Mai 1954 beschwerte sich Brecht bei der **Reichsbahndirektion** in der **Voßstraße 33/34** darüber, daß die Interzonenzüge von München nach Berlin 16 Stunden unterwegs seien, ohne daß es einen Schlafwagen gebe. Er regte an, für solche Strecken »Schlafautobusse« einzurichten. Kein Geringerer als der stellvertretende Minister für das Eisenbahnwesen versicherte ihm einen Monat später, Verbesserungen würden »in ganz kurzer Zeit« erfolgen.

Besonders heftig war Brechts Konflikt mit den Kulturbürokraten, die zwischen 1950 und 1954 in der **Wilhelmstraße 63** residierten. Heute trägt das Grundstück die **Nummer 53**, man kann unter der Vorderfront in Plattenbauweise hindurchschlüpfen und steht dann in einem grünen Innenhof vor einem Altbau. Errichtet als Dienstgebäude der General-Lotterie-Direktion, wird er heute von der **Musikhochschule »Hanns Eisler«** bespielt. Im Juli 1953 druckte die *Berliner Zeitung* zwei satirische Gedichte Brechts, offene Angriffe auf das in dem Gebäude untergebrachte »Amt für Literatur und Verlagswesen« und die »Staatliche Kommission für Kunstangelegenheiten«:

Nicht feststellbare Fehler der Kunstkommission

Geladen zu einer Sitzung der Akademie der Künste
Zollten die höchsten Beamten der Kunstkommission
Dem schönen Brauch, sich einiger Fehler zu zeihen
Ihren Tribut und murmelten, auch sie
Zeihten sich einiger Fehler. Befragt
Welcher Fehler, freilich konnten sie sich
An bestimmte Fehler durchaus nicht erinnern. Alles, was
Ihnen das Gremium vorwarf, war
Gerade nicht ein Fehler gewesen, denn unterdrückt
Hatte die Kunstkommission nur Wertloses, eigentlich
    auch
Dies nicht unterdrückt, sondern nur nicht gefördert.
Trotz eifrigsten Nachdenkens
Konnten sie sich nicht bestimmter Fehler erinnern, jedoch
Bestanden sie heftig darauf
Fehler gemacht zu haben – wie es der Brauch ist.

Das Amt für Literatur

Das Amt für Literatur mißt bekanntlich den Verlagen
Der Republik das Papier zu, soundso viele Zentner
Des seltenen Materials für willkommene Werke.
Willkommen
Sind Werke mit Ideen
Die dem Amt für Literatur aus den Zeitungen bekannt
    sind.
Diese Gepflogenheit
Müßte bei der Art unserer Zeitungen
Zu großen Ersparnissen an Papier führen, wenn
Das Amt für Literatur für eine Idee unserer Zeitungen
Immer nur ein Buch zuließe. Leider
Läßt es so ziemlich alle Bücher in Druck gehn,
    die eine Idee
Der Zeitungen verarzten.
So daß
Für die Werke manchen Meisters
Dann das Papier fehlt.

Anlaß der Kritik war eine Entscheidung des Amtes, Bücher von Ludwig Renn nicht drucken zu lassen. Das »Amt für Literatur« parierte Brechts Angriff ziemlich geschickt: Es erklärte, Renns *Spanischer Krieg* sei gar nicht von ihm, sondern schon vom Verlag abgelehnt worden. Als der Chef des Amtes, Fritz Apelt, im September 1953 einen Artikel für eine Messe-Sondernummer der *Täglichen Rundschau* schrieb, fehlte der Name Brechts. Gekränkt schrieb daraufhin Brecht einen Brief, in dem er Apelt vorwarf, jener befriedige seine privaten Rachegefühle. Apelt antwortete im Ton freundlich, in der Sache aber unterstellte er Brecht, er habe keine Ahnung: Sein Amt könne die Papierzuteilung in den Druckereien gar nicht beeinflussen und führe deshalb »einen ständigen Kampf mit dem Ministerium für Leichtindustrie«. Die andauernde Kritik am Amt für Literatur und der Kunstkommission führte 1954 zur Reorganisation der Kulturverwaltung und der Gründung des Ministeriums für Kultur am Molkenmarkt unter der Leitung von Johannes R. Becher (S. 199f.). Brecht, der in den Beirat des Ministeriums berufen wurde, versuchte die veränderte Situation auszunutzen, um eine Druckgenehmigung für seine *Kriegsfibel* zu erlangen, was vier Jahre zuvor wegen ihrer pazifistischen Tendenz nicht gelungen war. Im Dezember 1954 schickte das Amt für Literatur das Manuskript zur Begutachtung ans Zentralkomitee. »Brecht sei sehr ungehalten, er ließe sich nicht in seine Angelegenheiten rein-reden, sondern alles, was er schreibt, würde er politisch selbst verantworten und nicht das ZK. Er betrachte das Amt als Zensurstelle und habe es auch als weltbekannter Dichter nicht nötig, sich von hier bevormunden zu lassen«, heißt es in einer Hausmitteilung des Amtes vom 20. Dezember 1954. Brecht setzte sich durch: Die *Kriegsfibel* konnte 1955 erscheinen.

»UND KEIN FÜHRER FÜHRT AUS DEM SALAT!«

Kleiner Lindenbummel vom Pariser Platz zum Lustgarten

Wegstrecke: Hotel Adlon am Pariser Platz – Russische Botschaft (Unter den Linden 55-67) – ehemaliges Haus der Freien Deutschen Jugend (FDJ) (Nr. 38/38) – ehemaliges Ministerium für Außenhandel (Nr. 26) – Kreuzung Friedrichstraße – Staatsbibliothek (Nr. 8) – Hauptgebäude der Humboldt-Universität (Nr. 6) – Bebelplatz – Kastanienwäldchen hinter der Neuen Wache (Nr. 4) – Deutsches Historisches Museum (Nr. 2) – Lustgarten und Schloßplatz – Plastik zwischen Dom und Friedrichsbrücke

Als Brecht im Oktober 1948 nach Berlin zurückkehrte, war über die Zukunft der im Krieg schwer zerstörten Straße Unter den Linden noch nicht entschieden. Kurz nach Kriegsende hatte die sowjetische Militäradministration angeordnet, die Trümmer wegzuräumen und neue Bäume zu pflanzen. Aber was sollte mit den Ruinen geschehen? Ideologisch war es fragwürdig, die ehemalige Paradestraße der Hohenzollern wiederaufzubauen, schließlich stammte die feudale Architektur aus einer Epoche, die durch den Sieg des Sozialismus endgültig überwunden werden sollte. Die Entscheidung zugunsten der kunsthistorisch wertvollen Baudenkmäler wurde dadurch begünstigt, daß sich die Sowjetarchitektur unter Stalin an nationalen Traditionen orientierte und gern auf die einschüchternde Formensprache feudaler Herrschaftsarchitektur zurückgriff. Die SED folgte dem großen Vorbild und beschloß im Jahr 1950 den planmäßigen Wiederaufbau der alten Innenstadt. Allen wirtschaftlichen Schwierigkeiten zum Trotz waren schon wenige Jahre später das Brandenburger Tor, die Neue Wache, die Staatsoper, das Hauptgebäude der Humboldt-Universität und das Zeughaus wiederhergestellt.

Der erste Neubau war die **Sowjetische Botschaft** (1950-52, **Unter den Linden 55-67**) unweit des **Hotel Adlon**, von dem aus Brecht seine ersten Streifzüge nach der Rückkehr unternahm (S. 169 ff.). Möglicherweise hat er beobachtet, wie Steinblöcke aus den Ruinen der Neuen Reichskanzlei durch die Wilhelmstraße zur Baustelle der Botschaft transportiert wurden. Der ins Monumentale gesteigerte Klassizimus des Gebäudes, typisch für die späte Stalinzeit, erinnert fatal an die NS-Architektur. Brecht hat sich nicht darüber geäußert, aber er dürfte diese konservative Form staatlicher Repräsentation mit ähnlich gemischten Empfindungen registriert haben wie die verwandte Architektursprache der Stalinallee (S. 215 ff.).

Die neue Sowjetbotschaft entstand dort, wo seit 1840 die russische Gesandtschaft gewesen war. Brecht kannte den Vorgängerbau, ein umgebautes Barockpalais, aus den frühen dreißiger Jahren, als man ihn aus Anlaß des Jahrestages der Oktoberrevolution in die alte Sowjetbotschaft einlud. Um diese Zeit sang er das

Lob der U. S. S. R. (1930)

Schon beredete die Welt
Unser Unglück
Aber noch saß an unserm
Kargen Tisch
Aller Unterdrückten Hoffnung, die
Sich mit Wasser begnügt
Und das Wissen belehrte
Hinter zerfallender Tür
Mit deutlicher Stimme die Gäste.
Wenn die Türen zerfallen
Sitzen wir doch nur weiterhin sichtbar
Die der Frost nicht umbringt noch der Hunger
Unermüdlich beratend
Die Geschicke der Welt.

Die frühere russische Gesandtschaft war sehr viel kleiner als der Sowjetpalast aus der Stalinzeit. Auf einem der Grundstücke, die dafür neu bebaut wurden, stand in den zwanziger Jahren das **Hotel Bristol**. Dessen vornehmes Ambiente hat Brecht als Schauplatz für *Eine kleine Versicherungsgeschichte* gewählt (1926 im Ullsteinmagazin *Uhu* erschienen). Die Erzählung handelt von einem Geldmann, der einen Bettler aufpäppelt und eine Lebensversicherung für ihn abschließt, mit der er dann so geschickt spekuliert, daß er am Ende eine Konservenfabrik gründen kann.

Das Haus **Unter den Linden Nr. 36-38** gehörte zu den wenigen, die nach Kriegsende schnell wiederhergestellt werden konnten. In ihm tagte die Führung des 1946 nach sowjetischem Vorbild gegründeten Jugendverbandes Freie Deutsche Jugend (FDJ). Chef dieser »Kampfreserve der Partei« war bis 1955 Erich Honecker. Er habe sich das Wohlwollen der FDJ zu erheblichem Teil verscherzt, schrieb Brecht 1952 an Friedrich Wolf, weil er »in einem Telegramm den Namen Honecker mit zwei g anstatt mit einem ck geschrieben habe«. Doch das war bei weitem nicht der einzige Grund für Brechts gespanntes Verhältnis zu den FDJ-Funktionären. Er empfand ihr Verhalten als bevormundend und störend bei seinen Versuchen, mit den Jugendlichen ins Gespräch zu kommen. Ende 1948 notierte er vor einem Treffen:

»FDJ

Man sagt mir, zu euch muß man primitiv reden.

Will ich nicht.

Wie mir der Schnabel gewachsen ist – nicht wie euch die Ohren gewachsen sind.

Dialektik.«

Die FDJ-Funktionäre waren nicht besonders glücklich, als ihnen Brecht im Dezember 1948 den Text für das *Aufbaulied der F. D. J.* schickte:

Besser als gerührt sein ist, sich rühren
Denn kein Führer führt aus dem Salat
Selber werden wir uns endlich führen
Weg der alte, her der neue Staat.
Fort mit den Trümmern
Und was Neues hergebaut
Um uns selber müssen wir uns kümmern
Und heraus gegen uns, wer sich traut.

Der FDJ-Führung sträubte sich vor allem gegen den Satz: »Und kein Führer führt aus dem Salat.« Es gebe eine Führung durch die Partei, die nicht in Frage gestellt werden sollte, gab man Brecht zu verstehen. Brecht weigerte sich jedoch, Änderungen vorzunehmen: »Ich kann aber nicht entsprechen, die Strophe ist auf dem Motiv des Sich-selbst-Führens aufgebaut, und das ganze Lied dazu.« (*Journale*, 2. Januar 1949). Er setzte sich durch. In der Vertonung Paul Dessaus wurde das Lied zu einem der populärsten Propagandaschlager der DDR.

Wenige Schritte vom FDJ-Haus entfernt war Anfang der fünfziger Jahre das **Ministerium für Außenhandel (Unter den Linden 26)** untergebracht. Im Oktober 1954 wandte sich Brecht an die Behörde mit der Bitte, den Ankauf einer »Contax mit Tele-Einrichtung« gegen Devisen zu genehmigen. Die Kamera war für die Fotografin Gerda Goedhart bestimmt. Neben Aufnahmen für die Modellbücher von Inszenierungen hat sie damit zahlreiche Porträts angefertigt, die Brechts Erschöpfung durch die »Mühen der Ebenen« während der letzten beiden Lebensjahre erkennen lassen.

»Unter den Linden wird das Wasser aus dem Untergrundbahnstollen gepumpt. Zerlumpte Arbeiter trotten im Kreis hinter einem Hebebalken, wie Samson trottete in der Mühle zu Gaza. Ein andermal sehe ich einen Haufen junger und alter Frauen einen schweren Handwagen die Linden herunterziehen und schieben, einige sitzen darauf, und der Polizeiwachtmeister wechselt Witze mit ihnen. Eine junge Studentin (Vater kranker Monteur) sagt mir, was sie ißt: morgens drei trockene Schnitten Brot, übern Tag fünf, am Abend eine Suppe (Gemüse und Kartoffel).
Überall chinesischer Hunger.«

Die Szene, die Brecht am 3. Februar 1949 vom Hotel Adlon kommend beobachtet, läßt sich exakt lokalisieren: Sie muß sich an der Kreuzung **Unter den Linden**/Ecke **Friedrichstraße** abgespielt haben, wo die U-Bahn-Linie 6 die Lindenallee kreuzt. Das war einmal die berühmteste Verkehrskreuzung Berlins: Die breite Parade- und Flanierstraße des Kaiserreichs verlor hier ihren etwas steifen Charakter, da Tag und Nacht ein Menschenstrom aus den Vergnügungsstätten und Geschäften der Friedrichstraße über sie flutete. An der Kreuzung lagen das Café Bauer und das Café Kranzler, hier wurde die erste elektrische Beleuchtung in Berlin in Betrieb genommen. Nach der Abdankung der Hohenzollern verwandelten sich die »Linden« in eine vornehme Geschäftsstraße mit Reisebüros, Automobilgeschäften, Juwelieren und Modeateliers. Es wird kolportiert, auch Brecht habe Ende der zwanziger Jahre seine werktagsblauen Seidenhemden und Proletarieranzüge bei einem Schneider Unter den Linden anfertigen lassen.

Wenn nicht von Brecht selbst, so dürfte die ehemalige **Preußische Staatsbibliothek** (erbaut 1903/04, **Unter den Linden 8**) in den zwanziger Jahren sicher von seinen Mit- und Zuarbeitern intensiv benutzt worden sein. Die größte Bibliothek der Stadt war eine unverzichtbare Wissensquelle für einen Dramatiker, der sich mit Wirtschaftstheorien beschäftigte und ständig nach geeignetem Material für Stücke Ausschau hielt. Seine Bücher wurden in der Staatsbibliothek gesammelt. In der Nazizeit kamen sie mit den Büchern anderer verfemter Autoren in ein schwer zugängliches Sondermagazin. Während des Krieges wurden diese Bestände ausgelagert und gingen zum größten Teil verloren.

1954 erhielt das Haus den Namen **Deutsche Staatsbibliothek**. Um das gewandelte Selbstverständnis der Bibliothek im Sozialismus augenfällig zu machen, wurden im öffentlich zugänglichen Brunnenhof zwei Plastiken aufgestellt. Auf einer großen Bronzetafel läßt sich mit Mühe Brechts Gedicht *Fragen eines lesenden Arbeiters* entziffern; genau gegenüber steht die überlebensgroße Skulptur eines Arbeiters mit einem Buch in der Hand. Dieses Denkmal ist absichtlich so postiert worden, daß jeder Benutzer der Bibliothek daran vorbeigehen muß. Es wird dennoch kaum zur Kenntnis genommen und ist als Brecht-Denkmal so gut wie unbekannt. Vom Kulturbund der DDR bei dem Bildhauer Werner Stötzer in Auftrag gegeben, ist es am Vorabend der 300-Jahr-Feier der Staatsbibliothek am 21. Oktober 1961 eingeweiht worden.

In der benachbarten **Universität (Unter den Linden 6)** war Brecht vom 13. Dezember 1921 bis zum 24. Januar 1922 immatrikuliert. Nicht als Medizinstudent wie in München, sondern an der philosophischen Fakultät. In seinem Tagebuch aus dieser Zeit finden sich keine Hinweise, daß er tatsächlich am Leben der Universität teilgenommen hat. Anfang der dreißiger Jahre wurde Brecht darauf aufmerksam, daß nationalsozialistische Organisationen große Erfolge bei den Wahlen zu den Studentenvertretungen verzeichnen konnten. Sein Nachlaß enthält Aufzeichnungen, in denen er eine Strategie gegen die rechtsradikale Unterwanderung der Universitäten skizzierte.

1949 erhielt die Universität nach ihrem Gründer den Namen Humboldt-Universität. Doch nicht umfassende Bildung, wie sie Humboldt erstrebte, war das vorrangige Ziel des Studiums, sondern Schulung im Marximus-Leninismus. Davon zeugt die elfte Feuerbachthese von Marx im Foyer: »Die Philosophen haben die Welt nur verschieden interpretiert, es kommt darauf an, sie zu verändern.« Aus Protest gegen den Gesinnungsdruck gründeten abtrünnige Professoren und Studenten 1947 im amerikanischen Sektor die Freie Universität.

Im Sozialismus sollten auch Arbeiter- und Bauernkinder ohne Abitur die Möglichkeit zum Studium erhalten. Brecht traf sich im November 1948 mit einer Gruppe von Jugendlichen, die in Zweijahresklassen darauf vorbereitet wurden. Den Studenten der neu gegründeten »Arbeiter- und Bauernfakultäten« an den Universitäten der DDR widmete er 1955 ein Gedicht:

1

Daß ihr hier sitzen könnt: So manche Schlacht
Wurd drum gewagt. Ihr mögt sie gern vergessen.
Nur wißt: Hier haben andre schon gesessen
Die saßen über Menschen dann. Gebt acht!

2

Was immer ihr erforscht einst und erfindet
Euch wird nicht nützen, was ihr auch erkennt
So es euch nicht zu klugem Kampf verbindet
Und euch von allen Menschenfeinden trennt.

3

Vergeßt nicht: mancher euresgleichen stritt
Daß ihr hier sitzen könnt und nicht mehr sie.
Und nun vergrabt euch nicht und kämpfet mit
Und lernt das Lernen und verlernt es nie!

»Die anderen« – das waren die Studenten, die sich mit Begeisterung an der Gleichschaltung der Universitäten während des Nationalsozialismus beteiligt hatten. Studentische

Organisationen waren maßgeblich an der Vorbereitung der Bücherverbrennung am 10. Mai 1933 beteiligt. Die zentrale Veranstaltung, die durch den Rundfunk ins ganze Reich übertragen wurde, fand vor dem Hauptgebäude der Berliner Universität statt. Brecht gehörte als Marxist und Exponent einer modernen Großstadtliteratur zu den verbrannten Autoren. Angeregt durch den öffentlichen Protest Oskar Maria Grafs, dessen Bücher die Nazis verschont hatten, schrieb er im Exil das Gedicht

Die Bücherverbrennung (1938)

Als das Regime befahl, Bücher mit schädlichem Wissen
Öffentlich zu verbrennen, und allenthalben
Ochsen gezwungen wurden, Karren mit Büchern
Zu den Scheiterhaufen zu ziehen, entdeckte
Ein verjagter Dichter, einer der besten, die Liste der
Verbrannten studierend, entsetzt, daß seine
Bücher vergessen waren. Er eilte zum Schreibtisch
Zornbeflügelt, und schrieb einen Brief an die
    Machthaber.
Verbrennt mich! schrieb er mit fliegender Feder,
    verbrennt mich!
Tut mir das nicht an! Laßt mich nicht übrig!
    habe ich nicht
Immer die Wahrheit berichtet in meinen Büchern?
    Und jetzt
Werd ich von euch wie ein Lügner behandelt!
    Ich befehle euch:
Verbrennt mich!

Seit dem 50. Jahrestag der Bücherverbrennung ist der **Bebelplatz** (vis-à-vis zum Universitätsgebäude) für parkende Autos gesperrt. Nach einem Entwurf des israelischen Künstlers Micha Ullmann wurde der Platz zur Gedenkstätte umgestaltet. Durch eine Öffnung in der Platzmitte

Die Bücherverbrennung am 10. Mai 1933

schaut man hinab in eine unterirdische, ausgeräumte Bibliothek. Zwei ins Pflaster eingelassene Tafeln zitieren Heinrich Heine: »Dort wo man Bücher verbrennt, verbrennt man auch am Ende Menschen!«

Heine starb 1856 als Emigrant in Paris, hundert Jahre vor Brecht. Kulturpolitische Engstirnigkeit hat es verhindert, daß Heine 1956 mit einem Denkmal Unter den Linden geehrt wurde. Als Standort war das Kastanienwäldchen hinter der **Neuen Wache** ausersehen. Eine Skulptur, die der Kulturbund bei dem Bildhauer Waldemar Grzimek in Auftrag gegeben hatte, wurde rechtzeitig fertig. Doch sie erregte Anstoß, weil sie einen sehr jungen, beweglich und ein wenig süffisant wirkenden Heine darstellte und dem geforderten Bild eines Klassikers der sozialistischen Literatur so ganz und gar nicht entsprach. Das Denkmal wurde ohne offizielle Einweihung im **Volkspark am Weinbergsweg** abgestellt. Dort steht es noch heute, so gut wie vergessen.

Das **Zeughaus** (**Unter den Linden 2**) ist nach der Gründung der DDR als **Museum für deutsche Geschichte** im Eiltempo wiederaufgebaut worden. Es propagierte die Geschichtsauffassung der SED, wonach die DDR-Staatsgründung die Erfüllung aller revolutionären, demokratischen und humanistischen Bestrebungen seit den Bauernkriegen war. Das Anliegen des Museums, die Geschichte aus der Perspektive der Unterdrückten neu zu interpretieren, teilte Brecht. Der Glaube an einen linearen Geschichtsverlauf jedoch ging ihm ab. Schon vor der Rückkehr nach Berlin registrierte er in Deutschland »die kreisförmige Bewegung aller Prozesse [...]. Weitermachen ist die Parole, es wird verschoben und es wird verdrängt. Alles fürchtet das Einreißen, ohne das das Aufbauen unmöglich ist.« (*Journale*, 6. Januar 1948.) Die Eindrücke vor Ort bestätigten die Ferndiagnose: »Allenthalben macht sich in dieser großen Stadt, in der immer alles in Bewegung ist, [...] die neue deutsche Misere bemerkbar, daß nichts erledigt ist, wenn schon fast alles kaputt ist.« (*Journale* v. 9. Dezember 1948).

Nach dem Ende der DDR hat das **Deutsche Historische Museum**, eine in den achtziger Jahren im Westen gegründete Institution, das Zeughaus mit seinen Beständen übernommen. In der Dauerausstellung zur deutschen Geschichte gibt es keinen Fluchtpunkt mehr, nur noch offene Fragen. Die Chronologie der Ausstellung bricht mit der Gründung der beiden deutschen Staaten im Jahr 1949 ab. In wechselnden Sonderschauen wird die Hinterlassenschaft von vierzig Jahren DDR gezeigt – unvermeidlich stößt man dabei immer mal auf den ›Staatsdichter‹ Brecht und das von ihm begründete Berliner Ensemble.

Die Staatspartei feierte den vermeintlichen Endsieg der Arbeiterklasse jedes Jahr am 1. Mai mit einer riesigen Demonstration. Zentraler Veranstaltungsort war der **Lustgarten** am östlichen Ende der Straße Unter den Linden. Die SED

1. Mai-Feier auf dem neu geschaffenen Marx-Engels-Platz, 1952.

knüpfte damit einerseits an Schinkel an, der die Lindenallee um 1820 zur preußischen Siegesallee ausgebaut hatte, andererseits an die Tradition zahlreicher KPD-Versammlungen im Lustgarten während der Weimarer Republik. Am 1. Mai 1950 notierte Brecht im *Journal*:

»Strahlender Tag. Von der Tribüne im Lustgarten aus sehe ich die Demonstration. Voraus die Freie Deutsche Jugend mit blauen Hemden und Fahnen und die Volkspolizei in Kompanien. Dann ein stundenlanger Zug mit Maschinen, Waggons, Kleiderausstellungen usw. auf Lastwägen, Bildern und Transparenten. Die Demonstranten gehen schlendernd, wie spazierend, und halten ein wenig vor der Tribüne. Während der Rede des chinesischen Teilnehmers werden Tauben losgelassen. (Nebenan kreist in der Luft über der Gegendemonstration hinter dem Brandenburger Tor ein amerikanischer Schraubenflieger.) Erstaunlich viele Bezirke aus Westberlin sind dabei, trotzend dem Druck dort. Das Berliner Ensemble fährt auf seinem Lastwagen,

Barbara sitzt auf dem Couragewagen und schwenkt eine rote Fahne. Helli wird durch alle Straßen hindurch begrüßt, Frauen halten tatsächlich die Kinder hoch: ›Die Mutter Courage‹!«
Beglückt schrieb Brecht anschließend ein Gedicht für Helene Weigel:

Das Theater des neuen Zeitalters
Ward eröffnet, als auf die Bühne
Des zerstörten Berlin
Der Planwagen der Courage rollte.
Ein und ein halbes Jahr später
Im Demonstrationszug des 1. Mai
Zeigten die Mütter ihren Kindern
Die Weigel und
Lobten den Frieden.

Die den Lustgarten begrenzenden Gebäude, Schinkels **Altes Museum** und der **Dom**, waren damals Ruinen. Die Fassade des alten Stadtschlosses stand noch, ungefähr dort, wo 1976 der **Palast der Republik** eröffnet wurde. Das Schloß ist vor der Maifeier des Jahres 1951 abgeräumt worden, um Platz für Hunderttausende und einen neuen Regierungspalast zu schaffen. Der entstandene Riesenplatz, 180 mal 450 Meter groß, erhielt den seiner zentralen Bedeutung gemäßen Namen **Marx-Engels-Platz**. Ein Portal des Hohenzollernschlosses ist in das rote **Staatsratsgebäude** (1964) eingebaut worden, das über den heutigen **Schloßplatz** hinweg vom Lustgarten aus zu sehen ist. Dieses Schloßportal war der SED kostbar, denn von dort aus hatte Karl Liebknecht im November 1918 die sozialistische Republik ausgerufen.
Geht man vom Lustgarten in die Gegenrichtung, zur Alten Nationalgalerie und **Friedrichsbrücke**, sieht man vor dem Spreeufer die Sitzfigur einer überlebensgroßen Frau. An diesem idyllischen Ort wirkt sie deplaziert. Der Bildhauer

Fritz Cremer (vgl. S. 253 ff.) hat sie in den sechziger Jahren für die Gedenkstätte im ehemaligen Konzentrationslager Mauthausen geschaffen. In der Grünanlage hinter dem Lustgarten erschließt sich die Bedeutung der Skulptur nur, wenn man das zugehörige Gedicht aus dem Exil kennt:

O Deutschland, bleiche Mutter!
Wie haben deine Söhne dich zugerichtet
Daß du unter den Völkern sitzest
Ein Gespött und eine Furcht!

Zwei Adressen unweit der »Linden« sind noch zu erwähnen, die für Brecht in der Nachkriegszeit von großer Bedeutung waren: Der **Aufbau-Verlag** in der **Französischen Straße 32** (hinter der St.-Hedwigs-Kathedrale) und das **Kulturministerium** am **Molkenmarkt 1-3** (hinter dem Roten Rathaus).

Brechts Verlagsbindungen sind ein heikles Kapitel: Schon in den zwanziger Jahren schloß er Verträge mit mehreren Verlagen, deren zahlreiche Sonderklauseln ein kaum durchschaubares juristisches Wirrwarr ergaben. Infolge des Exils wurde die Rechtslage noch komplizierter. Nach dem Krieg bemühten sich vor allem Wieland Herzfelde und Peter Suhrkamp um eine Alleinvertretung Brechts. Beiden war er verpflichtet: Der Malik-Verleger Herzfelde hatte im Exil mit einer Gesamtausgabe begonnen, mit Suhrkamp war er seit den zwanziger Jahren befreundet. Da seine Rückkehr nach Ostberlin durch den Kulturbund ermöglicht worden war, ließ sich auch das Werben des Aufbau-Verlags, der 1945 als Organ des Kulturbundes gegründet wurde, nicht einfach abweisen. Brecht schob eine Klärung lange vor sich her. Unterdessen erschien beim Verlag **Gebrüder Weiß** in Westberlin, **Kochstraße 45**, ein Erzählungsband unter dem Titel *Kalendergeschichten* (Januar 1949).

Brecht war daran gelegen, eine Lösung zu finden, die einen

optimalen Vertrieb seiner Werke in beiden Teilen Deutschlands sicherstellte. Er brauchte einen Verlag wie Aufbau, um das Arbeiterpublikum im Osten zu erreichen. Aus guten Gründen fürchtete er jedoch die politische Kontrolle, der die Verlage im Osten unterlagen. Im Februar 1949 vereinbarte er mit Suhrkamp, daß dort die Reihe *Versuche* wiederaufgenommen und auch eine Gesamtausgabe erscheinen solle. Der Suhrkamp Verlag war damals noch zur Hälfte ein Berliner Verlag, er unterhielt eine Dependance im amerikanischen Sektor (**Forststraße 27** bzw. **Schützallee 7** in Zehlendorf). Der Aufbau-Verlag erhielt die Lizenzen für Ostdeutschland. Im Jahr 1955 wurde in Zehlendorf ein weiterer Vertrag geschlossen, der die Bühnenvertriebsrechte für die DDR und Osteuropa an den Ostberliner **Henschel-Verlag** (damals **Oranienburger Straße 67**) übertrug.

Wieland Herzfelde kehrte erst 1949 nach Ostberlin zurück, zu spät für einen Neuanfang mit eigenem Verlag. Er gab bei Aufbau die Sammlung *100 Gedichte* (1951) heraus, die den Lyriker Brecht aufs neue bekannt machte. Im selben Verlag erschien seit 1949 die Zeitschrift *Sinn und Form*. Sie stellte sich gleich zu Anfang mit einem dicken Sonderheft zu Brecht vor. Von großer Wirkung war auch die aufwendige Dokumentation über die Anfänge des Berliner Ensembles, die unter dem Titel *Theaterarbeit* (1952) bei Henschel erschien.

Das **Ministerium für Kultur** war bis zum Ende der DDR am **Molkenmarkt 1-3** untergebracht. Seine Gründung im Jahr 1954 stärkte Brechts Position innerhalb der DDR-Kulturbürokratie. Er wurde in den künstlerischen Beirat des Ministeriums berufen und konnte auf Unterstützung des Ministers Johannes R. Becher hoffen. Vor allem Becher, seinerzeit Leiter des Kulturbundes, hatte er die Einladung nach Ostberlin im Jahr 1948 zu verdanken. Brecht und seine Mitarbeiter adressierten zahlreiche Eingaben an den Dichter-Minister, die vor allem über den Konkurrenzkampf der Ostberliner Theater und der DEFA um Geld, Ausstattungskapazitäten und erstklassige Schauspieler Aufschluß geben.

Auch sicherte der Draht zum Minister Privilegien. Becher sorgte dafür, daß sich Brecht Anfang 1955 einen neuen Wagen anschaffen konnte (Brief an Becher vom 5. Januar 1955). Eine halbes Jahr später schrieb eine Mitarbeiterin des Berliner Ensembles einen verzweifelten Brief an Bechers Staatssekretär und späteren Nachfolger Alexander Abusch. Brecht wünsche eine Genehmigung, um 100 Flaschen Bier, die er monatlich im Westen kaufe, ohne Scherereien nach Ostberlin zu importieren. Sein Antrag auf einen offiziellen Warenbegleitschein sei mit der Begründung abgelehnt worden, daß die DDR selber Importbiere hätte. »Brecht kann aber das Pilsner Bier gar nicht vertragen und besteht auf seinem Münchener (was Sie als Bayer verstehen werden). Können Sie helfen?« (16. Juli 1955) Das Kulturministerium leitete diesen Hilferuf postwendend an den »Magistrat von Groß-Berlin, Referat Innerdeutscher Handel« weiter: »Herr Brecht, Stalinpreisträger und Nationalpreisträger, benötigt dies Bier zur Erhaltung seiner Gesundheit und seiner Schaffenskraft. Vom Ministerium für Kultur wird dieser Antrag wärmstens befürwortet.«

Brechts Hoffnung jedoch, Einfluß auf die Politik des Ministeriums nehmen zu können, scheint nicht in Erfüllung gegangen zu sein. »Die Zeit des Kollektivismus ist zunächst eine Zeit der Monologe geworden; ich wünsche mir auch noch die Fortsetzung unserer Gespräche«, schrieb Brecht ein Jahr vor seinem Tod in einem Geburtstagsbriefchen an den Dichter-Minister Becher. Und im Nachsatz: »Dir wünsche ich gutes Wetter und frisches Gemüse für die laufende Woche.« (22. Mai 1956)

»DURCH DIE TRÜMMER DER LUISENSTRASSE«

Im Charitéviertel (zwischen Bertolt-Brecht-Platz und Brecht-Haus)

Wegstrecke: Bertolt-Brecht-Platz mit Berliner Ensemble (S. 144 ff.) und Brechtdenkmal (S. 253 ff.) – Bunker Reinhardtstraße/Ecke Albrechtstraße – Deutsches Theater und Kammerspiele (Schumannstraße 13a / S. 129 ff.) – Probebühne (Reinhardtstraße 29) – Karlplatz mit »Die Möwe« (Luisenstraße 18) – Charitéstraße 3 – ehemaliges Volkskammergebäude (Luisenstraße 58/59) – Luisenstraße 60 – ehemaliges Gebäude der Akademie der Künste (Robert-Koch-Platz 7). In der Nähe liegen das Brecht-Haus (Chauseestraße 125) und der Dorotheenstädtische Friedhof (S. 240-252).

Die kürzeste Verbindung zwischen den beiden bekanntesten Brecht-Erinnerungsstätten, dem Berliner Ensemble am **Bertolt-Brecht-Platz** und dem Sterbehaus in der Chausseestraße, ist die Friedrichstraße. Doch wer den kürzesten Weg wählt, dem entgeht vieles. In den Seitenstraßen liegen weniger bekannte Arbeits- und Aufenthaltsorte so dicht beieinander wie nirgendwo sonst. Ähnlich eng waren die Nachbarschaften im Neuen Westen der zwanziger Jahre. Während dort fast gar nichts mehr davon zu sehen ist, fällt es in den Straßenzügen zwischen dem Bahnhof Friedrichstraße und dem Dorotheenstädtischen Friedhof leichter, den Wegen Brechts und seiner Mitarbeiter in der Nachkriegszeit zu folgen. Noch, muß man hinzufügen, denn die Auflösung der DDR und die geplante Neuansiedlung von Parlament und Regierung in nächster Nähe haben dazu geführt, daß das Netzwerk der Erinnerung allmählich fadenscheinig wird. Kulturinstutionen, Gedenktafeln und ganze Gebäude sind bereits von der Bildfläche verschwunden, und Kriegslücken, die vierzig Jahre lang das Straßenbild bestimmten, werden nicht gerade behutsam mit Neubauten zugestopft.

Reinhardtstraße

An den massiven Hochbunker aus der Nazizeit an der Reinhardtstraße/Ecke Albrechtstraße hat sich bisher niemand herangewagt. Er steht auf halber Strecke zwischen dem Deutschen Theater (S. 129 ff.) und dem ehemaligen Großen Schauspielhaus (S. 140 ff.). In den Bombennächten des Zweiten Weltkriegs bot er zweitausend Menschen Zuflucht. Heute wird in dem schalldichten Koloß nachts Techno getanzt. Mitarbeiter von LesArt, dem Zentrum für Kinder- und Jugendliteratur in der Weinmeisterstraße (S. 91), besuchen den Bunker manchmal mit Schulklassen und lesen Texte über den Krieg.

Die ehemalige **Probebühne des Berliner Ensembles (Reinhardtstraße 29)** war nicht massiv genug gebaut, um der Bauspekulation im Umkreis des Reichstages zu widerstehen. Bis Mitte der neunziger Jahre probte hier das Ensemble des Deutschen Theaters. Die Architekten des Büro-, Geschäfts- und Wohnhauskomplexes, der hier neu entsteht, waren zumindest so geschichtsbewußt, daß sie die Straßenfassade des Probenhauses stehenließen und als Entrée in ihre Planung einbezogen.

Nach dem Einzug in die ehemalige Militärturnhalle im Februar 1951 notierte Brecht begeistert: »Angenehmes Proben im neuen Probenhaus (in den Trümmern der Reinhardtstraße). Schon so kleine Dinge, wie daß man in reinlichen Wänden probiert statt den verschmierten anderer Stücke und daß hier nichts vorgeht als eben Probieren, machen viel aus. Und wenn wir erst durchgesetzt haben, daß bei Tageslicht probiert wird ... (da, wo Räusche angerührt werden, gibt es keine Fenster, in Kirchen, Brauereien und Theatern).« (*Journale*, 10. Februar 1951)

Theaterproben finden kaum jemals im hellen Tageslicht statt. Gegebenenfalls werden die Räume verdunkelt, um eine ähnliche Probensituation zu haben wie später auf der Bühne. Der Aufklärer Brecht haßte das Zwielicht. Das Theater sollte keine Illusionsmaschine sein und keine Rauschzustände erzeugen, sondern auf unterhaltsame Weise belehren. Schon auf der Probe sollten sich die Schauspieler daran gewöhnen.

Luisenstraße 18

Eine Ecke weiter, im Haus Luisenstrasse 18, war das Büro der Intendantin des Berliner Ensembles, Helene Weigel, untergebracht. In dem spätklassizistischen Stadtpalais der Fürstenfamilie von Bülow traf sich in den zwanziger Jahren ein jüdischer Kulturverein, zu dessen Mitgliedern Carl von Ossietzky zählte. Im Zweiten Weltkrieg nutzte der Generalstab der Wehrmacht das Haus als Casino. Am 15. Juni 1946 gründeten sowjetische Kulturoffiziere den Klub **»Die Möwe«** als Treffpunkt für hungernde Künstler aus allen Sektoren der besetzten Stadt. Das Haus war beheizt, und man konnte eine warme Suppe bekommen. Dieser praktischen Form der Künstlerförderung maßen die Sowjets große Bedeutung zu, denn die Künstler sollten bei der mentalen Entnazifizierung der Deutschen helfen. Der Name »Die Möwe« war eine Anspielung auf Tschechows gleichnamiges Stück und eine Reminiszenz an das Moskauer Künstlertheater, auf dessen Vorhang »Tschaika« (die Möwe) zu lesen war. In den neunziger Jahren hat eine Bank das Palais erworben, die darauf spekuliert, daß die Hamburgische Landesvertretung sich dort niederläßt. Seitdem ist das Haus geschlossen, die Hinweise auf den früheren Künstlerklub an der Fassade sind getilgt.

Nach der Eroberung Berlins nutzte die sowjetische Militärverwaltung zahlreiche Gebäude in der Luisenstraße. Zeitzeugen erzählen, die Sowjets hätten sich hinter Mauern und Stacheldraht verschanzt. Vor dieser Kulisse spielte sich eine Begegnung mit einem Besatzungssoldaten ab, die Brecht im *Journal* vom 14. Dezember 1948 festhielt:

»Wie wir nach einem gründlichen Gespräch über die Versäumnisse der deutschen Arbeiter 18, 20 und 23 mit Jakob Walcher [einem Gründungsmitglied der KPD – M. B.] und seiner Frau aus der »Möwe« auf die Straße treten, treibt sich zwischen dem Ausgang und dem Auto Walchers ein betrunkener blutjunger russischer Leutnant um, auf Walcher einen Revolver anlegend, dann Helli [Weigel] aufhaltend, ebenfalls mit dem Revolver hin und her fuchtelnd. Er hat den bleichen, verzweifelten Ausdruck der Betrunkenen und ist ganz versunken in dem trüben Bereich der unartikulierten Gesten, unfähig, sich damit und seinen zwei Revolvern verständlich zu machen. Am Ende tritt er zurück mit einer Bewegung beider Arme, den Weg frei machend ›gehen wollen‹. Aber die ›Möwe‹ hat ihr Haus sogleich verdunkelt, und weder der Portier noch sonst jemand kümmert sich um den Vorgang.«

Karlplatz / Charitéstraße

Um diese Zeit muß Brecht fast täglich durch die Luisenstraße gegangen sein. Sie war die kürzeste Verbindung zwischen seiner Unterkunft im Hotel Adlon (S. 169 f.) und dem Deutschen Theater, wo er die Proben zur *Mutter Courage* leitete. Zu seinen kleinen Freuden in der verwüsteten Stadt zählte eine Pappel, die am **Karlplatz** stehengeblieben war. In den Kriegs- und Hungerwintern waren fast alle Bäume in der Stadt gefällt worden. Möglicherweise blieb die Pappel am Karlplatz deshalb verschont, weil sich die Berliner wegen der vielen sowjetischen Soldaten in der Gegend nicht herantrauten. Brecht deutete ihr Überleben anders:

Die Pappel vom Karlsplatz (1950)

Eine Pappel steht am Karlsplatz
Mitten in der Trümmerstadt Berlin
Und wenn Leute gehn über den Karlsplatz
Sehen sie ihr freundlich Grün.

In dem Winter sechsundvierzig
Fror'n die Menschen, und das Holz war rar
Und es fielen da viele Bäume
Und es wurd ihr letztes Jahr.

Doch die Pappel dort am Karlsplatz
Zeigt uns heute noch ihr grünes Blatt:
Seid bedankt, Anwohner vom Karlsplatz
Daß man sie noch immer hat.

Hanns Eisler hat das Kinderlied vertont. In den Schulen der DDR gehörte es zur Pflichtlektüre. Der Baum mußte irgendwann gefällt werden, denn die Lebensdauer von Pappeln ist begrenzt. Damit der Karlplatz nicht ohne Pappel blieb, wurden – auf Initiative der Bertolt-Brecht-Oberschule im Bezirk Mitte – in den achtziger Jahren mehrere Bäume nachgepflanzt. Heute stehen wieder einige ausgewachsene Pappeln in einer kleinen Grünanlage. Im Winter 1996/97, fünfzig Jahre nach dem schrecklichen Hungerwinter, stellten Kinder auf den Reklametafeln an der Ecke Bilder aus, die sie nach Brechts Gedicht gemalt hatten.

Durch die Trümmer der Luisenstraße
Fuhr eine Frau auf dem Fahrrad
Über der Lenkstange hielt sie Weintrauben
Und aß im Fahren. Angesichts
Ihres Appetits bekam auch ich Appetit
Und nicht nur auf Weintrauben.
   (1949)

Appetit, der eine wie der andere, führte Brecht in den fünfziger Jahren oft hierher. Vom Karlplatz aus sichtbar, in der **Charitéstraße 3**, wohnte seit 1949 die Mitarbeiterin und Geliebte Ruth Berlau. Brecht hatte die »rote Ruth« – er selbst nannte sie »Lai-Tu« – im dänischen Exil kennengelernt. Sie leitete damals ein Arbeitertheater in Kopenhagen.

Ruth Berlau folgte Brecht durch alle Stationen des Exils. In Ostberlin beschäftigte er sie vor allem als Fotografin. Eine Zeitlang ging Brecht jeden Mittag von den Proben in der Reinhardtstraße in ihre Wohnung, um dort Mittag zu essen. Für alle Beteiligten, einschließlich der anderen Geliebten und der Mitarbeiter Brechts, war es eine nervenaufreibende Liebesbeziehung. Brecht sagte Ruth Berlau einmal ins Gesicht, sie habe seine Lebenserwartung um fünf Jahre verkürzt. Ruth Berlau litt darunter, daß ihr lediglich die Rolle zugedacht war, »die fünfte Violine bei Brecht zu spielen« (Berlau an Peter Suhrkamp, 16. Januar 1951). Sie setzte Brecht mit Eifersuchtsszenen bei den Proben und Selbstmordversuchen unter Druck. Mehrfach wurde sie in der psychiatrischen Abteilung der benachbarten Klinik, der **Charité**, behandelt. Dort ist sie 1974 gestorben, als ihr Bett aus ungeklärten Gründen – vielleicht war es Nachlässigkeit, vielleicht Selbstmord – in Flammen aufging.

Am Ende der kurzen **Charitéstraße** liegt der alte Haupteingang der Klinik, eine romantisch mit Efeu überwachsene Backsteinburg. Ein großes Denkmal am **Karlplatz** (1910, Fritz Kliemsch) zeigt in allegorischer Gestalt den Kampf eines Arztes gegen die Krankheit. Es ehrt Rudolf Virchow, einen der Ärzte, denen die Charité ihren früheren Weltruf verdankt. Virchow (1821-1902) erforschte als junger Arzt die Entstehung von Cholera- und Typhusepidemien. Dabei gelangte er zu der Einsicht, daß Seuchen nur wirkungsvoll zu bekämpfen waren, wenn man die Wohnverhältnisse der betroffenen Menschen verbesserte. Von Virchow stammt der Satz: »Die Medizin ist eine soziale Wissenschaft, und die Politik ist nichts weiter als die Medizin im großen.« Er wurde Politiker und saß als liberaler Gegenspieler Bismarcks im Deutschen Reichstag. Berlin verdankt ihm den Bau seines Kanalisationssystems. Man kann sagen, Virchow hat die Rolle des Arztes genauso im gesellschaftlichen Kontext gesehen und aus diesem Bewußtsein heraus verändert wie Brecht die Rolle des Schriftstellers.

Von allen bürgerlichen Berufen stand Brecht der Arztberuf am nächsten. Nach dem Notabitur studierte er zunächst Medizin im München. Im Ersten Weltkrieg betreute er als Sanitätssoldat Schwerverwundete. Das lyrische Ich in manchen seiner Gedichte nimmt ganz selbstverständlich eine ärztliche Haltung ein: »Marie Farrar, geboren im April/ Unmündig, merkmallos, rachitisch, Waise, / Bislang angeblich unbescholten, will/ ein Kind ermordet haben ...« Ähnlich klingen die Morgue-Gedichte von Gottfried Benn (er wurde an der Charité ausgebildet), und es ist sicher kein Zufall, daß Brecht die praktizierenden Ärzte Benn und Döblin als Schriftsteller besonders hoch geschätzt hat. Im Theater hat Brecht eine Art ärztliches Instrument gesehen, um einer kranken Gesellschaft die Diagnose zu stellen und sie zu therapieren. Nach anfänglichen Versuchen mit Schocktherapien ging er dazu über, dem Publikum episches Theater in kleinen, verträglichen Dosen zu verabreichen und auf langfristige Besserung zu hoffen.

Glaubt man dem Jugendfreund Arnolt Bronnen, so hat sich Brecht in der Charité wohl gefühlt. Im Januar 1922 wurde er ausgehungert, erschöpft vom Berliner Winter und mit einer Nierenerkrankung in die Klinik eingeliefert:

»Sie kannten das beide vom Kriege her: Große Krankensäle mit vielen elenden Menschen, schlechte Luft, schäbige Kleidung, zerrissene Krankenhemden und unrasierte Wangen. In einer Ecke lag Brecht, lächelnd, sicher, souverän: Er glich einem Glücklichen. Marianne saß bei ihm, sie hatte ihm Manuskripte, Bücher, Schreibhefte gebracht. Daneben hockte noch ein junger Hilfsarzt, der, von seinem Patienten fasziniert, sich Tag und Nacht um den Kranken bekümmerte. So kam Bronnen um jede Möglichkeit, Trost zu spenden, und erhielt seinerseits Trost; Brecht meinte, es gäbe für einen jungen Dramatiker nichts Lehrreicheres, als in einem großen Krankensaal – noch besser: Schwerkrankensaale – zu liegen, und empfahl dem Besucher, sich neben ihn zu legen; eine Krankheit würde sich schon finden lassen.«

Kurz vor seinem Tod mußte sich Brecht in der Charité wegen einer Grippe stationär behandeln lassen. Aus diesem Anlaß, womöglich auf dem Krankenbett, entstand sein Gedicht

Als ich in weißem Krankenzimmer der Charité
Aufwachte gegen Morgen zu
Und eine Amsel hörte, wußte ich
Es besser. Schon seit geraumer Zeit
Hatte ich keine Todesfurcht mehr, da ja nichts
Mir je fehlen kann, vorausgesetzt
Ich selber fehle. Jetzt
Gelang es mir, mich zu freuen
Alles Amselgesanges nach mir auch.

Luisenstraße 58/59

Im ehemaligen Vereinshaus der Deutschen Gesellschaft für Chirurgie und Berliner medizinischen Gesellschaft tagte seit 1949 das Parlament der DDR, die **Volkskammer.** Dieses Parlament war kein frei gewähltes Kontrollorgan der Regierung, sondern so zusammengesetzt, daß Widerspruch gegen die Entscheidungen der »Partei der Arbeiterklasse« nicht zu erwarten war. Auf Brecht machte die Volkskammer den Eindruck einer »riesigen Fassade«, hinter der die wirklichen Machtverhältnisse vor der Bevölkerung verborgen wurden. Er wandte sich deshalb mit Änderungsvorschlägen an den Ministerpräsidenten Otto Grotewohl (19. Juli 1954).

Eine Tafel am früheren Volkskammergebäude macht darauf aufmerksam, daß Wilhelm Pieck hier zweimal zum Präsidenten der DDR wiedergewählt wurde. Er bekleidete diese Funktion seit der Staatsgründung bis zu seinem Tod im Jahr 1960. Unter den Politikern, die hohe Ämter in der DDR innehatten, war er der beliebteste und der einzige, den Brecht duzte. In der von Ulbricht angezettelten Formalismusdiskussion um die *Lukullus*-Oper (S. 151 ff.) nahm Pieck die Künstler in Schutz. Als er zum Staatspräsidenten gewählt wurde, widmete ihm Brecht das Gedicht *An meine Landsleute* (1949). Wenig später schrieb er das Kinderlied

Willems Schloß

Willem hat ein Schloß.
Es heißt Niederschönhausen.
Von innen ist es schön
Und schön ist es von außen.

Willem ist nicht da.
Er wohnt bei sich zuhause.
Sieht dort auch mal 'nen Freund
Und macht auch mal 'ne Pause.

Wenn die Republik
Will sehn den Präsidente
Kommt Willem in sein Schloß
Und schüttelt viele Hände.
 (1950)

Schloß Niederschönhausen, Amtssitz des ersten (und einzigen) Präsidenten der DDR und später Gästehaus der DDR-Regierung, liegt außerhalb des Stadtzentrums im Bezirk Pankow. Der Schloßpark ist während der Sommermonate öffentlich zugänglich. In den fünfziger Jahren wohnte die gesamte politische Führung des Staates in unmittelbarer Nachbarschaft am **Majakowskiring**: Johannes R. Becher (Nr. 34), Walter Ulbricht (Nr. 28/30), Wilhelm Pieck (Nr. 29) und Otto Grotewohl (Nr. 46/48). In dessen Villa ist heute die **Literaturwerkstatt Berlin** untergebracht. Ganz in der Nähe wohnte auch der Komponist Hanns Eisler (Pfeilstraße 7). Alle Häuser sind erhalten und mit Gedenktafeln versehen, mit Ausnahme der Villa Ulbrichts. Wie im damaligen Ostblock üblich, wurde der einflußreichste Politiker der frühen DDR unter seinem Nachfolger Erich Honecker zur Unperson. Nach Ulbrichts Tod im Jahr 1973 ist seine Villa abgerissen worden. Die Geschichte hat ihn gerächt: Während der Recherchen zu dem vorliegenden Buch im Frühjahr 1997 ist die Honecker-Villa am **Rudolf-Ditzen-Weg 14** in aller Stille dem Erdboden gleichgemacht worden.

Luisenstraße 60 / Robert-Koch-Platz 7

In der Auflösungsphase der DDR, im Frühjahr 1990, verschwand eine Gedenktafel an dem Haus neben dem ehemaligen Volkskammergebäude. Damals sind zahlreiche Wegzeichen, die an die sozialistische Vergangenheit der Hauptstadt erinnern sollten, von Unbekannten zerstört oder beschädigt worden. An der Luisenstraße sprühte jemand aus Protest ein rotes Graffito auf den kahlen Fleck, den die Demontage der Tafel hinterlassen hatte: »Hier wohnte Karl Marx – ein großer Sohn Deutschlands«.

Marx hat als Student (von Oktober 1838 bis März 1839) hier gelebt. Seine Schriften entdeckte Brecht im Berlin der zwanziger Jahre durch »eine Art Betriebsunfall«. Für ein Stück, das vor dem Hintergrund der Weizenbörse Chicagos spielen sollte, suchte er eine Erklärung, wie der moderne Handel funktioniert. Die marxistische Kapitalismuskritik stimmte mit seinen eigenen Eindrücken und Erfahrungen überein: »Als ich ›Das Kapital‹ von Marx las, verstand ich meine Stücke.« (*Der ideale Zuschauer für meine Stücke*). Die marxistische Theorie bildete fortan die weltanschauliche Basis seiner künstlerischen Produktion.

In der Luisenstraße 60 ist jetzt das Archiv Bildende Kunst der **Akademie der Künste** untergebracht. Die Akademie nutzte bereits das Nachbargebäude, nachdem die Volkskammer 1976 in den Palast der Republik umgezogen war. Ihren Hauptsitz hatte sie in einem früheren sowjetischen

Offizierskasino am nördlichen Ende der Luisenstraße (**Robert-Koch-Platz 7**), das in den neunziger Jahren an die Kaiserin Friedrich Stiftung für das ärztliche Fortbildungswesen rückübertragen wurde.

Die 1696 gegründete Berliner Akademie ist – nach Rom und Paris – die drittälteste Institution dieser Art in Europa. Den Abteilungen für bildende Künste und Musik wurde 1926 eine Sektion für Dichtkunst angegliedert. Deren Vorsitzender Heinrich Mann wurde im Februar 1933 von Autoren, die mit den Nationalsozialisten sympathisierten, aus dem Amt gedrängt. Durch die Gleichschaltung verlor die Akademie damals ihre besten Mitglieder und versank in Bedeutungslosigkeit.

Nach dem Krieg kam es infolge des Ost-West-Konflikts zu einem doppelten Neuanfang: Am 23. März 1950 fand im Admiralspalast die feierliche Gründungsveranstaltung der »Deutschen Akademie der Künste« statt, die eine gesamtdeutsche Akademie sein wollte, jedoch vom Westen boykottiert wurde. In Westberlin wurde am 2. Dezember 1954 eine weitere Akademie der Künste ins Leben gerufen. Nach langwierigen Auseinandersetzungen um die Übernahme politisch belasteter Mitglieder der Ostakademie konnten beide am 1. Oktober 1993 zu einer neuen Berlin-Brandenburgischen Akademie vereinigt werden. Sie soll am Pariser Platz, an der Stelle des im Krieg zerstörten Akademiegebäudes, einen Neubau erhalten. Bis dahin bleibt sie im Haus der ehemaligen Westakademie am **Hanseatenweg 10** ansässig.

Brecht gehörte zu dem Ausschuß, der im Jahr 1949 die Neugründung in Ostberlin vorbereitete. Dort wollte man an die von den Nationalsozialisten unterbrochene Akademietradition anknüpfen und bemühte sich darum, Heinrich Mann als Präsidenten zu gewinnen. Nach langem Zögern – er war alt, gebrechlich und auch mißtrauisch gegenüber der stalinistischen Kulturpolitik – erklärte sich Heinrich Mann bereit, aus Kalifornien nach Ostberlin zurückzukehren. Kurz vor der geplanten Reise jedoch starb er. Zehn Jahre später wurde seine Asche nach Berlin überführt und auf dem Dorotheenstädtischen Friedhof beigesetzt.

An seiner Stelle übernahm ein anderer Emigrant, Arnold Zweig, die Funktion des Präsidenten. Zu den zweiundzwanzig Gründungsmitgliedern der neuen Akademie gehörten Brecht, Helene Weigel, Anna Seghers, Hanns Eisler, Erich Engel und Wolfgang Langhoff. Zweig wurde 1953 als Präsident durch Johannes R. Becher ersetzt, weil die Akademie sich unter seiner Leitung immer wieder kulturpolitischen Vorgaben der SED widersetzt hatte. Nachdem der Versuch gescheitert war, sie zu einer gesamtdeutschen Vorzeigeakademie auf dem Boden der DDR zu machen, sollte sie nach dem Willen der herrschenden Partei bei der Durchsetzung des sozialistischen Realismus auf allen Gebieten der Kunst helfen. Die meisten Mitglieder verstanden ihre Aufgabe jedoch anders. Vor allem für Brecht war die Akademie eine Plattform, um gegen die ästhetische Borniertheit stalinistischer Kulturfunktionäre zu opponieren.

Von Anfang wehrte er sich gegen eine Akademie, »wo die Phrase blüht und der Kalk rauscht« (An Paul Wandel, Dezember 1949). Er setzte sich für die Einrichtung von Meisterklassen zur Förderung des künstlerischen Nachwuchses ein. Die »modernsten Leute für die modernen Künste« (an Arnold Zweig, Juni 1949) sollten an der Akademie ihre Erfahrungen weitergeben. Brecht dachte dabei zunächst an sich und seinen Kreis, an Künstler wie John Heartfield, Caspar Neher, Erich Engel, Fritz Cremer. Besonders wichtig war ihm, daß die Meisterschüler Stipendien erhielten und von ihren Lehrern selbst ausgewählt werden durften.

Die Eleven der Akademie hatten weit größere Entfaltungsmöglichkeiten als die Schüler anderer Institute, an denen vor allem die richtige Gesinnung gelehrt wurde. Im April 1954 beschwerte sich Brecht bei seinem Akademiekollegen Otto Nagel: »An der Dresdner Akademie für bildende Künste ist es den Studenten untersagt, sich von Picasso angefangen bis zu den Impressionisten (inklusive) Werke anzuschauen und darüber zu diskutieren. Ebenso bekommen sie von der Bibliothek kein kunsthistorisches Material über diese Maler. Die Begründung scheint zu sein, daß sie zuerst sozialistischen Realismus begriffen haben müßten, ehe sie sich mit zeitgenössischer Kunst überhaupt bekanntmachen dürfen.« Brecht forderte, gegen diese »sonderbare Pädagogik« (die damals an der Tagesordnung war) vorzugehen. (6. April 1954)

Spielraum und Einfluß der Akademie waren freilich eng begrenzt. Sie war eine staatliche Institution, durchsetzt und (seit 1953) geleitet von Parteimitgliedern, die an Weisungen der SED gebunden waren. Hilfe von ihr konnte nur erwarten, wer sich grundsätzlich zum sozialistischen Staat bekannte. Wo die herrschende Partei sich ernsthaft angegriffen fühlte, mußte die Akademie sich von Kritikern distanzieren und Übereinstimmung mit der Parteilinie demonstrieren. Als sie für ihre Kritik an der Kulturpolitik der SED nach dem 17. Juni Beifall aus dem Westen erhielt, beeilte sich Brecht denn auch, die Unverbrüchlichkeit des Bündnisses zwischen Künstlern und Funktionären zu betonen:

Nicht so gemeint

Als die Akademie der Künste von engstirnigen Behörden
Die Freiheit des künstlerischen Ausdrucks forderte
Gab es ein Au! und Gekreisch in der näheren Umgebung
Aber alles überschallend
Kam ein betäubendes Beifallsgeklatsche
Von jenseits der Sektorengrenze.

Freiheit! erscholl es. Freiheit den Künstlern!
Freiheit rings herum! Freiheit für alle!
Freiheit den Ausbeutern! Freiheit den Kriegstreibern!
Freiheit den Ruhrkartellen! Freiheit den Hitlergenerälen!
Sachte, meine Lieben!

Dem Judaskuß für den Arbeiter
Folgt der Judaskuß für die Künstler.
Der Brandstifter, der die Benzinflasche schleppt
Nähert sich feixend
Der Akademie der Künste.
Aber nicht, um ihn zu umarmen, sondern
Ihm aus der schmutzigen Hand die Flasche zu schlagen
Forderten wir die Freiheit des Ellenbogens.
Selbst die schmalsten Stirnen
In denen der Friede wohnt
Sind den Künsten willkommener als jener Kunstfreund
Der auch ein Freund der Kriegskunst ist.

Hannoversche Straße / Ecke Chausseestraße

An der Ost-Akademie gab es, anders als an der West-Akademie, keine Abteilung für Baukunst. Statt dessen wurde 1951 eine eigene **Bauakademie** ins Leben gerufen, die bei den Hauptstadtplanungen der DDR federführend war. Die Pläne für den Aufbau der Stalinallee (siehe das folgende Kapitel) entstanden in Dachateliers des Hauses **Hannoversche Straße 30**. Dort arbeitete Hermann Henselmann, der Brecht bei der Renovierung seiner Wohnungen in Bukkow und der Chausseestraße beriet.

Seit den siebziger Jahren gehörte das Haus in der Hannoverschen Straße zu den am schärfsten bewachten in Ostberlin. Damals zog die **Ständige Vertretung der Bundesrepublik Deutschland** in das Gebäude, das heute als Außenstelle eines Bundesministeriums dient. Genau gegenüber, in der **Chausseestraße 131**, lebte bis zu seiner Ausbürgerung im Jahr 1977 Wolf Biermann. In dem Lied *Der schwarze Pleitegeier* hat er die Aussicht auf den westdeutschen Bundesadler und die

grünen Männer, die in Aluminium-Kisten
vor meiner Haustür sitzen Tag und Nacht

besungen. Auch Biermanns Gedicht *Herr Brecht* beschreibt eine Szene vor seiner Haustür, auf halbem Weg zwischen Brecht-Haus und Berliner Ensemble. Drei Jahre nach seinem Tod läßt er Brecht auf der Straße zwei Frauen und zwei Männern begegnen:

Was, dachte er,
das sind doch die Fleißigen
vom Brechtarchiv.
Was, dachte er,
seid ihr immer noch nicht fertig
Mit dem Ramsch?

»DEINE ALLEE HAT NOCH KEINE BÄUME ...«

Die Frankfurter / Stalin- / Karl-Marx-Allee

Wegstrecke: U-Bahnhof Petersburger Straße / Frankfurter Tor oder Weberwiese – Döblin-Denkmal am Kosmos-Kino (Karl-Marx-Allee 131) – Laubenganghäuser (Nr. 126/128 und 102/104) – Hochhaus an der Weberwiese (Marchlewskistraße 25) – Erinnerungstafeln im Durchgang Karl-Marx-Allee 114/116 – Karl-Marx-Buchhandlung (Nr. 78) – Ehemaliges Stalindenkmal und Sporthalle zwischen Lebuser und Koppenstraße – Strausberger Platz

O Falladah, die du hangest
   (An einer Mauer hängt ein blutiger Pferdekopf)

Schauermärchen aus der Frankfurter Allee:
Gestürztes Pferd von Menschen angefallen!
In weniger als zehn Minuten nur mehr Knochen!
Ist Berlin die Arktis? Hat die Barbarei begonnen?
O Falladah, die Du hangest!
Wenn das Deine Mutter wüßte

Das Herz zerbräch ihr im Leibe!
Wollen Sie uns den furchtbaren Vorgang näher erläutern!

Ich zog meine Fuhre trotz meiner Schwäche.
Ich kam bis zur Frankfurter Allee.
Dort denke ich noch: o je!
Diese Schwäche! Wenn ich mich gehenlasse
Kann's mir passieren, daß ich zusammenbreche ...
Zehn Minuten später lagen nur noch meine Knochen auf
    der Straße.

Also zu schwere Fuhre? Also zu wenig Futter?
Nicht ohne Mitgefühl sieht man in solcher Notzeit
Mensch und Tier kämpfen mit unerträglichem Elend!
O Falladah, die Du hangest!
Ausgeplündert – bis – auf – die – Knochen!
Mitten in unsrer Riesenstadt, vormittags elf Uhr!

Kaum war da ich nämlich zusammengebrochen
(Der Kutscher lief zum Telephon)
Da stürzten sich aus den Häusern schon
Hungrige Menschen, um ein Pfund Fleisch zu erben
Rissen mit Messern mir das Fleisch von den Knochen
Und ich lebte überhaupt noch und war gar nicht fertig
    mit dem Sterben

O Falladah, die Du hangest!
Aber das sind ja nicht Menschen! Aber das sind ja Bestien
Kommen aus Häusern mit Messern und Töpfen und
    holen sich Fleisch ein
Dies bei lebendigem Leibe! Kalte Verbrecher!
Wollen Sie uns sofort diese Leute beschreiben?

Aber die kannte ich doch von früher, die Leute!
Die brachten mir Säcke gegen die Fliegen doch
Schenkten mir altes Brot und ermahnten noch

Meinen Kutscher, sanft mit mir umzugehen.
Einst mir freundlich und mir so feindlich heute!
Plötzlich waren sie wie ausgewechselt! Ach was war mit
    ihnen geschehen?

Da frage ich mich: was sind das für Menschen?
Haben sie kein Gemüt mehr? Schlägt da im Busen
Keinem ein Herz? Mit eiserner Stirne
Tritt das hervor und vergißt die menschliche Sitte!
Zucht und Beherrschung vergißt es kalt und ergibt sich
Den niedersten Trieben! Wie soll man da helfen?
Zehn Millionen helfen! Das ist nicht möglich!

Da fragte ich mich: was für eine Kälte
Muß über die Leute gekommen sein!
Wer schlägt da so auf sie ein
Daß sie jetzt so durch und durch erkaltet?
So helfet ihnen doch! Und tut es in Bälde!
Sonst passiert Euch etwas, was Ihr nicht für möglich
    haltet!

Brecht hat dieses Gedicht auf das Jahr 1919 datiert, aber geschrieben hat er es wohl Anfang der dreißiger Jahre unter dem Eindruck von Massenarbeitslosigkeit und Weltwirtschaftskrise. Die Dialogform, die in späteren Ausgaben wieder getilgt wurde, verweist auf den Entstehungszusammenhang: Das Gedicht war für eine zeitkritische Weihnachtsrevue von Friedrich Hollaender bestimmt. Sie kam nicht zustande. Brechts prophetische Warnung vor dem Unvorstellbaren, das drohte, erschien zwei Wochen vor Hitlers Ernennung zum Reichskanzler in einer der letzten Ausgaben der Weltbühne.
Den Ort des Geschehens, die **Frankfurter Allee**, hat Brecht mit Bedacht gewählt. Östlich vom Alexanderplatz gelegen, war sie eine zentrale Verkehrsachse, die jeder Berliner kannte – auch wenn er, wie das bürgerliche Publikum

der Hollaender-Revuen, diese Gegend lieber mied. Wie das nahe Scheunenviertel galt sie als Hort von Armut, Kriminalität und Prostitution. In seinem Aufsatz *Die Horst-Wessel-Legende* (1935, vgl. S. 89f.) schrieb Brecht: »Das Volk nämlich wohnte in dieser Gegend, weil es kein Geld hatte, in feinen Wohnungen zu wohnen, also aus einem sehr niedrigen Grund, und darum war sie auch verrufen.«

Brecht kannte die Gegend von seinen Besuchen bei Alfred Döblin. In dessen Wohnung fanden Diskussionsabende statt, an denen auch der Soziologe Fritz Sternberg und der junge Manès Sperber teilnahmen. Zu Sternberg sagt Brecht einmal, als Dramatiker habe er »zwei uneheliche Väter: der eine sei Georg Kaiser, der andere Döblin«. Brecht entwickelte seinen Begriff des »epischen Theaters« in Anlehnung an Döblin, der schon vor dem Ersten Weltkrieg gefordert hatte, die Gattung des Romans für die großen Themen der Zeit zu öffnen und zum »modernen Epos« umzugestalten.

Döblin war, obschon ein anerkannter Schriftsteller und Mitglied der Akademie der Künste, bis zum Erfolg von *Berlin Alexanderplatz* gezwungen, seinen Lebensunterhalt als Nervenarzt an der Frankfurter Allee zu verdienen. Seine Kassenarztpraxis befand sich seit 1919 im Haus Nr. 340. Da der sozialistische Wiederaufbau keine Rücksicht auf die alten Eigentumsverhältnisse nahm, ist die Parzelle nur mehr ungefähr lokalisierbar. Sie lag zwischen den U-Bahnhöfen **Weberwiese** und **Petersburger Straße / Frankfurter Tor** in der Nähe des Kinos **Kosmos** (**Karl-Marx-Allee 133**), vor dem in den neunziger Jahren eine Porträtbüste des Schriftstellers aufgestellt wurde.

Die Frankfurter Allee gehörte nach dem Zweiten Weltkrieg zu den am stärksten zerstörten Vierteln der Stadt. Nach einem verheerenden Luftangriff am 3. Februar 1945 war die Rote Armee über die Straße in Richtung Stadtzentrum vorgerückt. Es bot sich an, hier mit dem Wiederaufbau zu beginnen. In Erinnerung an die Befreiung und zu Ehren Sta-

Stalinallee. Links Laubenganghäuser aus der ersten Phase des Wiederaufbaus

lins, der am selben Tag seinen (angeblich) 70. Geburtstag feierte, erhielt der gesamte Straßenzug zwischen Alexanderplatz und S-Bahn-Ring am 21. Dezember 1949 den Namen **Stalinallee**. Staatspräsident Wilhelm Pieck legte den Grundstein für eine »Wohnstadt Stalinallee«, die 5000 Menschen Obdach bieten sollte.

Die Pläne stammten von einem Planungskollektiv unter Leitung von Hans Scharoun und Ludmilla Herzenstein und knüpften an die Bauhaustradition der zwanziger Jahre an. Sie sahen eine moderne Gartenstadt vor, nicht die Monumentalarchitektur nach sowjetischem Vorbild, die man heute mit dem Namen Stalinallee verknüpft. Zwei **Laubenganghäuser** aus dieser ersten Phase des Wiederaufbaus unterbrechen die Reihe der klassizistischen Wohnpaläste an der Südseite der **Karl-Marx-Allee (Nr. 126/128 und 102/104)**. Man hat sie kurz nach der Fertigstellung im Oktober 1950 auf Anraten sowjetischer Architekten hinter einer Pappelreihe versteckt.

Walter Ulbricht, Chef der SED, und der Ostberliner Bürgermeister Friedrich Ebert waren zu Stalins 70. Geburtstag nach Moskau eingeladen. Bei dieser Gelegenheit wurden beide auf die Prinzipien stalinistischer Baukunst eingeschworen. Nach Berlin zurückgekehrt, forderte Ulbricht die Wendung zu einer Baukunst »im Sinne des Volksempfindens« und geißelte die Architekten, die »in ihren kosmopolitischen Phantasien glauben, daß man in Berlin Häuser bauen könne, die ebensogut in die südafrikanische Landschaft passen« (Rede auf dem 3. Parteitag der SED im Juli 1950). Gemeint waren die Laubenganghäuser an der Stalinallee. Ulbrichts Gefolgsleute und das Parteiorgan *Neues Deutschland* eröffneten eine Kampagne mit dem Ziel, den »Formalismus in der Architektur«, also das Erbe des Bauhauses, auszumerzen. Der Umstand, daß die wichtigsten Vertreter des funktionalen Bauens in den zwanziger Jahren politisch links standen und mit kommunistischen Organisationen zusammengearbeitet hatten – man denke an die Zusammenarbeit von Gropius und Piscator, an Bruno Tauts Lehrtätigkeit in der Marxistischen Arbeiterschule (s. S. 73 ff.) oder an Mies van der Rohes Denkmal für Karl Liebknecht und Rosa Luxemburg –, wurde dabei unterschlagen. Es half auch nichts, daß der von Brecht geschätzte Schriftsteller Ludwig Renn am 14. März 1951 im *Neuen Deutschland* gegen den Schinkelschen Klassizismus als Leitbild protestierte und gerade das Bauhaus als originär deutsche Tradition bezeichnete, an die es anzuknüpfen gelte.

Brecht war schon in den zwanziger Jahren kein großer Freund des Bauhauses. In der satirischen Erzählung *Nordseekrabben oder die moderne Bauhauswohnung* von 1926/27 hat er sich über den Kult der Neuen Sachlichkeit lustig gemacht (vgl. S. 40). Um 1952 formulierte er ein Thesenpapier unter dem Titel *Wovon unsere Architekten Kenntnis nehmen müssen*, das sein grundsätzliches Einverständnis mit Ulbrichts Direktiven dokumentiert. Das letzte Wort der bürgerlichen Architektur könne nicht das letzte Wort der proletarischen sein, heißt es darin, denn sie bringe eben nur »eine spätbürgerliche Ideologie zur Geltung«. Brecht verwirft das Prinzip »Zweckdienlich ist immer schön« und postuliert, »daß der Sozialismus dazu führen wird, in Deutschland die Tradition der großartigsten Epochen zu benutzen«. Das entsprach ganz der Parteidefinition, wonach die neue Architektur dem Inhalt nach demokratisch, der Form nach national zu sein habe.

Bei den Architekten löste Ulbrichts Verdammung der Moderne Bestürzung aus. Die beiden führenden Baumeister der Stalinallee, Richard Paulick und Hermann Henselmann, wollten ursprünglich an die von den Nazis unterbrochene Bauhaustradition anknüpfen. Henselmann erwog sogar, in den Westen zu gehen, als er öffentlich angegriffen wurde. Er bat Brecht, den er verehrte, um Rat. Der forderte ihn zum Bleiben auf. Ganz im Stil stalinistischer Selbstkritik hat Henselmann seine Konversion zum Klassizisten beschrieben: »Brecht war es, nicht nur Brecht, es kamen noch die Argumente meiner Genossen hinzu, der mich davon überzeugte, daß das Bauen für Millionen Menschen ausgehen muß von den ästhetischen, den emotionalen, den geschmacklichen Vorstellungen dieser Millionen einfacher Menschen, und nicht, daß ich etwa ihnen Kultur beibringe.«

Das Ergebnis von Henselmanns Sinneswandel war der vielbejubelte Entwurf für das **Hochhaus an der Weberwiese (Marchlewskistraße 25)**. Es ist aus Steinen erbaut, die mühevoll aus dem Trümmerschutt des zerbombten Mietskasernenviertels an der alten Frankfurter Allee geborgen wurden. In seiner Großzügigkeit entsprach es der Forderung Brechts, »daß die neue führende Klasse ihr Bauen nicht mit dem Bau von drei Millionen Einfamilienhäusern beginnt, sondern mit dem Bau von Wohnpalästen«. Der mit teuren Materialien kaschierte Ziegelrohbau war mit Wechselsprechanlagen, Fahrstuhl, Zentralheizung, Müllschluckanlage, gefliesten Bädern, Warmwasser, Dachterrasse und riesigen hellen Wohnräumen ausgestattet. Die Mieten waren billig. So luxuriös, versprach die Partei, würden einmal alle Arbeiter im Sozialismus wohnen. Das Leben in baufälligen Mietskasernen gehöre der kapitalistischen Vergangenheit an. Mit dem Hochhaus an der Weberwiese wurde auf Plakaten geworben, es war als Ausschneidebogen und Steinbaukasten im Umlauf. Miniaturmodelle dienten als Spendenbüchsen für das »Nationale Aufbauprogramm«.

Henselmann bat Brecht um eine Inschrift für das neue Haus. In Brechts Nachlaß finden sich sieben Varianten; die prägnanteste lautet: »Dieses Haus wurde ohne Rücksicht auf Gewinn, zum Behagen der Bewohner und Wohlgefallen der Passanten errichtet. Mit ihm begann der Neuaufbau der deutschen Hauptstadt.« Brecht und Henselmann entschieden sich aber letztlich dafür, eine Strophe aus dem *Friedenslied* (1951) über dem Eingang anzubringen:

Friede in unserem Lande!
Friede in unserer Stadt!
Daß sie den gut behause
Der sie gebauet hat!

Henselmann war nicht, wie später oft kolportiert, der Chefarchitekt der Stalinallee. Er hat nur die markantesten Bauten entworfen: das Hochhaus an der Weberwiese, den Abschluß der klassizistischen Bebauung am Strausberger Platz und die weithin sichtbaren Türme am neuen Frankfurter Tor (Höhe Petersburger/Warschauer Straße). Sie entstanden in Anlehnung an die Kirchenkuppeln am Gendarmenmarkt, die Mitte der fünziger Jahre noch nicht wieder aufgebaut waren. Damals zeichnete sich bereits ab, daß die Arbeiterpaläste viel zu teuer für die sozialistische Volkswirtschaft waren. Der Wiederaufbau mußte beschleunigt werden, Quantität zählte fortan mehr als Qualität. Stalins Nachfolger Chruschtschow geißelte die Architekten als Verschwender des Volksvermögens. Folglich geriet auch Henselmann, inzwischen Stadtarchitekt von Ostberlin, unter Druck. Er hat die Angriffe listig pariert. Als man ihn wegen der Kosten seiner Kuppeln zur Rede stellte, antwortete er, sie hätten so viel gekostet »wie ein DEFA-Film«. Soviel wie ein Propagandastreifen waren sie allemal wert, denn die Stalinallee zog nicht nur Besucher aus der ganzen DDR an, sondern auch viele Neugierige aus den Berliner Westsektoren.

Vom Chefkoordinator des Projekts, Richard Paulick, stammt das Haus **Marchlewskistraße 18** (ebenfalls an der **Weberwiese** gelegen). War Henselmann nur ein Nachfahre, so Paulick ein unmittelbarer Schüler des Bauhauses. Man sieht es dem Haus nicht an. Über dem Eingang zeigt ein Fries das sozialistische Berlin mit glücklicher Bevölkerung, wie es dem Weltbild der Partei entsprach.

Im Durchgang des Wohnblocks **Karl-Marx-Allee 114/116** steht an die Wand geschrieben, daß Ministerpräsident Otto Grotewohl am 3. Februar 1952 dort den Grundstein für die monumentale Bebauung zu beiden Seiten der großen Magistrale legte. Eine weitere Inschrift verweist auf das »Nationale Aufbauprogramm«, das der Mobilisierung von Spenden und freiwilligen Arbeitsleitungen auf der Baustelle diente. Wer sich daran beteiligte, erhöhte seine Chancen, eine der neuen Luxuswohnungen zu ergattern. Brecht steuerte ästhetische Ratschläge bei, so im November 1952, als ihn Henselmann wegen der Gestaltung von Skulpturen und Reliefs konsultierte.

Das propagandistische Ziel der Partei bestand darin, die gesamte Bevölkerung für das Projekt Stalinallee zu mobilisieren, um den Eindruck zu erwecken, es handle sich um eine grandiose Manifestation des Volkswillens. Um so schwerer mußte es die Parteiführung erschüttern, daß die Unruhen am 17. Juni 1953 von der Baustelle Stalinallee ausgingen. Auslöser war eine von der Partei- und Staatsführung angeordnete Erhöhung der Arbeitsnormen, deren Nichterfüllung spürbare Einkommensausfälle bei den Bauarbeitern zur Folge gehabt hätte. Der Druck von oben erzeugte Unmut auf den Baustellen, denn die geringe Arbeitsproduktivität war nicht auf Faulheit der Arbeiter zurückzuführen, sondern eine Folge der schlechten Ernährungslage, fehlender Baumaterialien und Werkzeuge, sowie von Organisationsmängeln. Ein Gedichtfragment, dessen Datierung leider nicht ganz geklärt ist, handelt von der gereizten Stimmung auf den Baustellen:

An einen jungen Bauarbeiter der Stalinallee (um 1952)

Deine Allee hat noch keine Bäume

Ich weiß nicht, woher du es nehmen sollst, was ich von
 dir verlange

Dem Mann, der mit dir feilscht um
Sag ihm: ich weiß, was du sollst, für den Staat
 der Arbeiter
Jeder Pfennig so viel wie für mich. Aber feilsche
 nicht zu lang
Mit mir. Ich weiß es auch.

Dem, der dich anschreit, sag:
Leiser, Freund! Das höre ich besser.

Dem, der das Kommando gibt, sag:
Kommando muß sein, bei so vielen, in so großen
 Unternehmungen
Mit so wenig Zeit
Aber kommandiere so
Daß ich mich selber mitkommandiere! Erkundige dich,
 was da ist!
Wenn du etwas forderst, Genosse

Am 16. Juni 1953 zog ein Teil der Arbeiter der Stalinallee über den Alexanderplatz und die Straße Unter den Linden zum Haus der Ministerien (S. 178), um mit Ulbricht und Grotewohl zu sprechen. Die DDR-Regierung ließ sich nicht blicken, nahm aber die Erhöhung der Arbeitsnormen zurück. Eine Streikleitung rief über den Westberliner Sender RIAS für den folgenden Tag zum Generalstreik auf. Gefordert wurden nun auch der Rücktritt der Regierung sowie freie und geheime Wahlen. Am 17. Juni kam es zu zahlreichen, teils gewalttätigen Kundgebungen, die mit Hilfe sowjetischer Truppen blutig niedergeschlagen wurden.

Brecht kehrte am 16. Juni aus seinem Sommerhaus in Bukkow nach Berlin zurück, nachdem er von den Demonstrationen erfahren hatte. Er beriet sich mit Freunden und schickte am Vormittag des 17. Juni Loyalitätserklärungen an Walter Ulbricht, Otto Grotewohl und den sowjetischen Hohen Kommissar Wladimir Semjonow. Der Brief an Ulbricht erschien am 21. Juni 1953 im *Neuen Deutschland*, allerdings gekürzt um die Forderung Brechts nach einer »großen Aussprache mit den Massen über das Tempo des sozialistischen Aufbaus«. Seinem Verleger Peter Suhrkamp gegenüber hat er sein Verhalten differenziert begründet. Die Demonstrationen der Arbeiter seien berechtigt gewesen, aber am 17. Juni habe sich »faschistische[s] und kriegstreiberische[s] Gesindel« an die Spitze der Protestbewegung gesetzt:

»Die Straße freilich mischte die Züge der Arbeiter und Arbeiterinnen schon in den frühen Morgenstunden des 17. Juni auf groteske Art mit allerlei deklassierten Jugendlichen, die durch das Brandenburger Tor, über den Potsdamer Platz, auf der Warschauer Brücke kolonnenweise eingeschleust wurden, aber auch mit den scharfen, brutalen Gestalten der Nazizeit, den hiesigen, die man seit Jahren nicht mehr in Haufen hatte auftreten sehen und die doch immer dagewesen waren. Die Parolen verwandelten sich rapide. Aus ›Weg mit der Regierung‹ wurde ›Hängt sie!‹, und der Bürgersteig übernahm die Regie. Gegen Mittag, als auch in der DDR, in Leipzig, Halle, Dresden, sich Demonstrationen in Unruhen verwandelt hatten, begann das Feuer seine alte Rolle wieder aufzunehmen. Von den Linden aus konnte man die Rauchwolke des Columbushauses, an der Sektorengrenze des Potsdamer Platzes liegend, sehen, wie an einem vergangenen Unglückstage einmal die Rauchwolke des Reichstagsgebäudes. Heute wie damals hatten nicht Arbeiter das Feuer gelegt: es ist nicht die Waffe derer, die bauen. Dann wurden – hier wie in anderen Städten – Buchhandlungen gestürmt und Bücher hinausgeworfen und verbrannt, und die Marx- und Engelsbände, die in Flammen aufgingen, waren sowenig arbeiterfeindlich wie die roten Fahnen, die öffentlich zerrissen wurden.« (1. Juli 1953)

Für Brecht waren die Ereignisse ein tiefer Schock: »Der 17. Juni hat die ganze Existenz verfremdet.« Aus einigem Abstand beurteilte Brecht die Unruhen nicht nur negativ, sondern als Chance für die Partei, wieder mit den Massen in Kontakt zu treten: »Er kam nicht in der Form der Umarmung, sondern in der Form des Faustschlags, aber es war doch der Kontakt.« (*Journale*, 20. August 1953) Um so mehr empörte ihn die Selbstgerechtigkeit und Lernunwilligkeit der meisten Funktionäre. Besonders spöttisch äußerte er sich über den Sekretär des Schriftstellerverbandes, Kurt Barthel, der unter dem Kürzel Kuba sozialistische Erbauungslyrik produzierte. Barthel hatte ihn am 17. Juni angerufen und um Hilfe gebeten, weil er fürchtete, die Revolte werde auch auf das Gebäude des Schriftstellerverbandes übergreifen. Darauf soll Brecht erwidert haben: »Lieber Kuba, Ihre Leser werden Sie schon selbst empfangen müssen.« Am 20. Juni druckte das *Neue Deutschland* einen Artikel von Kuba, der Brecht zu seinem bekanntesten Gedicht über den 17. Juni provozierte:

Die Lösung

Nach dem Aufstand des 17. Juni
Ließ der Sekretär des Schriftstellerverbands
In der Stalinallee Flugblätter verteilen
Auf denen zu lesen war, daß das Volk
Das Vertrauen der Regierung verscherzt habe
Und es nur durch verdoppelte Arbeit
Zurückerobern könne. Wäre es da
Nicht doch einfacher, die Regierung
Löste das Volk auf und
Wählte ein anderes?

Ein Foto vom 1. Mai 1953 zeigt Brecht vor der Kulisse der Stalinallee. Er nahm am ersten »Schriftstellerbasar« teil, einer Veranstaltung, die in den folgenden Jahren wiederholt wurde. Die Verlage breiteten ihre Neuerscheinungen aus, man konnte auf der Straße mit Autoren sprechen und Bücher signieren lassen. Der passende Ort dafür war der Bürgersteig vor der **Karl-Marx-Buchhandlung** (**Karl-Marx-Allee 78**). Sie wurde 1952 als »erste sozialistische Buchhandlung« eröffnet und blieb die größte und bestsortierte bis zum Ende der DDR. Es gibt sie noch unter dem alten Namen, wenn auch stark verkleinert. Der größte Teil der denkmalgeschützten Räume wird jetzt von der Berliner Architektenkammer genutzt.

Im Brechtarchiv ist ein Schreiben der Buchhandlung aus dem Jahr 1954 erhalten. Darin teilt sie ihm mit, daß nur drei von sechs bestellten Büchern lieferbar seien: Thackerays *Jahrmarkt der Eitelkeiten*, Victor Hugos *Die Elenden* und die *Skizze einer Geschichte der neueren deutschen Literatur* von Georg Lukács. Den Eindruck, daß Brecht vor allem bestrebt war, seine Bibliothek mit Ausgaben klassischer Texte aufzufüllen, bestätigt ein früherer Mitarbeiter der Buchhandlung: Jede Woche habe er vorbeigeschaut, um das Antiquariat im ersten Stock zu durchstöbern.

Neben dem Eingang zur Buchhandlung erinnert eine Gedenktafel an das volkstümliche Rose-Theater, das sich in der Vorkriegszeit an dieser Stelle befand. Auf seinen Streifzügen durch die Berliner Theaterlandschaft der zwanziger Jahre muß Brecht auch hier die eine oder andere Vorstellung besucht haben. Als er 1942 im amerikanischen Exil mit Fritz Lang an einem Filmskript für Hollywood arbeitet, schreibt er wütend über die von der US-Filmindustrie geforderte Dramaturgie: »...diese Effekte aus dem Rose-Theater anno 1880, diese Ausbrüche verschmutzter Phantasie, nach Geld stinkender Sentimentalität« (22. 10. 42).

Geht man von der Buchhandlung weiter in Richtung Strausberger Platz, fällt ein Stilbruch in der Bebauung auf, der noch krasser ist als der Gegensatz zwischen den be-

Brecht beim Schriftstellerbasar auf der Stalinallee am 1. Mai 1953

scheiden Laubenganghäusern und den auftrumpfenden Wohnpalästen an der Marchlewskistraße. Zwischen **Lebuser** und **Koppenstraße** ist die Bauflucht mit zehngeschossigen Plattenbauten aus den siebziger Jahren ausgeflickt. Auf der Südseite plätschern drei kleine Springbrunnen. Auf diese harmlose Szenerie bezieht sich eine Strophe in Wolf Biermanns Lied *Acht Argumente für die Beibehaltung des Namens* **Stalinallee** *für die Stalinallee*:

Es hat nach dem großen Parteitag
Manch einer ins Hemde geschissen
Und hat bei Nacht und Nebel
Ein Denkmal abgerissen.

Hier stand seit dem 8. August 1951 eine Bronzestatue Stalins. Als der Diktator eineinhalb Jahre später starb, legten seine Anhänger vor dem Denkmal Kränze nieder. Die letzten Erwähnungen Stalins in Brechts *Journal* stammen aus dem Jahr 1943. Er hat darin die Einsicht Karl August Wittfogels festgehalten, wonach Stalin Hitler planmäßig zur Macht verhalf, weil er auf einen Krieg zwischen Deutschland und den Westmächten hoffte (16. Februar 1943). Als niederdrückend empfand Brecht die Lektüre eines Buches, in dem die Verwandlung der revolutionären bolschewistischen Partei in eine Bürokratie unter Stalin analysiert wurde. Brecht notierte: »Im Faschismus erblickt der Sozialismus sein verzerrtes Spiegelbild. Mit keiner seiner Tugenden, aber allen seinen Lastern.« (19. Juli 1943) Wenige Wochen vor seinem Tod las er die Akten des XX. Parteitags der Kommunistischen Partei der Sowjetunion, auf dem Nikita Chruschtschow die »furchtbare halbe Wahrheit« (Biermann) über Stalins Verbrechen bekanntgab.

Die Gewichte auf der Waage
Sind groß. Hinaufgeworfen
Wird auf die andere Skale die Klugheit
Und als nötige Zuwaag
Die Grausamkeit.

Die Anbeter sehen sich um:
Was war falsch? Der Gott?
Oder das Beten?

Aber die Maschinen?
Aber die Siegestrophäen?

Aber das Kind ohne Brot?
Aber der blutenden Genossen
Ungehörter Angstschrei?

Der alles befohlen hat
Hat nicht alles gemacht.

Versprochen worden sind Äpfel
Ausgeblieben ist Brot.
 (1956)

In Ostberlin hielten sich Stalins Gefolgsleute zäh an der Macht. Erst im November 1961, nach dem Mauerbau, verschwanden das Denkmal und die Straßenschilder mit den Namen Stalinallee. Seitdem heißt die Magistrale Karl-Marx-Allee und im östlichen Abschnitt wieder Frankfurter Allee.

Auf der anderen Straßenseite, dem Stalindenkmal gegenüber, stand bis 1971 die **Deutsche Sporthalle** von Richard Paulick. Sie wurde in nur 148 Tagen errichtet, um rechtzeitig zu den III. Weltfestspielen der Jugend und Studenten im August 1951 fertig zu sein. Brecht schrieb für diesen Anlaß die Kantate *Herrnburger Bericht* (vertont von Paul Dessau). Sie basiert auf dem Bericht über ein Ereignis, das sich im Vorjahr nach dem Pfingsttreffen der FDJ in Ostberlin zugetragen hatte: Zehntausend Jugendliche waren am Grenzübergang Herrnburg bei Lübeck von westdeutschen Polizisten eingekesselt worden, weil sie die Aufnahme ihrer Personalien verweigerten. Brecht und Dessau verfaßten das Propagandawerk nicht zuletzt deshalb, um sich gegen die Formalismusvorwürfe wegen der *Lukullus*-Oper zu verteidigen (S. 154 ff.).

Für Querelen mit der FDJ-Führung sorgte vor allem eine Strophe in dem Lied *Einladung*:

Und das Walter-Ulbricht-Stadion
Und der erste Mai
Und wenn Ernst Busch singt:
Wärt ihr nur dabei.

Die FDJ machte Brecht die Mißachtung »bestimmter Gesetze der Proportionalität« (Egon Rentzsch an Brecht, 2. August 1951) zum Vorwurf: In der Kantate kamen die Namen Stalin, Mao und Ernst Busch vor, es fehlten jedoch die Namen der führenden DDR-Politiker. Brecht mußte den Vers »Und wenn Ernst Busch singt:« streichen. Das erwähnte Walter-Ulbricht-Stadion an der Chausseestraße, ebenfalls ein Beispiel für den Personenkult der Stalinära, wurde später in »Stadion der Weltjugend« umbenannt. In den neunziger Jahren fiel es den Planungen für eine nie realisierte Olympiahalle zum Opfer.

Der **Strausberger Platz** bildet den östlichen Abschluß der »ersten sozialistischen Straße Deutschlands«. Vor dem Haus **Nr. 12** steht ein Denkmal für Marx. Die riesige Leninskulptur, die in nördlicher Richtung auf dem heutigen **Platz der Vereinten Nationen** zu sehen war, wurde nach der Wende abgerissen. Am früheren **Haus des Kindes** (**Strausberger Platz 19**) erinnert eine Bronzetafel an die Einweihung durch Wilhelm Pieck im Oktober 1954. An der

»Haus des Kindes« und »Haus Berlin« am Strausberger Platz

Westfassade liest man unter einer Coca-Cola-Reklame: »Solch ein Gewimmel möcht ich sehn / Auf freiem Grund mit freiem Volke stehn.«

Das Zitat aus *Faust II* (Vers 11597 f.) gehörte zu den Floskeln, die bei staatlichen Anlässen in der DDR gern zitiert wurden. Der verantwortliche Architekt Hermann Henselmann hat die Goetheverse spiegelbildlich auf der anderen Straßenseite (**Haus Berlin, Strausberger Platz 1**) durch einen Vierzeiler Brechts ergänzt:

Als wir aber dann beschlossen
Endlich unsrer eignen Kraft zu traun
Und ein schönres Leben aufzubaun
Haben Kampf und Müh uns nicht verdrossen.

Henselmann hat Brecht damit zu Lebzeiten auf eine Ebene mit dem Klassiker Goethe gehoben. Ja, er hat ihn sogar noch ein wenig darüber erhoben, bedenkt man die konventionelle Leserichtung von links nach rechts. Brecht dürfte mit dieser Ehrung hochzufrieden gewesen sein.

Mit der Architektur der Stalinallee war er es letztlich nicht, obwohl er selbst Henselmann zur Anpassung an den Geschmack Ulbrichts geraten hatte. »Was sind schon Städte, gebaut / Ohne die Weisheit des Volkes?«, heißt es in den *Buckower Elegien* (1953). 1955 erwog er zwei offene Briefe an den Chefarchitekten von Berlin. Brecht skizzierte: »Anfechtbar das lineare Grundkonzept unseres Bauens. Die Harmonie hängt nicht von der Regularität ab. Wo bleiben die Höfe, die krummen Straßen, die Überschneidungen der Gebäude, wo bleibt der Kontrast, die Überraschung der sich plötzlich öffnenden Sicht, das Spezifische eines Blocks, das ihn dem Gedächtnis einprägt und durch die Jahre hin anziehend macht? Wir lassen unsere Kinder in der Geometrie aufwachsen, in Einheitsstallungen.« Das war eine deutliche Absage an die monströsen Achsen und Fassadenraster der Stalinallee, wie auch an die nüchternen Wohnsilos, mit denen in späteren Jahren die Ödnis links und rechts der Prachtmeile aufgefüllt wurde.

Darauf befragt, wie ihm die fertigen Bauten gefielen, soll Brecht geantwortet haben: Es sei gut, daß man nun den Sozialismus habe, da könne man sie in fünfzig Jahren wieder abreißen und von vorne anfangen. Heute steht das ganze Ensemble unter Denkmalschutz. Eine Bank hat es nach dem Ende der DDR komplett aufgekauft und mit der Sanierung begonnen. Die sozialistischen Wohnpaläste sind ein ertragreiches Abschreibungs- und Wertanlageobjekt. So sorgt der moderne Kapitalismus dafür, daß nicht Brecht, sondern der Stalinist Walter Ulbricht mit seiner Prophezeiung zur Zukunft der Straße recht behält. Auf dem »Ersten Deutschen Architektenkongreß«, der im Dezember 1951 in Ostberlin abgehalten wurde, hatte Ulbricht verkündet: »Die Bauwerke, die unsere Architekten jetzt entwerfen und bauen werden, sind Bauwerke für Jahrhunderte, für eine Zeit, in der das einige, demokratische und friedliebende Deutschland hergestellt sein wird...«

IV. LETZTE ORTE

»EINGEZOGEN IN EIN SCHÖNES HAUS«

Berlin-Weißensee, Berliner Allee 185

»Das Gerücht, daß Brecht, von den Russen in einen Palast gesetzt, wie ein Großfürst hause inmitten der Armut von Ost-Berlin und daß die Weigel (›Barrikaden-Duse‹) kostbare Antiquitäten aus der armen Zone käuflich erbeutet habe, fand ich, wie erwartet, nicht bestätigt. Eine Villa wie tausend andere in Berlin: unzerstört, nur etwas vernachlässigt in einem verlotterten Garten, geräumig und, wenn ich mich richtig erinnere, fast teppichlos. Ein schöner alter Schrank, ein paar Möbel bäuerlichen Stils, alles in allem

Die Villa in Weißensee

wenig, Provisorisches, wie immer um Brecht. Ich schlief in einer Dachkammer, ehedem Dienstmädchenzimmer; Wände voll marxistischer Klassiker«, schrieb Max Frisch, der sich im Mai 1950 zu Besuch in Berlin aufhielt, in seinen *Erinnerungen an Brecht* (1968). Bezogen hat Brecht die bescheidene klassizistische Villa in der **Berliner Allee 185** (damals Nr. 190) im Jahr zuvor:

Ein neues Haus (1949)

Zurückgekehrt nach fünfzehnjährigem Exil
Bin ich eingezogen in ein schönes Haus.
Meine Nô-Masken und mein Rollbild, den Zweifler
    zeigend
habe ich aufgehängt hier. Fahrend durch die Trümmer
Werde ich tagtäglich an die Privilegien erinnert
Die mir dies Haus verschafften. Ich hoffe
Es macht mich nicht geduldig mit den Löchern
In denen so viele Tausende sitzen. Immer noch
Liegt auf dem Schrank mit den Manuskripten
Mein Koffer.

Brecht wohnte bis zum Herbst 1953 in Weißensee. In dem Haus ist heute das Kulturamt des Bezirks untergebracht, in den weiten Räumen des Parterres werden Wechselausstellungen gezeigt, bisweilen auch Skulpturen in dem Kastaniengarten, der an den See grenzt. Wer aus dem Stadtzentrum hierher fährt – es verkehren mehrere Straßenbahnlinien – sollte die Gelegenheit zu einem Spaziergang um den See und einem Abstecher zur **Woelckpromenade 5** nutzen. Dort wohnte bis zu seinem Tod im Jahr 1988 der Malik-Verleger Wieland Herzfelde (Gedenktafel). In der Nähe befindet sich auch der große **Jüdische Friedhof** (Eingang **Herbert-Baum-Straße**) mit den Gräbern von Theodor Wolff, Leo Baeck, Samuel Fischer, Moritz Heimann und Ernst Blass.

»AM SEE, TIEF ZWISCHEN TANN UND SILBERPAPPEL«

Buckow / Märkische Schweiz, Bertolt-Brecht-Straße 29

Der Name Buckow stammt aus dem Slawischen und bezeichnet einen mit Buchen bestandenen Ort. Wie den Namen Buchholz trifft man ihn häufig: Es gibt einen Ortsteil Buckow im Süden Berlins und mehrere brandenburgische Gemeinden, die so heißen. Die Kleinstadt, in der Brecht die *Buckower Elegien* (1953) schrieb, liegt 50 Kilometer östlich der Hauptstadt am Schermützelsee. Auch hier droht Verwechslungsgefahr, denn es gibt den Scharmützelsee bei Bad Saarow, wie Buckow ein beliebtes Ausflugsziel mit einem Literaturmuseum – wenn auch nicht für Brecht, so für Maxim Gorki, mit dem ihn einiges verband.

Um sein Sommerhaus in Buckow zu erreichen, brauchte Brecht mit dem Auto eine gute Stunde. Nicht viel langsamer ist die Regionalbahn. Seit 1867 ist das nahe Müncheberg mit Berlin durch eine Bahnstrecke verbunden, seit 1897 verkehrt von dort eine Kleinbahn nach Buckow. Wegen der guten Verkehrsverbindung entwickelte sich die Gegend, die wegen ihrer bescheidenen Hügel »Märkische Schweiz« genannt wird, seit der Gründerzeit zu einem beliebten Wochenendziel der Berliner. An der Seestraße, der heutigen Bertolt-Brecht-Straße, errichteten wohlhabende Großstädter Villen und Wochenendhäuser. Hier entdeckten Brecht und die Weigel Anfang 1952 »auf schönem Grundstück am Wasser des Schermützelsees ein altes, nicht unedel gebautes Häuschen mit einem andern, geräumigeren, aber ebenfalls einfachen Haus daneben, etwa 50 Schritte entfernt. Etwas der Art wäre erschwinglich, auch im Unterhalt. In das größere Haus könnte man Leute einladen.« (*Journale*, 14. Februar 1952)

Die Möglichkeit, Gäste zu beherbergen, war für Brecht außerordentlich wichtig. Zu ruhig durfte es um ihn nicht

Brechts Haus in Buckow

werden, sonst litt seine Produktivität. Nur mit Einschränkung kann man daher von einem Rückzugsort sprechen. In dem kleineren Gärtnerhaus schuf sich Brecht eine »Sphäre der Isolierung«, um ungestört zu lesen und zu schreiben. Die größere Villa war Helene Weigels Reich und für die Familie, Begegnungen und Gespräche vorgesehen. Das große Haus ist seit 1977 Museum, das Gärtnerhaus derzeit leider unzugänglicher Privatbesitz. Mit etwas Glück erhascht man einen Blick hinüber auf den offenen Pavillon, in dessen Schatten Brecht – »auf den Knien die Schreibmappe« – an heißen Tagen arbeitete.

Neben der Villa leuchtet ein Garten, »so weise angelegt mit monatlichen Blumen,/ daß er vom März bis zum Oktober blüht«, wie es in dem Gedicht *Der Blumengarten* (1953) heißt. Bei dem Garten stehen eine Bronzetafel mit den Versen und eine Bank:

Hier, in der Früh, nicht allzu häufig, sitz ich
Und wünsche mir, auch ich mög allezeit
In den verschiedenen Wettern, guten, schlechten
Dies oder jenes Angenehme zeigen.

Die hohe Villa ist bis zum spitzen Giebel bewachsen. Am seitlichen Spalier hängen vertrocknete Trauben und pralle Hagebutten. Über einige Stufen, zwischen Blumentöpfen hindurch, gelangt man ins Haus, wo das riesige Kaminzimmer, zwei Stockwerke hoch, zur Besichtigung freigegeben ist. Der Bildhauer Georg Roch ließ den Raum 1910/11 als lichtdurchflutetes Atelier für sich bauen. Ein langer Tisch erinnert an die geselligen Runden, bei denen die Hausherrin Helene Weigel in einem alten Brautstuhl am Kopfende präsidierte. Von den fünfzehn Armlehnstühlen um die Tafel gleicht keiner dem anderen, drum herum stehen ein dunkler, geschnitzer Geschirrschrank von 1798, dazu passend eine Truhe und eine Sitzbank.

Daß die Liebe zu gebrauchten Dingen auch die Theaterarbeit des Ehepaars Brecht-Weigel befruchtet hat, wird im früheren Bootsschuppen augenfällig. Prunkstück einer kleinen Ausstellung ist der Planwagen aus der Inszenierung der *Mutter Courage* mit der Weigel in der Titelrolle. Sorgfältig hat sie alles, was eine Marketenderin im Dreißigjährigen Krieg brauchte, zusammengesucht und am Wagen festgeknotet. In ihrer Art, sich alle möglichen Dinge, Worte und Stoffe anzueignen, um daraus etwas Neues zu schaffen, war die Schauspielerin dem Stückeschreiber ebenbürtig.

In einem Nebenraum des Bootsschuppens vergegenwärtigen Dokumente aus den frühen fünfziger Jahren die Zeitumstände: Ein Schreiben Brechts an das Ministerium für Handel und Materialversorgung mit der Bitte um die Freigabe von 30 Kilo Farbe, Holz und Gummilitze für die Instandsetzung der Villa. Eine Photographie von Brechts Reiseschreibmaschine, daneben die auf wenige Wochen befristete Sondergenehmigung des »Amts für Kontrolle des Warenverkehrs«, sie zwischen Berlin und Buckow hin- und hertransportieren zu dürfen. Ein Brief an den Ministerpräsidenten mit Kritik an der gleichgeschalteten Volkskammer.

Auch in der Idylle von Buckow war Brecht ständig mit dem Theater und der Politik beschäftigt. Mit Hanns Eisler arbeitete er an dessen *Faust*-Libretto, mit Erwin Strittmatter an dem Stück *Katzgraben* fürs Berliner Ensemble, und mit Georg Lukács diskutierte er über Probleme der sozialistischen Ästhetik. Nach dem 17. Juni 1953 zog er sich nach Buckow zurück und versuchte, den Schock des Aufstandes zu verarbeiten. Während andere Elogen auf die Staatsführung verfaßten, schrieb er die *Buckower Elegien* – Trauerarbeit eines Klassikers, der sich an den Ereignissen mitschuldig fühlte:

Dann wieder war ich in Buckow
Dem hügeligen am See
Schlecht beschirmt von Büchern
Und der Flasche, Himmel
Und Wasser
Beschuldigten mich, die Opfer
Gekannt zu haben.
   (1953)

»SEHR HÜBSCH, ZIEMLICH ÄRMLICH, FÜR KLEINE LEUTE GEBAUT.«

Berlin-Mitte, Chausseestraße 125

»Ich wohne jetzt in der Chausseestraße, neben dem ›französischen Friedhof‹, auf dem die Hugenottengeneräle und Hegel und Fichte liegen, meine Fenster gehen alle auf den Friedhofpark hinaus. Es ist nicht ohne Heiterkeit. Ich wohne in drei Zimmern der ersten Etage im Hinterhaus, das wie das Vorderhaus etwa 150 Jahre alt sein soll. Die Zimmer sind hoch und so die Fenster, die angenehme Proportionen haben. Das größte Zimmer hat etwa 9 Meter im Geviert, so daß ich für verschiedene Arbeiten mehrere Ti-

sche aufstellen kann. Eigentlich alle Maße sind anständig, es ist wirklich ratsam, in Häusern und mit Möbeln zu wohnen, die zumindest 120 Jahre alt sind, also in früherer kapitalistischer Umgebung, bis man eine spätere sozialistische haben wird. Seit ich dem Theater soviel näher wohne, habe ich meine jungen Leute noch öfter auf dem Hals, sie kommen in Rabenschwärmen, aber sie wissen, ich bin dafür.«
(An Peter Suhrkamp, 8. März 1954)

Brecht hat die Wohnung in der **Chausseestraße 125** kaum drei Jahre bewohnt, vom Oktober 1953 bis zu seinem Tod am 14. August 1956. Sie ist heute Museum, aufgeräumt und frisch renoviert, doch im wesentlichen so erhalten, wie sie Brecht gegen Ende seines Lebens eingerichtet hat. Der Brief an Peter Suhrkamp läßt die Beweggründe für den Umzug von Weißensee nach Berlin erahnen: Die neue Wohnung lag nachbarlich zu Brechts Arbeitsstätten, der Akademie der Künste, der Probebühne des Berliner Ensembles, dem Deutschen Theater und dem Theater am Schiffbauerdamm. Sie bot genug Raum für die Arbeit an mehreren Schreibtischen – Brecht wanderte beim Nachdenken gerne hin und her – und für Besprechungen im größeren Kreis. Den Blick auf den Friedhof empfand der neue Mieter nicht als bedrückend, er rühmte ihn als »grün und weit. Ich bin also sehr zufrieden.« Nach hinten heraus hatte er seine Ruhe, gleich unter dem Arbeitszimmer eine Garage für sein geliebtes Auto, und zur Straße heraus war alles »lebhaft und voll von Leuten« (An Helene Weigel, Sommer 1953).

Brecht mußte die Wohnung, die zuvor ein Maler und Grafiker als Atelier genutzt hatte, erst mit Hilfe von »Beziehungen« erobern, da sie bereits an eine Privatfirma vergeben war. Als er im Sommer 1953 von dem Bühnenbildner Hainer Hill darauf aufmerksam gemacht wurde, war sie stark renovierungsbedürftig. Wie schon in Buckow holte er sich Rat bei dem Architekten Hermann Henselmann. Als Anerkennung lieferte er die Verse für die Hochhäuser an der Weberwiese und am Strausberger Platz (s. S. 222 und 232), wie

Chausseestraße 125, Hinterhaus

Henselmann berichtete, »auf den Tag genau – ohne Honorar«.
Heutige Besucher betreten die Wohnung durch die ehemalige Teeküche. Nach dem Entrichten eines Obolus öffnet sich die Tür zum kleinen Arbeitsraum, in dem der größte Teil von Brechts 3500 Bände umfassender Bibliothek untergebracht ist. Die alten Sitzmöbel sind paarweise angeordnet, in der Leseecke am Kachelofen fallen ein Leninporträt und drei Masken des japanischen No-Theaters ins Auge. Fotos aus den zwanziger Jahren belegen, daß sie schon Brechts damalige Berliner Wohnung schmückten. Sie begleiteten ihn, wie andere Einrichtungsstände, auf allen Stationen des Exils. In Amerika schrieb er über

Die Maske des Bösen (1942)

An meiner Wand hängt ein japanisches Holzwerk
Maske eines bösen Dämons, bemalt mit Goldlack.
Mitfühlend sehe ich
Die geschwollenen Stirnadern, andeutend
Wie anstrengend es ist, böse zu sein.

Im großen Arbeitszimmer mit Blick auf den Dorotheenstädtischen Friedhof bot ein runder Tisch einem ganzen Stab von Mitarbeitern Platz. Auf einem kleineren am Fenster steht Brechts Schreibmaschine. Der weiß gekalkte Raum enthält denkbar verschiedene Gegenstände: ein großes Rollbild des Konfuzius, zwei spätbarocke Madonnenfiguren aus Brechts süddeutscher Heimat, ein Schreibpult mit Fotos von Marx und Engels, die geliebten Kriminalromane und praktisch-schöne Manuskriptschränke aus der Theatertischlerei. Dennoch entsteht nicht der Eindruck eines Sammelsuriums. Das Interieur zeugt von der phänomenalen Fähigkeit des Dichters und Theatermannes, sich bereits Geformtes für seine eigenen Zwecke anzuverwandeln. Jedes einzelne Objekt wirkt liebevoll ausgewählt und pla-

ziert, so kunstvoll, daß es Teil eines neuen Ganzen wird, ohne seine eigene Aura einzubüßen.
Fast die gesamte Wohnfläche ist für Arbeitszwecke eingerichtet. Der Privatsphäre im üblichen Sinne war nur das winzige Schlafzimmerchen vorbehalten. Hier ist Brecht gestorben. An einer Wand hängt das chinesische Rollbild, auch es ein Mitbringsel aus dem Exil, von dem es in dem Gedicht *Der Zweifler* (1937) heißt:

Immer wenn uns
Die Antwort auf eine Frage gefunden schien
Löste einer von uns an der Wand die Schnur der alten
Aufgerollten chinesischen Leinwand, so daß sie herabfiel
    und
Sichtbar wurde der Mann auf der Bank, der so sehr
    zweifelte.

Eine Treppe führt abwärts in die Wohnräume Helene Weigels. Das entspricht nicht der Situation zu Lebzeiten Brechts: Seinerzeit wohnte sie über ihm im zweiten Stock, wo seit 1957 das Brechtarchiv untergebracht ist. Nach seinem Tod ließ sie unten eine Veranda anbauen und lebte im Erdgeschoß bis zu ihrem Tod am 6. Mai 1971. Die Wohnräume belegen ihre Sammelleidenschaft für alte Möbel, Tonkrüge, Küchengeschirr und Kochrezepte –

                                                 …alles
Ausgesucht nach Alter, Zweck und Schönheit
Mit den Augen der Wissenden
Und den Händen der brotbackenden, netzestrickenden
Suppenkochenden Kennerin
Der Wirklichkeit.
    (aus: *Die Requisiten der Weigel*, 1952)

Helene Weigel hat nach Brechts Tod große Anstrengungen unternommen, seinen Nachlaß für die Nachwelt zu si-

Brechthaus, vom Dorotheenstädtischen Friedhof gesehen

chern. Heute verfügen das **Bertolt-Brecht-Archiv** und das Helene-Weigel-Archiv im Obergeschoß über 356000 Dokumente, davon 200000 Blatt Werkhandschriften, Tagebücher, Briefe und Urkunden; ferner Modellbücher, Fotos, Zeitungsausschnitte, Filme, Tonbänder und Bücher. Schon zu seinen Lebzeiten hat Brecht alle Stadien der Arbeit an Texten und Inszenierungen minutiös dokumentiert. Im Archiv ist zudem fast alles gesammelt, was über ihn erschienen ist. In seiner Vollständigkeit und in seinem Umfang einzigartig, wird es von Brecht-Forschern aus aller Welt genutzt.

1992 hat das Land Berlin (überwiegend mit Bundesmitteln) den Nachlaß erworben, betreut wird er seit 1993 von der Stiftung Akademie der Künste. Die Aufführungs- und Abdruckrechte nimmt weiterhin die Erbengemeinschaft wahr, deren Büro im Erdgeschoß des Brecht-Hauses die Genehmigung für Inszenierungen von Brecht-Stücken erteilt – oder auch nicht. Meinungsverschiedenheiten über die rechte Form des Umgangs mit dem Klassiker haben Anfang der neunziger Jahren dazu geführt, daß das im Vorderhaus ansässige Brecht-Zentrum sich in **Literaturforum** umbenennen mußte. Es ist Nachfolger des 1978 gegründeten Brecht-Zentrums der DDR. Aus Anlaß von Brechts 80. Geburtstag wurde damals das Haus in der Chausseestraße renoviert und als Museum und Veranstaltungszentrum der Öffentlichkeit übergeben. Seitdem finden jedes Jahr im Februar »Brecht-Tage« statt, an denen über neue Perspektiven auf das Werk diskutiert wird. Ansonsten veranstaltet das Literaturforum Ausstellungen und Lesungen zur Gegenwartsliteratur, nach dem selbstgewählten Motto: »Von Brecht aus – mit ihm weiter!«

»Versuche« steht auf der Speisekarte des Restaurants im Kellergeschoß, wo man sich von so viel Brecht erholen mag. Gekocht wird nach Rezepten, die die gebürtige Wienerin Helene Weigel aus ihrer österreichischen Heimat mitbrachte. Geistige Nahrung bietet die (schon zu DDR-Zeiten gut sortierte) Brecht-Buchhandlung im Nachbarhaus.

»ICH BENÖTIGE KEINEN GRABSTEIN ...«

Der Dorotheenstädtische Friedhof (Chausseestraße 126)

Brecht, der so viele Gedichte über Bäume geschrieben hat, liegt unter einem großen Ahornbaum begraben, neben Helene Weigel, die diese Stelle bestimmte. Die Beerdigung fand am 17. August 1956 im engsten Familien- und Mitarbeiterkreis statt. Auf Brechts Wunsch wurde an seinem Grab nicht gesprochen. Die Peinlichkeit des Staatsakts, der am folgenden Tag im Theater am Schiffbauerdamm abgehalten wurde, hat er wohl vorausgeahnt. Neben Johannes R. Becher und Erwin Strittmatter hielten drei ausgewiesene Brecht-Gegner die Lobreden: Parteichef Walter Ulbricht, der Kulturfunktionär Paul Wandel und sein einflußreichster Opponent auf dem Gebiet der marxistischen Ästhetik, Georg Lukács.

Bis heute gibt Brechts Verfügung Rätsel auf, er wünsche in einem Metallsarg beigesetzt zu werden. Über die Zinksärge, in denen die Mißhandelten aus den Folterkammern der Nationalsozialisten abtransportiert wurden, schrieb er 1933 das Gedicht *Begräbnis des Hetzers im Zinksarg*:

Das da in dem Zink hat gesagt
Daß es eines anderen Systems in der Produktion bedarf
Und daß ihr, die Millionenmassen in der Arbeit
Die Führung übernehmen müßt.
Vorher wird nichts besser für euch.

Und weil das in dem Zink das gesagt hat
Darum kam es in den Zink und muß verscharrt werden
Als ein Hetzer, der euch verhetzt hat
Und wer da vom Sattessen spricht
Und wer da von euch trocken wohnen will
Und wer da von euch auf dem Pfennig besteht
Und wer da von euch seine Kinder füttern will
Und wer da denkt und sich solidarisch erklärt
Mit allen, die unterdrückt sind
Der soll von nun an bis in Ewigkeit
In das Zink kommen wie dieser da
Als ein Hetzer und verscharrt werden.

Aus demselben Jahr stammt das Gedicht

Ich benötige keinen Grabstein, aber
wenn ihr einen für mich benötigt
Wünschte ich, es stünde darauf:
Er hat Vorschläge gemacht. Wir
Haben sie angenommen.
Durch eine solche Inschrift wären
Wir alle geehrt.

Das Grab von Bertolt Brecht und Helene Weigel

Brechts Grabstein ist viel schlichter ausgefallen, er trägt seinen Namen, sonst nichts. Das entspricht der Bescheidenheit und milden Altersweisheit der letzten Lebensjahre, die ihm nachgesagt wird. Sein Namenszug ist ein wenig heller als der auf dem Grabstein Helene Weigels, Folge einer Grabschändung im Mai 1990. Die Ziegelwand hinter den Gräbern und Brechts Grabstein wurden damals, in der Zeit der Auflösung der DDR und zahlreicher Übergriffe gegen ihre sozialistischen Denkmäler, mit antisemitischen Parolen beschmiert. Helene Weigels Grabstein blieb unversehrt: Die Täter wußten offensichtlich über ihre jüdische Herkunft nicht Bescheid und dichteten sie statt dessen Brecht an.

Es war sein ausdrücklicher Wunsch, auf dem 1763 angelegten Dorotheenstädtischen Friedhof beigesetzt zu werden, unweit bedeutender Berliner Künstler und Gelehrter des 19. Jahrhunderts: den Philosophen Fichte und Hegel, den

Baumeistern Schinkel und Stüler, den Bildhauer Schadow und Rauch. Die hohe Zahl an Berühmtheiten geht darauf zurück, daß im Gebiet der zuständigen Gemeinden die Akademie der Wissenschaften, die Akademie der Künste und die Universität lagen. Die 1950 neu gegründete DDR-Akademie hat von dem Recht, ihre Mitglieder zu bestatten, ohne Rücksicht auf deren Konfession Gebrauch gemacht; so findet man heute zahlreiche jüdische Grabsteine, auf denen nach jüdischem Brauch kleine Steinchen abgelegt werden. Da das Belegungsrecht auch für die neue Berlin-Brandenburgische Akademie der Künste gilt, ist mit weiteren Bestattungen ihrer Mitglieder zu rechnen. Zuletzt sind Heiner Müller und Stephan Hermlin auf dem Dorotheenstädtischen Friedhof beigesetzt worden.

Wichtigster Bezugspunkt für Brecht war das Grab Hegels. Das versteht sich nicht von selbst, denn mit dem Metaphysiker und Staatstheoretiker Hegel konnte er sowenig anfangen wie mit dessen Ästhetik, und mit Hegels Schülern auf diesem Gebiet – wie Lukács – stand er auf Kriegsfuß. Über Hegels Theorie, die materielle Welt entspringe aus dem Gedanken, hat er sich im *Buch der Wendungen* lustig gemacht. Aber in den *Flüchtlingsgesprächen* (1940) lobte er ihn als einen der »größten Humoristen« der deutschen Geistesgeschichte:

»Wie jeden Humoristen hat ihn besonders interessiert, was aus den Dingen wird, sie kennen den Berliner Ausruf ›Du hast dir aber verändert, Emil!‹ Die Feigheit der Tapfern und die Tapferkeit der Feigen hat ihn beschäftigt, überhaupt das, daß alles sich widerspricht und besonders das Sprunghafte, Sie verstehen, daß alles ganz ruhig und pomadig vorgeht, und plötzlich kommt der Krach ...«

Die Wissenschaft von den Gesetzmäßigkeiten, nach denen die materielle Wirklichkeit entsteht und vergeht, nannte Hegel Dialektik. Marx hat die dialektische Methode auf die politische Ökonomie angewandt und materialistisch gewendet. Der Marxschüler Brecht wollte »dialektisches

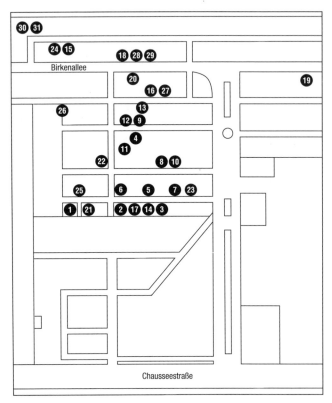

1. Erich Arendt · 2. Johannes R. Becher · 3. Bertolt Brecht und Helene Weigel · 4. Arnolt Bronnen · 5. Paul Dessau und Ruth Berghaus · 6. Hanns Eisler · 7. Erich Engel · 8. Johann Gottlieb Fichte · 9. John Heartfield · 10. G.W.F. Hegel · 11. Stephan Hermlin · 12. Wieland Herzfelde · 13. Erbbegräbnis Hitzig · 14. Wilhelm von Hufeland · 15. Werner Krauss · 16. Wolfgang Langhoff · 17. Heinrich Mann · 18. Heiner Müller · 19. Hans José Rehfisch · 20. K.F. Schinkel · 21. Anna Seghers · 22. Johannes Tralow · 23. Bodo Uhse · 24. Widerstand · 25. Hedda Zinner und Fritz Erpenbeck · 26. Arnold Zweig · 27. Slatan Dudow · 28. Herbert Sandberg · 29. Hans Bunge · 30. Ruth Berlau · 31. Elisabeth Hauptmann

Theater« machen, das hieß: Realität sollte in ihrer Widersprüchlichkeit und Veränderbarkeit dargestellt werden. Dialektisch sollte auch die Beziehung zwischen Bühne und Zuschauer sein, indem das Dargestellte den Widerspruchsgeist im Publikum schärfte und auf diesem Wege zum gesellschaftlichen Fortschritt beitrug.

So wie Brecht nahe bei Hegel zu liegen wünschte, wollten später viele Weggefährten und Freunde in seiner Nachbarschaft beerdigt sein. Am »Brechtweg« ruhen der Regisseur Erich Engel und die Komponisten Hanns Eisler und Paul Dessau. Seit kurzem auch dessen Frau, die Regisseurin Ruth Berghaus, die nach Helene Weigels Tod deren Nachfolge als Intendantin des Berliner Ensembles antrat.

In derselben Grabreihe wie Brecht ist 1960 die Urne Heinrich Manns beigesetzt worden. Sie reiste zehn Jahre nach dem Tod des großen republikanischen Schriftstellers von Kalifornien nach Ostberlin. Wenn es schon nicht gelungen war, ihn zu Lebzeiten als Präsidenten der Akademie der Künste in die DDR zu holen, so sollte er doch zumindest in sozialistischer Erde begraben sein, um die These zu beglaubigen, die DDR sei legitimer Erbe aller fortschrittlichen Traditionen der deutschen Kultur.

Johannes R. Becher, an der Seite Heinrich Manns begraben, gehört zu den schillerndsten Gestalten der deutschen Literaturgeschichte: Expressionist, Morphinist, Kommunist, Motor des kulturellen Wiederaufbaus nach 1945, zuletzt DDR-Kulturminister. Im Osten ließ er sich als größter lebender Dichter feiern, im Westen wurde er als »literarischer Apparatschik« verhöhnt. Nach seinem Tod widerfuhr ihm dieselbe Ehre wie Brecht: Seine letzte Wohnung (Majakowskiring 34) wurde Gedenkstätte. Das wiedervereinigte Deutschland hatte dafür keine Verwendung, sie existiert nicht mehr.

Erich Arendt und Anna Seghers liegen an dem kleinen Platz am Ende des Brechtweges. Anna Seghers hat eine Zeitlang mit Brecht unter einem Dach gelebt, zunächst im Hotel Adlon, später bewohnte sie ein Zimmer in der Villa am Weißen See. Die Bearbeitung ihres Hörspiels *Der Prozeß der Jeanne D'Arc zu Rouen 1431* für die Bühne gehörte zu den letzten Arbeiten Brechts (Uraufführung am 23. November 1952 durch das Berliner Ensemble). Wenn Brecht die überragende Vaterfigur der DDR-Literatur war, so Anna Seghers die große Muttergestalt. Von 1952 bis 1978 leitete sie den DDR-Schriftstellerverband und war bis zu ihrem Tode 1983 dessen Ehrenpräsidentin. Ihre letzte Wohnung in Adlershof, Anna-Seghers-Straße 81, ist Gedenkstätte geblieben und kann besichtigt werden.

Auf dem Dorotheenstädtischen Friedhof finden sich auch die Gräber von Arnold Zweig, Arnolt Bronnen, Slatan Dudow, Wolfgang Langhoff, Wieland Herzfelde und John Heartfield. Heiner Müller, der starb, kurz nachdem er die Leitung des Berliner Ensembles in Alleinverantwortung übernommen hatte, hat einen prächtigen Platz an der großen Birkenallee bekommen, zu Füßen Schinkels. Gleich daneben sind die Gräber von Herbert Sandberg, der sehr schöne Brecht-Karikaturen gezeichnet hat, und von Hans Bunge, dem ersten Leiter des Brecht-Archivs. Rosa Luxemburg, über die Brecht ein Stück schreiben wollte, und die Genossen Pieck, Grotewohl, Ulbricht liegen anderswo, in der **Gedenkstätte der Sozialisten** des **Zentralfriedhofs Friedrichsfelde** (**Gudrunstraße**). Und die Mitarbeiterinnen und Geliebten Brechts, wo sind sie geblieben? Elisabeth Hauptmann und Ruth Berlau haben zwar auch auf dem Dorotheenstädtischen Friedhof ihre Ruhe gefunden. Aber sie sind in den hintersten Winkel, ein Urnenfeld an der Hannoverschen Straße, verbannt – so weit weg von Brecht und seiner Frau, wie es innerhalb der Friedhofsmauern möglich war.

»WER NOCH LEBT, SAGE NICHT: NIEMALS!«

Das Denkmal am Bertolt-Brecht-Platz

Am 26. Dezember 1958 taufte Helene Weigel das erste Fang- und Verarbeitungsschiff der DDR-Hochseeflotte auf den Namen »Bert Brecht«. Das war der Anfang einer langen Reihe posthumer Ehrungen des »sozialistischen Klassikers«, zu denen meist runde Jubiläen den Anlaß gaben. Kurz vor dem 65. Geburtstag erhielt der Parkplatz neben dem Theater am Schiffbauerdamm den Namen »Bertolt-Brecht-Platz«. Zum 80. Geburtstag wurde das Brecht-Haus auf Staatskosten saniert, in ein Museum verwandelt und das Brecht-Zentrum der DDR gegründet. Rechtzeitig vor dem 90. Geburtstag beschloß der Magistrat von Ost-Berlin, ein Denkmal für den Bertolt-Brecht-Platz in Auftrag zu geben. Es ist eines der letzten Denkmäler der DDR und eines der bemerkenswertesten, denn es dokumentiert neben dem offiziellen Klassikerbild auch die inneren Widersprüche des sozialistischen Staatswesens, die schließlich zu seinem Zusammenbruch führten.
Für den Bildhauer Fritz Cremer stand diese Arbeit am Ende einer lebenslangen Auseinandersetzung mit Brecht und seiner eigenen Rolle als Künstler im real existierenden Sozialismus. 1906 im Ruhrgebiet geboren, trat Cremer mit zweiundzwanzig Jahren in die KPD ein und gehörte 1930 zu den Gründern des kommunistischen *Roten Studentenbundes* in Berlin. Während des Nationalsozialismus konnte er in Deutschland bleiben und bekam für seine Plastik »Trauernde Frauen« 1937 den Preußischen Staatspreis. Darauf bezieht sich ein kleine Geschichte aus dem *Buch der Wendungen* (1936-40):

»Können die Künstler kämpfen?
Zu der Zeit der äußersten Unterdrückung durch den Hijeh fragte ein Bildhauer den Me-ti, welche Motive er wählen

könne, um bei der Wahrheit zu bleiben und doch nicht der Polizei in die Hände zu fallen. Mache eine schwangere Arbeiterfrau, riet ihm Me-ti. Laß' sie mit kummervollem Blick ihren Leib betrachten. Dann hast du vieles gesagt.«

Nach dem Krieg hat Cremer zahlreiche Denkmäler für die Opfer des Nationalsozialismus gestaltet. Die Kopien zweier Figuren für den Wiener Zentralfriedhof standen bis 1997 hinter der Säulenfront des Alten Museums am Lustgarten. Nicht weit davon, an der Friedrichsbrücke, findet man die Skulptur »Deutschland, bleiche Mutter« nach dem gleichnamigen Brecht-Gedicht. Von Cremer stammen auch die Plastik eines Kämpfers im spanischen Bürgerkrieg im **Volkspark Friedrichshain**, das Paar »Aufbauhelfer« und »Aufbauhelferin« vor dem **Roten Rathaus**, sowie das Denkmal für Johannes R. Becher im **Bürgerpark** in Pankow.

Im Journal hat Brecht festgehalten, daß der Bildhauer ihn am 3. Februar 1952 besuchte, um mit ihm über die Gestaltung der Gedenkstätte in Buchenwald zu beraten: »Ich schlage vor, eine Steinbühne mit Steinarena zu errichten – am Hang jenseits des alten Lagers und oben eine ungerade Zahl riesiger Männer, befreiter Gefangener, in Stein aufzustellen, die nach Südwesten schauen, wo noch unbefreite Gebiete liegen«. Brecht zeichnete als einer von drei Urhebern des Denkmalsentwurfs verantwortlich, den eine Wettbewerbsjury zur Realisierung vorschlug. Die Idee eines Amphitheaters wurde jedoch von den staatlichen Auftraggebern verworfen.

Bei der Realisierung der Skulpturengruppe hatte Cremer ähnliche Konflikte durchzustehen, wie Brecht im Jahr zuvor bei der Durchsetzung der *Lukullus*-Oper. Ihm wurde vorgeworfen, seine Menschendarstellungen seien nicht heldenhaft genug. Wilhelm Girnus, Leiter der Kulturabteilung des *Neuen Deutschland* und ausgewiesener Brecht-Feind, schrieb über die zerlumpten Leidensgestalten Cremers, der

Bildhauer sei »in den ideenlosen Sumpf des schamhaft mit hysterisch-expressionistischen Zügen verdeckten Naturalismus geraten« (*Neues Deutschland*, 2. Juli 1952). Unter dem Druck der staatlichen Auftraggeber änderte Cremer seine Gruppe, bis sie als Darstellung des Siegeswillens der Unterdrückten akzeptiert wurde und sich in die verklärende Denkmallandschaft KZ-Gedenkstätte einfügte. 1958 wurde sie eingeweiht.

Cremer war 1950, kurz nach Brecht und mit ähnlichen Hoffnungen wie dieser, von Wien nach Berlin umgesiedelt. Beide leiteten Meisterklassen an der Akademie der Künste und versuchten, den künstlerischen Spielraum ihrer Schüler gegen die rigiden Vorgaben der Kulturpolitiker zu verteidigen. Cremers Einfluß beruhte darauf, daß er ähnlich hoch angesehen war wie Brecht und an seiner grundsätzlichen Loyalität zum sozialistischen Staat keine Zweifel ließ. So gehörte er zu denen, die 1976 die Protesterklärung gegen die zwangsweise Ausbürgerung Wolf Biermanns unterzeichneten, ihren Namen jedoch anschließend wieder zurückzogen.

Cremer hat die Totenmaske Brechts abgenommen und 1957 eine Porträtbüste für die Akademie angefertigt. Ende der sechziger Jahre bat ihn die Stadt Chemnitz, damals Karl-Marx-Stadt, um eine Skulptur nach Brechts Galilei-Figur. Sie nahm während des Entwurfsprozesses die Gesichtszüge Brechts an, wenn auch verfremdet durch einen Vollbart. Bei der Arbeit bekam die Figur einen Ausdruck von Müdigkeit und Traurigkeit, der sich an der Berliner Skulptur wiederfinden läßt. Besonders von Jugendlichen, die kaum etwas über Brecht wissen, hört man auf die Frage, was dieses Dichterdenkmal von anderen unterscheide, oft zuerst den Satz: »Der sieht ja traurig aus.«

Der Gesichtsausdruck der Berliner Figur ist vieldeutig. Neben Erschöpfung strahlt sie eine meditative Ruhe aus, die leichte Anspannung um die Augen signalisiert gedankliche Tätigkeit, um den Mund spielt ein ironischer Zug. Die einfache Kluft entspricht Brechts proletarischer Selbststilisierung und dem offiziellen Bild vom sozialistischen Klassikers, der seine Produktion dem arbeitenden Volk dienstbar gemacht hat.

Diese Akzentuierung wird durch das in den Sockel eingravierte Gedicht *Fragen eines lesenden Arbeiters* bekräftigt. Um es zu entziffern, muß man den Sockel, auf dem der Dichter steht, besteigen. Das ist ungewöhnlich für ein Dichterdenkmal. Cremer fordert dazu heraus, sich auf eine Ebene mit Brecht zu stellen, seine Perspektive einzunehmen und hinauszublicken auf die Wirklichkeit. Zum Zeitpunkt der Errichtung des Denkmals hieß das, den real existierenden Sozialismus an den Hoffnungen zu messen, die Brecht zu seiner Zeit in die östliche Staatsgründung gesetzt hatte.

Brecht-Denkmal vor dem Theater am Schiffbauerdamm

Auf einer der drei Stelen mit Brecht-Zitaten, die um die Sitzfigur angeordnet sind, liest man: »Sozialismus ... ist als große Produktion zu definieren. Produktion muß natürlich im weitesten Sinne genommen werden, und der Kampf gilt der Befreiung der Produktivität aller Menschen von allen Fesseln.« Davon konnte im real existierenden Sozialismus der achtziger Jahre nicht die Rede sein. Merkwürdig ist die Plazierung des Zitats. Es steht hinter Brechts Rücken auf der von ihm abgewandten Seite der Stele. Die sozialistische Utopie, so ließ sich das 1988 lesen, ist in den hintersten Winkel abgedrängt worden.

Viele Zitate auf den Stelen – je eine ist der Philosophie, der Ästhetik und der Politik gewidmet – stehen im Widerspruch zur damaligen gesellschaftlichen Realität und Staatsideologie. »Wirklicher Fortschritt ist nicht Fortgeschrittensein, sondern Fortschreiten« – das ließ sich als deutliche Kritik an einer politischen Führung lesen, die Reformbestrebungen mit dem Argument abblockte, man lebe im fortgeschrittensten Staat auf deutschem Boden und müsse die sozialistischen Errungenschaften um jeden Preis verteidigen. »Das Alte sagt: So wie ich bin, bin ich seit je / das Neue sagt: Bist Du nicht gut, dann geh« – das ließ sich als Einspruch gegen die Herrschaft der alten Männer im Sozialismus deuten. »Sage nicht zu oft, du hast recht, Lehrer! / Laß es den Schüler erkennen! // Strenge die Wahrheit nicht allzu sehr an: / Sie verträgt es nicht. // Höre beim Reden!« – das war ein klares Wort gegen die autoritäre Erziehung zum sozialistischen Menschen und staatliche Bevormundung. Schließlich: »Der Künstler hat nicht nur Verantwortung vor der Gesellschaft, er zieht die Gesellschaft zur Verantwortung« – das war ein klarer Einspruch gegen die Unterwerfung der Künste unter die Zielsetzungen der Politik und ein Plädoyer für eine gesellschaftskritische Kunst.

Es gibt kaum ein anderes Dichterdenkmal, das gleichzeitig so viel über den Dargestellten und den ausführenden

Künstler erzählt, darüber, was beide miteinander verband und unter welchen gesellschaftlichen Bedingungen sie arbeiteten. Exemplarisch läßt sich daran studieren, wie staatlich geförderte Kunst in der DDR funktionierte und was sie im besten Falle vermochte.

Fritz Cremer, der 1993 starb, hat den Zusammenbruch des sozialistischen Systems noch erlebt. Bald nach der Einweihung seines Denkmals fegte die von Brecht so gern zitierte »Weisheit des Volkes« die realitätsblinde Partei- und Staatführung hinweg. Woran das politische System der DDR krankte, kann man in den Gedichten und Aufzeichnungen nachlesen, die nach Brechts Tod an die Öffentlichkeit kamen. Ja, es gibt sogar ein Gedicht, das die Situation und den Stimmungswandel im Revolutionsjahr 1989 erstaunlich präzise beschreibt: *Lob der Dialektik*. In den frühen dreißiger Jahren geschrieben, kennzeichnet es die damalige Situation so gut wie die heutige. Drei Zeilen daraus sind am Bertolt-Brecht-Platz in dunklen Marmor gemeißelt:

Wer noch lebt, sage nicht: niemals!
Das Sichere ist nicht sicher.
So wie es ist, bleibt es nicht.

DANKSAGUNG UND LITERATURHINWEISE

Im Jahr 1990 wurde ich zum erstenmal gebeten, einen literarischen Stadtrundgang zu Brecht in Berlin durchzuführen. Ohne die wiederholte Nachfrage wäre dieses Buch nicht entstanden. In der Zwischenzeit hatte ich die Möglichkeit, über mehrere Jahre hinweg einen Programmschwerpunkt mit verschiedenen literarischen Stadtführungen bei »StattReisen Berlin e. V.« zu entwickeln. Danken möchte ich vor allem den Kolleginnen und Kollegen, die dabei geholfen haben. Das gilt besonders für Ralph Hoppe, der mir umfangreiche Recherchearbeiten zur Stadttopographie überlassen hat. Unterstützt haben mich auch die Mitarbeiter des Berliner Brechtarchivs, des Zentrums für Berlin-Studien im Ribbeck-Haus, des Deutschen Literaturarchivs in Marbach sowie Elke Linda Buchholz, Michael Davidis, Dirk Heißerer, Klaus Kowatsch, Eberhard Siebert, Fred Oberhauser, Manuela Baunack, Heide Walitza (Ullstein Verlag) und Erdmut Wizisla.

Zu Dank verpflichtet bin ich den vielen ungenannten Brecht-Forschern, deren Werke ich für diesen Reiseführer geplündert habe. Das gilt besonders für die Herausgeber und Mitarbeiter der Großen kommentierten Berliner und Frankfurter Ausgabe (Berlin und Frankfurt, 1988-1998), nach der ich Brechts Werke zitiert habe. Über die Titelregister dieser Ausgabe sind die angegebenen Brecht-Texte leicht auffindbar. Als weitere wichtige Quellen und Orientierungshilfen seien (in Auswahl) genannt:

Ernst Josef Aufricht: Erzähle, damit du dein Recht erweist. Berlin 1966.
Günter Bellmann: Schauspielhausgeschichten. Berlin 1993.
Margret Brademann u. a.: Unter Bäumen am See. Baugeschichte der ›Eisernen Villa‹ in Buckow. o. O. 1995.
Brecht-Zentrum der DDR (Hg.): Brecht-Haus Berlin, Chausseestraße 125. Berlin 1978.
Brecht-Zentrum der DDR (Hg.): Forum für Brecht. Zum zehnjährigen Bestehen des Brecht-Zentrums der DDR. Berlin 1988.
Arnolt Bronnen: Tage mit Bertolt Brecht. Darmstadt und Neuwied 1976.
Arnolt Bronnen: Bertolt Brecht in Berlin. In: Berliner Zeitung v. 9. 2. 1958.

Hans Bunge (Hg.): Brechts Lai-Tu. Erinnerungen und Notate von Ruth Berlau. Darmstadt und Neuwied 1985.
Elias Canetti: Die Fackel im Ohr. Lebensgeschichte 1921-1931. München und Wien 1985.
Albrecht Dümling: Laßt Euch nicht verführen! Brecht und die Musik. München 1985.
Wolf von Eckhardt/Sander L. Gilman: Bertolt Brecht's Berlin. A Scrapbook Of The Twenties. Garden City, N. Y. 1975.
Marieluise Fleißer: Avantgarde. München 1963.
Christoph Funke/Wolfgang Jansen: Theater am Schiffbauerdamm. Berlin 1992.
Jeanpaul Goergen: Industriegebiet der Intelligenz. Ein Führer durch die Künstlerlokale im Neuen Berliner Westen. Berlin 1987.
Werner Hecht: Die Kennerin der Wirklichkeit. Helene Weigel, Schauspielerin und Intendantin. o. O. 1995.
Werner Hecht: Brecht Chronik. 1898-1956. Frankfurt/M. 1997.
Hermann Henselmann: Brechts Wohnung. In: Kultur im Heim, 25. Jhg., Nr. 5/1980.
Wieland Herzfelde: Über Bertolt Brecht. In: Der Malik-Verlag 1918-1947. Kiel 1986.
Trude Hesterberg: Was ich noch sagen wollte. Berlin 1971.
Horst Jesse: Brecht in Berlin. München 1996.
Walter Kiaulehn: Berlin – Schicksal einer Weltstadt. Berlin 1958.
Hans Mayer: Erinnerung an Brecht. Frankfurt a. M. 1996.
Werner Mittenzwei: Das Leben des Bertolt Brecht oder Der Umgang mit den Welträtseln. Berlin und Weimar 1986.
Dietger Pforte: Freie Volksbühne Berlin 1890-1990. Berlin 1990.
Erwin Piscator: Zeittheater. Reinbek 1986.
Gerd Radde: Fritz Karsen. Berlin 1973.
Bernhard Reich: Im Wettlauf mit der Zeit. Berlin 1970.
Manès Sperber: All das Vergangene. Wien 1983.
Fritz Sternberg: Der Dichter und die ratio. Göttingen 1963.
Klaus Völker: Bertolt Brecht. München und Wien 1976.
Carl Zuckmayer: Als wär's ein Stück von mir. Frankfurt a. M. 1966.

ABBILDUNGSNACHWEIS

Michael Bienert: 36 40 49 83 120 218 245 256
FB & O Werbeagentur, Martin Oberhauser: 250
George Grosz. © VG Bild-Kunst, Bonn 1997: 61
Lea Grundig. © VG Bild-Kunst, Bonn 1997: 72
Archiv M. Hürlimann / Atlantis: 194 231
Landesbildstelle Berlin: 43 84 142 152 170 172 196
Christian Richters: Umschlag und 248
Rudolf Schlichter. © Viola Roehr – v. Alvensleben, München: 30
Archiv Suhrkamp: 4 15 46 68 109 115 116 136 138 145 174 227 233 238 242
Ullstein Bilderdienst: 39 87 102 134 155

PERSONENREGISTER

Abusch, Alexander 200
Adenauer, Konrad 172
Adler, Alfred 75
Aischylos 140
Apelt, Fritz 184
Arendt, Erich 250 251
Aufricht, Ernst Josef 101 102 103 104 144

Baeck, Leo 236
Balász, Belá 122
Banholzer, Paula 25 31 34 36 97
Barbara → Brecht-Schall, Barbara
Barthel, Kurt (Kuba) 226
Bassermann, Albert 106
Bauer, Felice 81
Becher, Johannes R. 32 34 f. 42 93 95 122 149 185 199 200 209 212 246 251 254 250
Benjamin, Walter 17 32 38 63
Benn, Gottfried 32 64 207
Berghaus, Ruth 150 250 251
Bergner, Elisabeth 132
Berlau, Ruth 205 206 250 252
Besson, Benno 118 147
Bi → Banholzer, Paula
Biermann, Wolf 214 215 229 255
Bismarck, Otto von 173 206
Blass, Ernst 236
Blei, Franz 49
Brahm, Otto 129
Braun, Volker 118
Brecht, Stefan S. 38 164
Brecht-Schall, Barbara 197

Brentano, Bernard von 42 63 74 93
Bronnen, Arnolt 23 35 36 37 57 62 131 207 250 252
Buber, Martin 32 42
Bunge, Hans 250 252
Busch, Ernst 50 77 91 109 149 231

Canetti, Elias 33 41 144
Castorf, Frank 118
Chruschtschow, Nikita 149 222 229
Churchill, Winston 163
Cremer, Fritz 151 198 212 253 255 258

Dessau, Paul 154 155 157 189 230 f. 250 251
Dimitroff, Georgi 166 167
Döblin, Alfred 32 35 62 69 75 78 79 81 82 94 122 207 218
Dudow, Slatan 66 92 250 252
Duncker, Hermann 73
Dymschitz, Alexander 138

Ebert, Friedrich 117 219
Einstein, Albert 74
Eisler, Hanns 14 50 74 91 205 209 212 240 250 251
Engel, Erich 13 108 114 132 133 136 149 212 250 251
Engels, Friedrich 243
Epstein, Sally 90
Erpenbeck, Fritz 250

Falckenberg, Otto 132

Fehling, Jürgen 107 108
Fernau, Rudolf 107 f.
Feuchtwanger, Lion 74 107
Fichte, Johann Gottlieb 240 248 250
Fischer, Samuel 236
Flechtheim, Alfred 49
Fleißer, Marieluise 38 146
Fontane, Theodor 106
Friedrich, Ernst 76
Frisch, Max 236

Garbo, Greta 170
Gasbarra, Felix 123 124
Gay, John 144
Geis, Jacob 12 97
George, Heinrich 114 115 131
Girnus, Wilhelm 254
Glaeser, Ernst 42
Goebbels, Joseph 46 54 90 93 130 176
Goedhart, Gerda 189
Goethe, Johann Wolfgang von 106 232
Goldberg, Heinz 34
Goldschmidt, Alfons 74
Göring, Hermann 54 109 166 177 181
Gorki, Maxim 64 237
Graf, Oskar Maria 193
Granach, Alexander 31 34 91 132
Grenander, Alfred 78
Gropius, Walter 74 120 220
Grosz, George 27 32 61 64 83
Großmann, Stefan 62
Grotewohl, Otto 85 146 153 157 178 181 182 209 223 225 252

Gründgens, Gustaf 109 110
Grzimek, Waldemar 194

Haas, Willy 35
Hacks, Peter 118
Harichs, Wolfgang 182
Hašek, Jaroslaw 124
Hasenclever, Walter 35 59
Hauptmann, Elisabeth 29 40 144 146 250 252
Hauptmann, Gerhart 83 110 129 144 170
Hay, Julius 135
Heartfield, John 27 74 121 122 143 212 250 252
Hecht, Werner 104
Hegel, Georg Fridrich 240 248 249 250 251
Heimann, Moritz 236
Hein, Christoph 118
Heine, Heinrich 172
Helli → Weigel, Helene
Henselmann, Hermann 214 221 222 223 232 233 241 243
Hermann, Paul 127
Hermlin, Stephan 249 250
Herzenstein, Ludmilla 219
Herzfelde, Wieland 63 64 74 198 199 236 252
Hesse-Burri, Emil 134
Hesterberg, Trude 100 101
Hill, Hainer 241
Hilpert, Heinz 130
Hindenburg, Paul von 83
Hitler, Adolf 54 83 126 127 163 167 173 175 217 229
Hitzig 250
Hochhuth, Rolf 125

Hoddis, Jakob van 32
Hoffmann, E.T.A. 105
Hofmannsthal, Hugo von 140
Hold, Mari 46
Hollaender, Friedrich 217
Honecker, Erich 188 210
Hufeland, Wilhelm von 250
Hugo, Victor 227

Ibsen, Henrik 110
Ihering, Herbert 37 57 62 63 108 132

Jagow, Traugott von 77
Jessner, Leopold 106 108
Johst, Hanns 25
Joyce, James 62

Kafka, Franz 81
Kaiser, Georg 42 218
Karsen, Fritz 126 127
Kästner, Erich 41 100 127
Kaufmann, Oscar 111
Kayßler, Georg 111
Kerr, Alfred 56 65 132
Kesten, Hermann 42
Kiaulehn, Walther 54
Kisch, Egon-Erwin 95
Klabund 31 100
Kliemsch, Fritz 206
Klöpfer, Eugen 130
Kokoschka, Oskar 32
Kollwitz, Käthe 83
Kortner, Fritz 65 106 133 134
Kraus, Karl 36 f.
Krauss, Werner 250
Küpper, Hannes 63

Lampel, Peter Martin 146
Lang, Fritz 34 228
Langhans, Carl Gotthard 105
Langhoff, Matthias 150
Langhoff, Wolfgang 135 212 250 252
Lania, Leo 124
L'Arronge, Adolph 129
Lasker-Schüler, Else 32
Lenin, Wladimir Iljitsch 14 75 113
Leonhard, Rudolf 34
Lessing, Gotthold Ephraim 117
Liebermann, Max 83
Liebknecht, Karl 53 83 197 220
Lingner, Max 178 179
Litten, Hans 76
Lorre, Peter 65 109 137
Lubbe, Marinus van der 166
Lukács, Georg 63 227 240 247 249
Luxemburg, Rosa 53 83 104 220 252

Maenz, Aenne 34
Mann, Heinrich 23 42 211 250 251
Mann, Thomas 62 113
Mannheim, Dora 26.28 29 33
Mao Tse-tung 231
Marchwitzka, Hans 95
Marlowe, Christopher 107
Marquardt, Fritz 150
Martin, Karl-Heinz 114
Marx, Karl 14 192 210 231 243 249
Mata Hari 77
Matray, Ernst 31

Mayer, Hans 155
Mehring, Walter 35 100 101 122
Mendelsohn, Erich 52 54
Mielke, Erich 85
Molières, Jean-Baptiste 118 147
Moreck, Curt 32
Morgenstern, Christian 32
Mühsam, Erich 32 122
Müller, Heiner 118 150 194 249 250 252
Münzenberg, Willi 167

Nagel, Otto 212
Neher, Carola 65
Neher, Caspar 12 40 114 156 212
Nestriepke, Siegfried 114
Neukrantz, Klaus 94
Noske, Gustav 54

Ossietzky, Carl von 65 85 86 154 203
Oswald, Richard 62
Ottwalt, Ernst 66 95

Pabst, Georg Wilhelm 145
Palitzsch, Peter 150
Paulick, Richard 221 223 230
Picasso, Pablo 139 212
Pieck, Wilhelm 85 153 157 208 209 219 231 252
Piscator, Erwin 40 61 64 74 83 93 108 112 113 117 118 119 120 121 122 123 124 125 126 135 143 220
Poelzig, Hans 140
Popoff, Blagoi 166

Proust, Marcel 59

Rauch, Christian Daniel 249
Rehfisch, Hans José 250
Reich, Wilhelm 74 75
Reinhardt, Max 32 34 102 111 120 129 130 131 133 140 141 142 143 144
Renn, Ludwig 95 184 220
Rentzsch, Egon 231
Reutter, Otto 142
Ringelnatz, Joachim 100
Roch, Georg 239
Rohe, Mies van der 220
Romains, Jules 59

Sandberg, Herbert 250 252
Schadow, Johann Gottfried 249
Scharoun, Hans 219
Scheerbart, Paul 32
Scherchen, Hermann 156
Schiller, Friedrich 106 110 129
Schinkel, Karl Friedrich 105 106 196 197 220 249 250 252
Schlesinger, Paul (Ps.: Sling) 58
Schlichter, Rudolf 27 32 61 83
Schnitzler, Arthur 130
Seeler, Moriz 131 132
Seghers, Anna 23 38 95 125 171 212 250 251 252
Sehring, Bernhard 99
Semjonow, Wladimir 225
Shakespeare, William 65 81 114 133
Sophokles 140
Speer, Albert 175
Sperber, Manès 75 218

Stalin, Josef 149 153 186 218 f.
 229 230
Staudte, Wolfgang 153
Sterna, Katta 31
Sternberg, Fritz 50 61 64 86
 218
Sternheim, Carl 32
Straub, Agnes 131 132
Strawinsky, Igor 155
Strindberg, August 130
Strittmatter, Erwin 240 246
Strötzer, Werner 191
Stüler, Friedrich August 249
Suhrkamp, Peter 198 199 206
 225 241

Taneff, Vassilij 166
Taut, Bruno 74 220
Taut, Fritz 127
Thackeray, William M. 227
Thälmann, Ernst 51 83
Toller, Ernst 35 41 121 122
 143
Topitz, Anton Maria 91
Tralow, Johannes 250
Tschechow, Anton 203
Tucholsky, Kurt 35 41 64 100
 122

Uhse, Bodo 250
Ulbricht, Walter 51 153 156
 157 176 209 210 219 220
 221 225 233 246 252
Ullmann, Micha 193

Valetti, Rosa 32
Viertel, Berthold 132
Virchow, Rudolf 206
Völker, Wolf 156

Walcher, Jakob 204
Wandel, Paul 212 246
Warschauer, Esther 141
Warschauer, Frank 23 31 36
 141
Weber, Carl Maria von 106
Wedekind, Frank 32
Weichert, Richard 65
Weigel, Helene 13 23 37 38 40
 45 46 65 67 91 104 109 114
 136 138 139 149 150 153 164
 170 197 203 204 212 235
 237 238 239 241 244 246
 248 250 251 253
Weigel, Stefan → Brecht,
 Stefan S.
Weill, Kurt 26 41 42 74 101
 102 146
Weinert, Erich 95
Weiß, Ernst 59
Wekwerth, Manfred 149 150
Welk, Ehm 112
Wessel, Horst 89 90
Wille, Bruno 110
Wisten, Fritz 117 118 146
Wittfogel, Karl August 229
Wolf, Friedrich 95 188
Wolff, Theodor 55 236

Zadek, Peter 150
Zarek, Otto 101
Zemlinsky, Alexander von 102
Ziegler, Hans 90
Zinner, Hedda 250
Zoff, Marianne 141
Zörgiebel, Karl Friedrich 86
Zuckmayer, Carl 41 59 133
 144
Zweig, Arnold 212 250 252

ORTE UND INSTITUTIONEN

(K) = Markierung auf Kartenausschnitt
(A) = Abbildung

Admiralspalast 119 151-157(A) 158(K)
Akademie der Künste 158(K) 175 210-214 249 251 255
Alexanderplatz 77-79 85 94
Alsheimer Straße 37 f.
Altonaer Straße 63
Am Zirkus 140
Amt für Literatur und Verlagswesen 183-185
Anna-Seghers-Straße 252
Ansbacher Straße 20(K) 33 f.
Antikriegsmuseum 76
Aschinger 35 48
Atrium-Kino 20(K) 145
Aufbau-Verlag 158(K) 198 f.
Augsburger Straße 20(K) 33

Babelsberger Straße 15(A) 20(K) 38 40(A)
Badstraße 74
Bauakademie der DDR 158(K) 214
Bebelplatz 193 f.(A)
Belziger Straße 74
Berliner Allee 235 f.
Berliner Ensemble, s.a. Theater am Schiffbauerdamm 15 117 137-139 146-151 158(K) 178 181 f. 251
Bernburger Straße 91
Bertolt-Brecht-Archiv 244 f. 252

Bertolt-Brecht-Platz 142(A) 158(K) 253-258
Beuthstraße 57 159(K)
Brandenburger Tor 69 168 f. 225
Brechtdenkmal 158(K)
Brechthaus (Brecht-Weigel-Gedenkstätte) 158(K) 240-246(A) 253
Bülowplatz → Rosa-Luxemburg-Platz
Bürgerpark 254

Cabarett des Westens 31
Café Alschafsky 21(K) 34
Café des Westens (Café Größenwahn) 20(K) 31
Charité 158(K) 204-208
Charitéstraße 205 f.
Chausseestraße 158(K) 214 240-252

Dahlmannstraße 36
DEFA-Studio Babelsberg 153
Deutsche Sporthalle 230
Deutsches Historisches Museum 158(K) 195
Deutsches Theater 13 31 114 117 158(K) 129-139(A)
Dorotheenstädtischer Friedhof 158(K) 246-252(A)
Dragonerstraße → Max-Beer-Straße

Eislebener Straße 20(K) 36(A)
Ernst-Reuter-Platz 42 f.
Europa-Center 32

Fasanenstraße 20(K) 42
FDJ-Haus (Freie Deutsche Jugend) 158(K) 188 f.
Forststraße 199
Frankfurter Allee → Stalinallee
Französische Straße 158(K) 198 f.
Friedrichstadtpalast 140 143 158(K)
Friedrichstraße 104 140 158(K) 190 201

Gartenstraße 74
Gedächtniskirche (Kaiser-Wilhelm-Gedächtniskirche) 20(K) 32
Gedenkstätte der Sozialisten 252
Gendarmenmarkt 105-110
Gesellschaftshaus Moabit 104
Gestapo-Gelände 158(K) 180
Großes Schauspielhaus 120 140-143 158(K)
Grunerstraße 77

Hannoversche Straße 158(K) 214 f.
Hanseatenweg 211
Hardenbergstraße 15(A) 20(K) 42-47(A) 128
Haus der Ministerien → Reichsluftfahrtministerium
Haus des Rundfunks 65
Haus Vaterland 53
Hedemannstraße 62 74

Helmstedter Straße 20(K) 38
Henschel-Verlag 158(K) 199
Hochhaus an der Weberwiese 221 f. 240
Horst-Wessel-Platz → Rosa-Luxemburg-Platz
Hotel Adlon 158(K) 169-171(A)
Hotel Bristol 188

Jüdisches Volksheim 81
Junge Bühne 131-134
Junge Volksbühne 114-116

Kaiser-Wilhelm-Straße → Rosa-Luxemburg-Straße
Kaiserallee (heute Bundesallee) 20(K) 41 145
Kaiserdamm 42
Kammerspiele → Deutsches Theater
Kantstraße 20(K) 64 99-102
Karl-Liebknecht-Haus 84-89(A) 159(K)
Karl-Marx-Allee → Stalinallee
Karl-Marx-Buchhandlung 227
Karl-Marx-Schule 126-128
Karlplatz 204 f.
Kaufhaus des Westens 78
Kino Babylon 82 83(A) 85 159(K)
Kochstraße 52 58-60 198
Komödienhaus am Schiffbauerdamm 104
Konzerthaus → Schauspielhaus
Kösliner Straße 94 f.
Köthener Straße 63
Kuhle Wampe 66-70 77 95
Kulturministerium 159(K) 185

Kunstgewerbemuseum → Martin-Gropius-Bau
Kunstgewerbeschule 27
Künstlerklub »Die Möwe« 158(K) 203
Kurfürstendamm 32 101-104

Leibnizstraße 20(K) 45 f.
Leipziger Straße 113 176-179
LesArt 91 159(K)
Lietzenburger Straße 41 f. 64
Lindenstraße 52 58
Literaturforum 246
Literaturwerkstatt Berlin 209
Littenstraße 76 159(K)
Luisenplatz 42
Luisenstraße 158(K) 203-214
Lustgarten 195-197(A)
Lustspielhaus 104

Maenz' Bierhaus 20(K) 31 34
Majakowskiring 209 251
Malik-Verlag 20(K) 63 f.
Marchlewskistraße 221-223
Mariendorfer Damm 58
Martin-Gropius-Bau 26-29 158(K)
Martin-Luther-Straße 21(K) 33
Marxistische Arbeiterschule (MASCH) 72(A) 73-75 159(K)
Masurenallee 65
Max-Beer-Straße 80 f. 90 f.
Metropol (Diskothek) 119
Metropol-Theater 119 151-157
Ministerium für Außenhandel 189
Ministerium für Kultur 159(K) 185 199 f.
Ministerium für Volksbildung 155
Molkenmarkt 159(K) 185 199 f.
Mosse-Medienzentrum/Mosse-Haus 52 54-56 158(K)
Münzstraße 79-81
Museum für Deutsche Geschichte → Deutsches Historisches Museum
Musikhochschule »Hanns Eisler« 183

Niederkirchnerstraße 27 180-182
Nikolsburger Platz 20(K) 42
Nollendorfplatz 21(K) 36 119-126
Nürnberger Platz 21(K) 36

Oranienburger Straße 158(K) 199
Otto-Grotewohl-Straße → Wilhelmstraße

Pallasstraße 47 f.
Pariser Platz 167-171 175
Parochialstraße 76
Passauer Straße 20(K) 63
Pfeilstraße 209
Philharmonie 91
Piscatorbühne am Nollendorfplatz 21(K) 113 119-126
Platz der Republik 69
Polizeipräsidium 76 f. 85 159(K)
Potsdamer Platz 53 65 168 225 f.

269

Potsdamer Straße 21(K) 47-51 62f. 65
Prager Straße 17
Preußischer Landtag 158(K) 181f.
Preußisches Herrenhaus 113
Prinzregentenstraße 38
Probebühne des Berliner Ensembles 158(K) 202f.
Proletarisches Theater 121f.

Rankestraße 20(K) 33
Reichsbahndirektion 158(K) 182f.
Reichskanzlei 158(K) 171-175(A)
Reichsluftfahrtministerium 158(K) 176 177-179 225
Reichspropagandaministerium 158(K) 176
Reichstag 158(K) 164-168
Reichstagspräsidentenpalais 166
Reinhardtstraße 130 140 202
Restaurant Schlichter 21(K) 30(A) 33
Robert-Koch-Platz 211
Romanisches Café 20(K) 32f.
Rosa-Luxemburg-Platz 82-90(A) 110-119
Rosa-Luxemburg-Straße 82
Roscherstraße 16
Rose-Theater 228
Rosenthaler Straße 91
Rowohlt Verlag 63
Rudolf-Ditzen-Weg 210
Russische Botschaft 64 158(K) 173 187f.
Rütlistraße 74

Schaperstraße 42
Schauspielhaus (am Gendarmenmarkt) 56 105-110 129 158(K)
Scherl-Verlag 52 57
Schicklerstraße 73 159(K)
Schumannstraße 129-139
Schützallee 199
Schützenstraße 54 158(K)
Schwanneckes Weinstuben 20(K) 33
Sonnenallee 126
Sophiengymnasium 91 159(K)
Sophiensäle 92-94 159(K)
Sophienstraße 92-94 159(K)
Sowjetische Botschaft → Russische Botschaft
Spichernstraße 15(A) 20(K) 37-41(A) 59
Sportpalast 21(K) 47-51
Staatliche Kommission für Kunstangelegenheiten 158(K) 183-185
Staatsbibliothek 158(K) 190f.
Staatsoper → Admiralspalast
Staatstheater → Schauspielhaus
Stadtgericht 76 159(K)
Stadtschloß 197
Stalinallee 215-233(A)
Ständige Vertretung der Bundesrepublik Deutschland 214
Strausberger Platz 231-233(A) 240
Stresemannstraße 26-29 52
Suhrkamp Verlag 199

Taubenstraße 105
Theater am Kurfürstendamm 20(K) 101-104 125

Theater am Nollendorfplatz → Piscatorbühne
Theater am Schiffbauerdamm, s.a. Berliner Ensemble 100(A) 102(A) 117f. 129 138 140 142(A) 144-151(A) 158(K)
Theater der Freien Volksbühne 126
Theater des Westens 20(K) 99-101
Torstraße 85
Triftstraße 70

Ullstein-Verlag 52 57-61(A) 158(K)
Universität 31 158(K) 173 191 ff.
Unter den Linden 64 186-198

Verlag Felix Bloch Erben 20(K) 42
Verlag Gebrüder Weiß 198
Verlag Gustav Kiepenheuer 59 63
Volksbildungsministerium 155 172

Volksbühne 82 83(A) 110-119 146 159(K) 173
Volkskammer 159(K) 208 210
Volkspark am Weinbergsweg 194
Vorwärts-Haus 52-54
Voßstraße 158(K) 173
Vox-Haus 65

Wallner-Theater 124
Walter-Ulbricht-Stadion (Stadion der Weltjugend) 231
Weinmeisterstraße 91 159(K)
Wiclefstraße 104
Wilde Bühne 20(K) 100f.
Wilhelm-Pieck-Straße → Torstraße
Wilhelmstraße 27 74 158(K) 171-179(A) 182-185.
Willy-Brandt-Haus 52
Woelckpromenade 236

Zietenstraße 21(K) 36
Zimmerstraße 52 55
Zolastraße 86